URSULA WESTHOFF

Über die Grundlagen des Strafprozesses mit besonderer Berücksichtigung des Beweisrechts

NEUE KÖLNER RECHTSWISSENSCHAFTLICHE ABHANDLUNGEN

HERAUSGEGEBEN VON
DER RECHTSWISSENSCHAFTLICHEN FAKULTÄT
DER UNIVERSITÄT ZU KÖLN

HEFT 1

Berlin 1955

WALTER DE GRUYTER & CO.
vormals G. J. Göschen'sche Verlagshandlung · J. Guttentag, Verlagsbuchhandlung
Georg Reimer · Karl J. Trübner · Veit & Comp.

Über die Grundlagen des Strafprozesses mit besonderer Berücksichtigung des Beweisrechts

Von

Dr. Ursula Westhoff

Bad Nauheim

Berlin 1955

WALTER DE GRUYTER & CO.

vormals G. J. Göschen'sche Verlagshandlung · J. Guttentag, Verlagsbuchhandlung
Georg Reimer · Karl J. Trübner · Veit & Comp.

Archiv-Nr. 27 08 55/1

Satz: Walter de Gruyter & Co., Berlin W 35
Druck: Berliner Buchdruckerei „Union“ G.m.b.H., Berlin SW 29

Inhaltsübersicht

1. Abschnitt

Die Prozeßprinzipien

2. Abschnitt

Überblick über die Entwicklung des Strafverfahrens mit besonderer Berücksichtigung des Beweisrechts und der herrschenden Prozeßprinzipien

Literaturverzeichnis

Abegg, Lehrbuch der Strafrechtswissenschaft, Neustadt a. d. Orla, 1836
v. Amira, Grundriß des germanischen Rechts, 2. Auflage, Straßburg 1897
Archbold-Ross, Pleading, Evidence and Practice in Criminal Cases, 27th edition, London 1926
Beling, Deutsches Reichsstrafprozeßrecht, Berlin und Leipzig 1928
Beling, Beweisverbote als Grenzen der Wahrheitsforschung im Strafprozeß, Breslau 1903
Bennecke-Beling, Lehrbuch des deutschen Reichsstrafprozeßrechts, Breslau 1900
Best-Marquardsen, Grundzüge des englischen Beweisrechts, Heidelberg, 1851
Beyerle, Der Entwicklungsgedanke im Recht, in Festschrift der Leipziger Juristen-Fakultät für Alfred Schulze, Leipzig 1938
Beyerle, Beweisverteilung im gerichtlichen Sühneverfahren der Volksrechte, Heidelberg 1913
Biener, Beiträge zur Geschichte des Inquisitionsprozesses und der Geschworenengerichte, Leipzig 1827
Biener, Abhandlungen aus der Rechtsgeschichte II, Leipzig 1848
Biener, Beitrag zur Theorie des neueren Criminalprocesses, GS 1855 I S. 408
Binding, Grundriß des deutschen Strafprozeßrechts, 5. Auflage 1904
Binding, Strafrechtliche und strafprozessuale Abhandlungen, II, München und Leipzig 1915
Birkmeyer, Deutsches Strafprozeßrecht, Berlin 1898
Brunner, Die Entstehung der Schwurgerichte, Berlin 1872
Brunner, Deutsche Rechtsgeschichte I, 2. Auflage, Leipzig 1906
Brunner-v. Schwerin, Deutsche Rechtsgeschichte, II, 2. Auflage, München und Leipzig 1928
Brunnenmeister, Die Quellen der Bambergensis, Leipzig 1879
Dohna, Das Strafverfahren, Berlin 1913
Dohna, Das Strafprozeßrecht, 2. Aufl. Berlin 1925
Drost, Das Ermessen des Strafrichters, Berlin 1930
Engelhard, Grundsätzliches zur Frage des Lainrichtertums unter besonderer Berücksichtigung des Strafverfahrens, in Zeitschrift für gesamte Strafrechtswissenschaften 1924 S. 57
Esmein, Histoire de la Procédure Criminelle en France, Paris 1882
Feuerbach, Betrachtungen über die Öffentlichkeit und Mündlichkeit der Gerechtigkeitspflege, Gießen 1825
Fox, Henry Y., Recent Developments in Criminal Law, in The Journal of Criminal Law and Criminology XXIX N 6, 1939
Garraud, Traits Théorique et Pratique d'Instruction Criminelle et de Procédure Pénale I, Paris 1907; II, Paris 1909; IV, Paris 1926
Geib, Geschichte des römischen Kriminalprozesses, 1842
Gerland, Der deutsche Strafprozeß, Mannheim, Berlin, Leipzig 1927
Geyer, Lehrbuch des gemeinen deutschen Strafprozeßrechts, 1880
Glaser, Handbuch des Strafprozesses, I, II, Leipzig 1883, 1885
Glaser, Beiträge zur Lehre vom Beweise im Strafprozeß, Leipzig 1883
Glaser, Anklage, Wahrspruch und Rechtsmittel im englischen Schwurgerichtsverfahren, Erlangen 1886
Hall, Die Lehre vom Corpus Delicti, Stuttgart, 1933

Haring, Grundzüge des katholischen Kirchenrechts, 3. Auflage, Graz 1924
Hartmann, Strafrechtspflege in Amerika, Berlin 1906
Hartung, Einführung anglo-amerikanischen Strafverfahrensrechtes in Deutschland? Sonderabdruck aus der Rosenfeld-Festschrift
Heinze, Dispositionsprinzip und Offizialprinzip, Verhandlungsform und Untersuchungsform, Goltd. Archiv XXIV 1876
Heinze, Zur Physiologie des englischen Beweisrechts, GS 1863
Henkel, Das deutsche Strafverfahren, Hamburg 1943
Hinschius, System des katholischen Kirchenrechts, V., Berlin 1895
Hinschius, Das Kirchenrecht, in Birkmeyer, Encyklopädie der Rechtswissenschaft, Berlin 1901, S. 945
v. Hippel, Deutsches Strafrecht, Berlin 1925, I.
v. Hippel, Der deutsche Strafprozeß, Marburg 1941
Inhulsen, C. H. P., Das englische Strafverfahren, Berlin 1936
John, Das deutsche Strafprozeßrecht, Leipzig 1880
John, Kommentar zur StPO II, 1888
Kenny, C. S., Outlines of Criminal Law, 3rd edition, Cambridge 1907
Kern, Strafverfahrensrecht, München und Berlin, 1949
Köstlin, Der Wendepunkt des deutschen Strafverfahrens im 19. Jahrh., Tübingen 1849
Kretschmer, Medizinische Psychologie, 10. Auflage, Stuttgart 1950
v. Kries, Der Beweis im Strafprozeß des Mittelalters, Weimar 1878
v. Kries, Lehrbuch des deutschen Strafprozeßrechts, Freiburg i. B., 1892
Küssner, Über Beweislast und Präsumtionen im Preußischen Strafverfahren, Goltd. Archiv 1885, S. 32
Lehmann, Deutsche Rechtsgeschichte und Grundzüge des deutschen Privatrechts, in Birkmeyer, Encyklopädie d. Rechtswissenschaft, Berlin 1901, S. 193
Löning, Der Reinigungseid
Mayer, Hellmuth, Zum Aufbau des Strafprozesses, in GS 1904
Mayer, Max Ernst, Rechtsphilosophie, Berlin 1922
Mezger, Kriminologie, München u. Berlin 1951
Mittermaier, Theorie des Beweises im Peinlichen Prozeß Darmstadt 1821
Mittermaier, Die Lehre vom Beweise, Darmstadt 1834
Mittermaier, Das deutsche Strafverfahren, Heidelberg 1845—46
Mittermaier, Mündlichkeit, Anklageprinzip, Öffentlichkeit und Geschworenengericht, 1845
Mittermaier, Das deutsche Strafverfahren, I, Heidelberg 1845
Mittermaier, Gesetzgebung und Rechtsübung über Strafverfahren, Erlangen 1856
Mommsen, Römisches Strafrecht, Leipzig 1899
Ortloff, Das Strafverfahren in seinen leitenden Grundsätzen und Hauptformen, Jena 1858
Planck, Systematische Darstellung des deutschen Strafverfahrens, 1857
Radbruch, Rechtsphilosophie, 4. Auflage, Stuttgart 1950
Radbruch, Geist des englischen Rechts, in DRZ 1946, S. 195ff.
Rosenfeld, Der Reichsstrafprozeß, 4.—5. Auflage, Berlin 1912
Roscoe, Law of Evidence, 14th edition, London 1921
Rosshirt, Geschichte und System des deutschen Strafrechts I, Stuttgart 1938
Rothacker, Die Schichten der Persönlichkeit, 4. Aufl., Bonn 1948
Rupp, Der Beweis im Strafverfahren, Freiburg und Tübingen 1884
v. Savigny, Die Prinzipienfragen in Bezug auf eine neue Strafprozeßordnung, Berlin 1846
Schmidt, Eberhard, Inquisitionsprozeß und Rezeption, Leipzig 1940
Schmidt, Eberhard, Strafrechtspflege und Rezeption, Sonderabdruck aus der Zeitschrift für die gesamten Strafrechtswissenschaften
Schmidt, Eberhard, Einführung in die Geschichte der deutschen Strafrechtspflege, Göttingen 1947

Schoetensack, Der Strafprozeß der Carolina, Leipzig 1904
Schwarze, Die gesetzliche Beweistheorie mit besonderer Berücksichtigung des englischen Strafverfahrens, in GA 1858, S. 721
Schwarze, Über Beweistheorie und Entscheidungsgründe im Criminalproceß in GS 1858, S. 81
v. Schwerin, Germanische Rechtsgeschichte, 2. Aufl. 1943
Seiff, John, The Presumption of Innocence, in The Journal of Criminal Law and Criminology, XXV N 1, 1934
Stephen, J. F., A History of the Criminal Law of England, London 1883
Stephen, J. F., Digest of the Criminal Law, 7th edition, London 1926
Stephen-Mühry, Handbuch des englischen Strafrechts und Strafverfahrens, Göttingen 1843
v. Tippelskirch, Von der Beweistheorie in Strafsachen, GA 1857
Ullmann, Lehrbuch des deutschen Strafprozeßrechts, München 1893
Vidal, Cours de Droit Criminel 1921
Walther, Die Rechtsmittel im Strafverfahren, München 1853
Walter, Geschichte des römischen Rechts bis auf Justinian, Bonn, 1851
Wigmore, J. H., The Evidence in Trials at Law, 3rd edition Boston 1942
Wimmer, Englisches Strhfverfahren
Wolf, Erik, Große Rechtsdenker der deutschen Geistesgeschichte, Tübingen 1939
Zachariae, Gebrechen und Reform des deutschen Strafverfahrens, Göttingen 1846
Zachariae, Handbuch des deutschen Strafprozesses I, II, Göttingen 1860, 1868
v. Zallinger, Das Verfahren gegen die landschädlichen Leute in Süddeutschland, Innsbruck 1895
Zoepfl, Die Peinliche Gerichtsordnung Kaiser Karl's V., 3. Auflage, Heidelberg und Leipzig 1883
Zumpt, Das Kriminalrecht der römischen Republik, I, II, Berlin 1865, 1868

1. Abschnitt

Die Prozeßprinzipien

Kapitel I

Einleitung

§ 1. Überblick

Seit der Aufklärungszeit ist das englische Recht dem kontinentalen Rechtsdenken zum Vergleich und Vorbild gegenübergestellt worden. Zahlreiche Reformbestrebungen sind im Laufe der Geschichte bis in die jüngste Zeit hinein unternommen worden, um die kontinentalen Strafverfahren an das englische Prozeßrecht anzugleichen.

Die augenblickliche außergewöhnliche politische Situation hat es mit sich gebracht, daß der Deutsche neben seinem eigenen Verfahren auch dem anglo-amerikanischen unterworfen ist. Hierdurch hat die bislang theoretische Betrachtung der beiden Verfahrensarten eine eminent praktische Bedeutung erlangt und den Vergleich beider Verfahren zu einem vordringlichen Anliegen werden lassen.

Nach dem Versagen des deutschen Rechts in der nationalsozialistischen Zeit ist das Vorzeichen, unter dem das deutsche Verfahren zum Vergleich antritt, zweifellos ein negatives. Wenn die erwarteten Reformvorschläge trotzdem merkwürdig vereinzelt bleiben, wird dies wohl der Tatsache zuzuschreiben sein, daß die Rechtsbeugungen und Unrechtmäßigkeiten der nationalsozialistischen Zeit nicht den ordentlichen Gerichten und ihren Verfahren, sondern den außerordentlichen, und den zumeist ohne gerichtliches Verfahren ausgeübten Rechtsmißbräuchen zuzurechnen sind. Das ordentliche Verfahren kann nicht die Ursache der Rechtlosigkeit genannt werden. Mit anderen Worten wird der nationalsozialistischen Rechtspflege einmal die Gesetzgebung zur Last gelegt, die die Grundsätze der abendländischen Kulturnormen mißachtete, zum zweiten das Überwuchern der Tätigkeit der Verwaltungsorgane, die einen großen Teil der Rechtsprechung willkürlich der Justiz entriß, und endlich die parteiische Rechtfindung, die auch gesetzliche Regeln überschritt. Zum ersten Mal kann bei einer Krise des deutschen Rechts nicht das Verfahren an sich als Ursache des Übels bezeichnet werden. Dieser Umstand gestattet daher ein sofortiges Eintreten in die theoretische Phase der Diskussion, ohne eine vorherige Bereinigung des deutschen Verfahrensrechts von nationalsozialistischem Gedankengut vornehmen zu müssen.

Sehen wir uns nach einem Kriterium um, an dem wir den offensichtlichen Unterschied der beiden Verfahrensweisen systematisch bestimmen und bewerten können, so drängt sich uns als erstes das traditionelle Begriffspaar: „inquisitorisches und akkusatorisches Verfahren“ auf. Das englische Verfahren wird als reiner Akkusationsprozeß bezeichnet, das deutsche als „halbes Akkusationsverfahren“, als „inquisitorisches Verfahren mit Anklageform“, als „contradiktorischer Inquisitionsprozeß“ und was der Bezeichnungen für den „gräßlichen Bastard“ mehr sind, wie Binding sich einmal ausgedrückt hat. Die darin zum Ausdruck gekommene Kritik Bindings impliziert, daß die anzustrebende Form des Strafprozesses bei einer der beiden Typisierungen liegt und nicht in einer Mischform beider; der Ausdruck „Bastard“ spricht schon ohne Verwendung des verstärkenden Adjektivs. Also scheint seine Forderung auf einen reinen Typ des Akkusations- oder Inquisitionsprozesses zu zielen, wobei es vorerst dahingestellt bleiben mag, welchem der beiden er den Vorzug gibt. Solange nun unter einer der genannten Formen die bestmögliche Gestaltung des Strafverfahrens überhaupt verstanden wird, hat diese Forderung lediglich terminologische Bedeutung. Wird das Ziel aber in der konsequenten Durchführung einer Maxime erblickt, der der konkrete Strafprozeß als Stoff ihrer Entfaltung zu dienen hat, so besteht die Gefahr, daß darüber die Idee des besten Strafprozesses zugunsten eines starren Prinzipienkults verloren geht.

Diese „Maximen“ oder „Prinzipien“ ergeben sich aus der fortschreitenden Analyse des Akkusations- und Inquisitionsverfahrens, die erst durch die auflebende Rechtsgeschichte und die Vergleichsmöglichkeiten mit anderen geschichtlichen Formen ermöglicht und in dem Bestreben unternommen wurde, die für beide Typen charakteristischen Züge herauszustellen.

Aus dem „Oberbegriff“ Akkusations- und Inquisitionsverfahren wurden einzelne Prinzipien abgespalten in einem langwierigen Prozeß, der zu manchem widersprechenden Ergebnis führte und auch heute noch nicht abgeschlossen ist. Diese Entwicklung ergab, daß das Akkusations- und Inquisitionsverfahren nur als Sammelnamen für die geschichtliche Koppelung von Prozeßmaximen anzusehen ist, und daß die Prinzipien nicht begriffsnotwendig miteinander verbunden sind.

Unsere Aufgabe ist es nun, das Gegensatzpaar Akkusations- und Inquisitionsverfahren daraufhin zu prüfen, ob seine Verwendung als Maßstab für die Kritik an den konkreten Prozeßformen wissenschaftlich überhaupt noch haltbar ist und herauszufinden, was darunter gegebenenfalls nach dem heutigen Stand der Entwicklung zu verstehen ist. Der Anreiz zu diesem Unternehmen liegt in der Erwartung, der Einsicht in das Wesen des Strafprozesses näher zu kommen, und damit ein Kriterium zu gewinnen, das die Richtschnur für das Bedürfnis der Fortentwicklung nach dem bestmöglichen Strafprozeß hin geben könnte.

§ 2. Die historische Belastung des Inquisitionsprinzips

Bevor wir in die geschichtliche und dogmatische Erörterung des Problems eintreten, haben wir noch einige, zum Verständnis des Problems gehörende Ausführungen vorauszuschicken.

So muß darauf hingewiesen werden, daß der Problemkreis eine nur vom Psychologischen her zu verstehende Seite hat, die sich in der Scheu oder besser Abscheu vor dem Wort Inquisition und seinen Ableitungen manifestiert. Verbinden sich doch mit diesem Begriff die Vorstellung von richterlicher Willkür, Folter und persönlicher Unfreiheit, Reminiszenzen an die Auswüchse des gemeinen deutschen Strafprozesses, den man mit dem Inquisitionsverfahren schlechthin identifiziert. Die Ausgangsstellung bei der strafprozessualen Diskussion ist für diesen Prozeßtyp somit recht ungünstig. Auch heute noch stößt seine Erwähnung auf den Gefühlskomplex, den die Verletzung der allen Kulturmenschen teuren Begriffe, wie Freiheit, Gesetzmäßigkeit, Unparteilichkeit, Menschenwürde, hervorruft. Daß es sich bei dem gemeinrechtlichen Prozeß aber um eine „fratzenhafte Abart" (Köstlin) des Inquisitionsverfahrens handelte, welche diese Auswüchse hervortrieb, und daß diese Erscheinungen kein Monopol des gemeindeutschen Strafprozesses waren, sondern ähnlich beklagenswerte Erscheinungen den Stand der Rechtspflege zur damaligen Zeit auch in anderen Ländern kennzeichnete, wird dabei außer Acht gelassen. So standen die Mißstände der französischen Praxis der deutschen keineswegs nach. Auch im Herrschaftsbereich des englischen Rechts waren grauenerregende Zustände anzutreffen. Die englische Rechtsgeschichte bietet eine genugsame Anzahl von Beispielen, die von grausamsten Beugungsmitteln, Quälereien und Ungehorsamsstrafen berichten, obgleich die Folter nicht ausdrücklich anerkannt war.

Auch die Hexenprozesse und Ketzerverfolgungen, in denen die Nachwelt einen besonderen Makel der damaligen Rechtspflege erblickt, fanden nicht im Rahmen des ordentlichen Verfahrens statt. Ganz unabhängig von der herrschenden Prozeßform hat sich der Staat von jeher außerordentlicher Verfahrensweisen zur Bekämpfung von Massenverbrechen (wirklichen oder nur in religiösen und anderen Wahnvorstellungen wurzelnden) zu bedienen gewußt. In Rom wurden zur Zeit der unumschränkten Herrschaft des Akkusationsprinzips die Bacchanalienprozesse in Umgehung der üblichen Formen geführt und von Staats wegen inquisitorisch eingeschritten. Die Christenverfolgungen unter den Römern, sowie die Ketzerverfolgungen unter den Römern und unter der Herrschaft des kanonischen Rechts, schließlich die Hexenverfolgungen in der Zeit des gemeinen Rechts wurden in Überschreitung der geltenden Verfahrensvorschriften oder durch staatliche Sanktion im Wege außerordentlicher Verfahren durchgeführt; gleichfalls wurden zur Zeit der Herrschaft des Inquisitionsprozesses die Hexenprozesse nicht im Rahmen des geltenden Rechts, sondern unter grober Verletzung der gesetzlichen Bestimmungen betrieben. Carpsovs „in delictis atrocissimis ...“ stellen einen Versuch nachträglicher Rechtfertigung der rechtswidrigen Prozeßführung dar. Richtig ist zwar, daß allen außerordentlichen Verfahren in bezug auf die Massenverfolgungen gewisser Kategorien von Menschen, sei es aus religiösen, rassischen oder politischen Gesichtspunkten, rein inquisitorische Züge anhaften. Weiterhin steht fest, daß die Spannungsweite mißbräuchlicher Handhabung in einem sogenannten Inquisitionsverfahren größer ist als bei einem den Schutz des Angeklagten in stärkerem Maße berücksichtigenden sogenannten Anklageverfahren. Doch ist festzuhalten, daß das gesetzlich geregelte, inquisitorische Verfahren an sich niemals die Ursache der Auswüchse war, die ja gerade in Willkür und Mißachtung der bestehenden Gesetzesbestimmungen durchgeführt wurden. Die staatliche Willkür, die nur bei oberflächlicher Betrachtung dem inquisitorischen Verhalten ähnelt, darf nicht mit einem gesetzlich geregelten Untersuchungsverfahren verwechselt werden.

Die erste Anforderung bei unserem Vorhaben ist daher, sich über die psychologische Beeinflussung klar zu werden, die aus den mit dem Wort Inquisition verbundenen Vorstellungen hervorgeht; sie bewußt zu machen, ist selbstverständliche Voraussetzung einer wissenschaftlichen Haltung.

§ 3. Das Verhältnis des Staatsrechts zu den Prozeßprinzipien

Fernerhin muß hervorgehoben werden, daß die Erbitterung, mit der die Diskussion der Frage zumindest bis zur Mitte des neunzehnten Jahrhunderts geführt wurde, nicht von der strafprozessualen Seite des Problems, sondern vielmehr von der umkämpften, damit in enger Verbindung stehenden staatsrechtlichen und politischen Seite herrührte. Die inquisitorische Prozeßform entsprach vielfach der Sympathie für die Vormachtstellung des Staates; dem akkusatorischen Verfahren hingegen glaubten die Verfechter der bürgerlichen Freiheit am besten ihr Anliegen anvertrauen zu können. Der Strafprozeß sollte einmal ein Instrument der Machtstellung des Staates sein, während andere in ihm die bestmögliche Garantie für die individuelle Freiheit verbürgt sehen wollten.

Das Ausfechten staatsrechtlicher Aufgaben auf strafprozessualem Gebiet hat eine klare rechtsdogmatische Durchdringung des Strafprozesses verzögert. Mißstände der Strafrechtspflege wurden dem jeweiligen Prozeßtyp zur Last gelegt, ohne daß hierbei geprüft wurde, ob für diese vorwiegend die rein prozeßrechtlichen oder rein staatsrechtlichen Elemente des konkreten Strafverfahrens verantwortlich zu machen seien. So eng die Beziehungen zwischen beiden Sphären auch beschaffen sind, so handelt es sich doch rechtsdogmatisch um zwei verschiedene Gebiete. Das Strafprozeßrecht hat lediglich die vom Staatsrecht bereits aufgestellten Grundsätze zur speziellen Verwendung zu übernehmen, aber für diese nicht die Verantwortung zu tragen. Das schließt nicht aus, daß staatsrechtliche Probleme im Hinblick auf strafprozessuale Zustände in Angriff genommen und ausgefochten werden können. So zeigt die Geschichte des englischen Strafprozesses eine besonders enge Verknüpfung staatsrechtlicher und prozeßrechtlicher Momente, deren wesentlichste Errungenschaft die allgemein bewunderten Garantien für den Schutz der Freiheit des Individuums bilden. Damit ist allerdings noch nicht entschieden, ob dieses Verdienst auf prozeßrechtlichem oder mehr auf staatsrechtlichem Gebiet zu suchen ist. Gerade durch diese Verzahnung beider Gebiete litt jedoch im anglo-amerikanischen Rechtskreis die begriffliche Klarstellung des Wesens des Strafprozesses, ohne die aber auf unserer Kulturstufe eine Entwicklung zu höherer Form nicht möglich ist.

Es soll damit keineswegs die staatsrechtliche Seite des Strafprozesses in ihrer Bedeutung geschmälert werden. Eine Betrachtung jedoch, die nicht spezifisch prozeßrechtliche und staatsrechtliche Momente zu scheiden weiß, muß in ihren Folgerungen fehl gehen. Aufgabe der Strafrechtswissenschaft ist es aber, das spezifisch Strafprozessuale, in der Natur der Sache liegende, herauszuschälen und das notwendig Relativistische der staatsrechtlichen Elemente herauszustellen. Diese geben jedem konkreten Strafverfahren den letzten Akzent, der sonach nicht von der Rechtswissenschaft, sondern von den herrschenden staatsrechtlichen Anschauungen gesetzt wird. So werden die einzelnen Prozeßmaximen zu den möglichen Prozeßformen nach Maßgabe der politischen Ideologien auf einem Unterbau von Elementen zusammengefügt, die dem Entwicklungsstand der modernen Jurisprudenz in ihrer Bezogenheit auf die geistes- und naturwissenschaftlichen Ergebnisse der gegenwärtigen Kulturstufe zu entsprechen haben.

§ 4. Das Wesen des Strafprozesses

Auch aus einer Besinnung auf das Wesen des Strafprozesses ergibt sich mit besonderer Deutlichkeit die Notwendigkeit der Scheidung von staats- und prozeßrechtlichen Elementen. Denn seine spezifische, sozusagen autonome Aufgabe liegt in der „gerechten Durchführung des materiellen Strafrechts im Einzelfall“, in „Überführung des Schuldigen“, in „gerechter Verbrechensverfolgung“ oder wie man sie in ähnlicher Weise zu bezeichnen pflegt. Die Garantien für den Angeklagten, die nicht nur den Schutz des Unschuldigen, sondern auch die Individualsphäre des Schuldigen vor den Eingriffen des Staates zu schützen haben, sind aber keine autonome Aufgabe, sondern heteronomen Ursprungs: „Im übrigen ist es die Staatslehre, die das Vordringen oder den Geltungsbereich der strafprozessualen Prinzipien bestimmt, d. h. wie weit es dem Staat erlaubt ist, bei der Strafrechtspflege bei Verfolgung seiner Grundsätze, die je nach den verfassungsrechtlichen Garantien mehr oder minder geschützte persönliche Sphäre anzugreifen“[1]).

---

[1]) Glaser, „Handbuch des Strafprozesses“ I, S. 40.

Die schutzwürdige Sphäre des Individuums fordert notwendig die Aufstellung gesetzlicher Schranken gegenüber der Tätigkeit des Staates in der Verfolgung seiner im Wesen des Strafprozesses liegenden Aufgabe. Die Verteidigung der Freiheit des Einzelnen gegenüber der Allmacht des Staates, der nur allzu leicht zu totaler Machtentfaltung und Zurückdrängung der Individualsphäre neigt, erklärt auch die Überbetonung des Schutzes des Angeklagten, den dieser besonders in England gefunden hat. Jedoch scheint es an der Zeit, auch die Schranken für dieses Postulat klar aufzuzeigen.

Hier sollte die Erkenntnis des Wesentlichen den Ausgleich vermitteln, so daß die Abgrenzung der gegenseitigen Sphären nicht durch die Aufstellung entgegengesetzter Postulate zu erbittertem Kampfe führt: hie Macht — hie Freiheit, sondern die Idee des Rechtes maßgebend für die beiderseitigen Interessensphären sich auswirkt. Denn die Macht des Staates und die Freiheit des Einzelnen haben sich nach der Idee des Rechts zu richten und ihre gegenseitige Abgrenzung mit ihr als Maßstab herzustellen.

Ausgangspunkt für unsere Betrachtung war, daß sich der reine Strafprozeß seinem Wesen entsprechend an der Idee der Gerechtigkeit ausrichtet. Diese nun bedarf zu ihrer Konkretisierung der Macht, welche sie im Staate findet. Die Gerechtigkeitskonkretisierung durch staatliche Macht ergibt aber das Spannungsverhältnis zur Idee der Freiheit in ihrer Konkretisierung als persönliche Sphäre des Individuums. Denn die staatliche Macht als solche wird, auch wenn sie als Streben nach Gerechtigkeit auftritt, aus ihrer Natur heraus in Gegensatz treten zu der ihr gegenüberstehenden Individualsphäre. Die Abgrenzung der gegenseitigen Geltungsbereiche begnügte man sich bislang auf staatsideologischem Gebiet zu suchen. Dabei wurde jedoch die gestaltende Kraft der Rechtswerte als solcher in ihrer Wirkung auf das geschilderte Spannungsverhältnis übersehen. Zwar sind die Rechtswerte ihrem Wesen nach wieder aus dem Spannungsverhältnis Individuum und Staat hervorgegangen, jedoch haben sie als spezielle Kulturwerte eine Eigengesetzlichkeit gewonnen, die sie nunmehr befähigt, ausrichtend auf die beiden Sphären einzuwirken. Hierbei soll natürlich nicht verkannt werden, daß die Wertbetonung von der jeweils herrschenden Parteiideologie bestimmt wird, die aber auf unserer Kulturstufe keine grundsätzliche Wertbestimmung mehr sein kann.

Das gestellte Thema konnte also nicht lediglich von rechtsdogmatischer Seite in Angriff genommen werden, sondern setzte eine philosophische Besinnung voraus. Da gleichzeitig der rechtspolitische Einfluß nicht außer Acht gelassen werden darf, wird die Notwendigkeit methodischer Scheidung der möglichen Betrachtungsweisen zwingend.

§ 5. Scheidung der rechtsdogmatischen Begriffsbestimmung von der rechtspolitischen Begriffsausfüllung

So ist insbesondere Sorge zu tragen, daß nicht die wertfreie, im vollsten Sinne des Wortes objektive, rechtsdogmatische Behandlung von rechtspolitischen Wertungen beeinflußt wird. Sie führt nur zu oft zu wertgefärbten Urteilen, die unberechtigterweise mit dem Anspruch objektiver Geltung auftreten. Ihrer wertfreien Natur hat sich die Rechtsdogmatik streng bewußt zu bleiben. Sie kann die herausgearbeiteten Begriffe einer wertenden Verwendung übergeben, darf aber nicht mit rechtspolitischen Wertungen an die erst zu leistende Begriffsgewinnung herantreten. Die Verletzung dieser Forderung ist nicht nur bei der Behandlung dieses Problems zu finden; doch ist es hier besonders augenfällig, wie die sich voraussetzungslos wähnende Dogmatik von rechtspolitischen Gesichtspunkten beeinflußt wurde. Als Beispiel sei der auch heute noch von komplexen Wertungen umgebene Parteibegriff genannt. Die von den einzelnen Schriftstellern gegebenen Definitionen werden mit der Überzeugung vorgetragen, den Partei-„Begriff" gefunden zu haben, während es sich zumeist um ein je nach rechtspolitischer Wertung bestimmtes Maß von Parteirechten handelt, also um eine rechtspolitische Ausfüllung des Parteibegriffs, der zuvor in rechtsdogmatischer Analyse hätte herausgearbeitet werden müssen.

Kapitel II

Der Prinzipienstreit

§ 1. Überblick über den Stand des Problems

Die rechtsdogmatische Behandlung des Problems beginnt Mitte des 18. Jahrhunderts und ist auch heute noch nicht abgeschlossen. Denn noch immer sind keine eindeutigen, allgemein anerkannten Begriffe gefunden. Zwar mag das Interesse an dem Problem in seiner Formulierung „Inquisitions- oder Akkusationsprozeß" in den letzten Jahrzehnten zurückgegangen sein, hat aber dafür in anderer Terminologie, nämlich in dem schon erwähnten Kampf um den Parteibegriff die alte Vehemenz bewahrt. Aber auch ohne dieses teilweise Aufleben in anderem Gewand darf man sich nicht über die Tatsache der Ungelöstheit des ursprünglichen Problems hinwegtäuschen. Auch heute noch werden nicht nur in der Rechtsgeschichte, sondern in jeder diesbezüglichen strafprozessualen Abhandlung die Bezeichnungen „inquisitorisches und akkusatorisches Prinzip" gebraucht. Insbesondere haben die Begriffe in bezug auf den Vergleich des anglo-amerikanischen mit dem deutschen Prozeß erneute Bedeutung erlangt, wobei der jetzige Stand der Dinge wohl kaum geeignet sein dürfte, zu einer fruchtbaren wissenschaftlichen Diskussion beizutragen.

Wenn v. Hippel allerdings erklärt: „Das Anklageprinzip steht im Gegensatz zum Inquisitionsprinzip. Worin dieser Gegensatz liegt, darüber bestand früher Unsicherheit und Streit“, so scheint er damit den Schlußstrich unter unsere Problemstellung zu setzen. Wir werden belehrt, daß der Gegensatz in der Trennung oder Vereinigung der Aufgaben der Verbrechensverfolgung und der Aburteilung liege, und daß unser heutiger Prozeß wegen der Trennung der betreffenden Befugnisse als Anklageverfahren anzusprechen sei. Wir werden auf die Ausführungen von Kries verwiesen, und in der Tat hat v. Hippel eine stattliche Anzahl großer Vorgänger, auf die er sich berufen kann. Nur glauben wir uns auch jetzt schon berechtigt, die in seinen lapidaren Sätzen implizierte Behauptung anzweifeln zu können, daß Einigkeit und Klarheit über das Problem herrsche. Das hieße das schon oben erwähnte Zurückgehen des Interesses mit der Lösung des Problems gleichsetzen. Auch Henkel teilt nicht v. Hippels Überzeugung, wenn er von „Aufgabe des Anklagegrundsatzes“ spricht, „da das Strafverfahren, seiner natürlichen Funktion in der Gemeinschaft gemäß, überhaupt nicht Parteiverfahren ist“. Diese Identifizierung von Anklagegrundsatz mit Parteiverfahren, das Henkel mit einem von der Dispositionsmaxime bestimmten Maß von Parteirechten gleichsetzt, stellt die v. Hippel verkündete Erledigung des Jahrhunderte alten Problems erheblich in Frage. Die Beleuchtung des Gegensatzpaares hat also nicht nur eine rechtsgeschichtliche Seite, wie sie erledigter Problematik zukommt, sondern sie wird im Hinblick auf die noch ausstehende Klarstellung unternommen.

Auch zeigt ein Blick auf die rechtsgeschichtlichen Abhandlungen der jüngeren Zeit, daß keine Übereinstimmung über die Frage herrscht, was als Wesen des inquisitorischen und akkusatorischen Prinzips anzusehen sei. Die meist nur aus dem Inhalt der Abhandlungen hervorgehenden, mit den genannten Prinzipien verbundenen Vorstellungen erschöpfen sich des öfteren in „Verbrechensverfolgung von Amts wegen“ und „Beginn des Verfahrens nur auf Anklage“. Der Streit über manche rechtsgeschichtliche Frage würde sich in nichts auflösen, wenn man sich über den Inhalt der verwendeten Begriffe im klaren wäre. Ein Beispiel, an dem diese Behauptung näher dargelegt werden soll, ist die verschiedenartige Ausdeutung der Institutionen, die als die Wurzeln des inquisitorischen Verfahrens herangezogen werden. Die ältere Lehre sieht den Ausgangspunkt des Inquisitionsverfahrens Innozenz III. in den bischöflichen Sendgerichten[1]). Eine andere Ansicht zieht die inquisitorischen Züge im römischen Recht heran[2]). Die neuere Richtung schließt sich an Eberhardt Schmidt an, der den ausführlichen Nachweis eines eigenständischen, germanisch-deutschen Inquisitionsverfahrens führt und damit die Behauptung entkräftet, das rezipierte kanonische Inquisitionsverfahren sei

[1]) Glaser, „Handbuch des Strafprozesses“ I, S. 73.
[2]) v. Hippel, „Deutsches Strafrecht“ I, S. 88; mit Hinweis auf Kantorowicz.

dem deutschen Volksgeist fremd und ihm nur aufoktroyiert worden. Die Wurzeln dieses germanisch-deutschen Verfahrens werden in dem fränkischen Rügeverfahren und den bischöflichen Sendgereichten usw. gesehen und führen über das Richten nach Leumund, das Übersiebnen und andere Rechtsformen zu dem mittelalterlichen, inquisitorischen Verfahren.

Auch die Meinungen über die inquisitorischen Züge im römischen Recht gehen auseinander. So werden die nuntiatores, curiosi, irenarchae, stationarii usw. teils als Ausflüsse des akkusatorischen, teils als Anzeichen des inquisitorischen Prinzips gewertet. Diejenigen, die unter Anklageverfahren die reine Privatklage verstehen, also den Verletzten selber als Kläger auftreten lassen, werden konsequenterweise in den genannten Erscheinungen, die unbestritten öffentlich amtlichen Einschlag haben, inquisitorische Anzeichen sehen. Wer aber das Inquisitionsverfahren als unvereinbar mit jedwelcher förmlichen Anklage hält, muß zur Ablehnung einer eventuellen Entwicklung des geschichtlichen Inquisitionsprozesses aus diesen Erscheinungen gelangen.

Die vorstehenden Ausführungen haben uns mitten in unser Problem hineingeführt. Das offensichtliche Ungenügen der obigen Definitionen veranlaßte zur Aufstellung weiterer, den beiden Verfahrensweisen eigentümlichen Kriterien, die man allmählich, mehr oder minder vollständig, als ausschlaggebend für den Charakter des Verfahrens ansah, und zwar:

1. Die Art des Einschreitens,
2. Die Stellung des Untersuchungsbeamten, ob an Anträge gebunden oder nicht,
3. Die Art, wie Verdachtsgründe vorgelegt werden, und wie die Verteidigung geführt werden kann,
4. Die Art der Tätigkeit des Untersuchungsrichters, ob er amtlich auf Unschuld weisende Umstände verfolgen muß,
5. Die Art der Beweisführung, ob Beweislast oder materielle Wahrheitsforschung.

Als Wesensmerkmale des Inquisitionsverfahrens werden dementsprechend am häufigsten die nachstehenden Punkte angeführt:

1. Verbrechensverfolgung von Amts wegen,
2. Keine Abhängigkeit des Untersuchenden von Anträgen der Parteien,
3. Keine Parteien (Vereinigung der Strafverfolgungs-, Verteidigungs- und Urteilsfunktionen),
4. Amtliche Untersuchungstätigkeit,
5. Materielle Wahrheitsforschung.

Die charakteristischen Züge des Anklageverfahrens werden gesehen in:

1. Anklage (von manchen von nichtöffentlicher Seite verlangt),
2. Abhängigkeit des Gerichts von Anträgen der Parteien,
3. Parteien (Anklage, Verteidigung und Urteilstätigkeit getrennt),
4. Schiedsrichterlich passive Stellung des Gerichts,
5. Beweisführung in Form der Beweislast.

Die obigen Aufstellungen dürfen nicht zu der Annahme verleiten, daß man sich allgemein oder auch nur überwiegend für sie entschieden oder auf sie geeinigt hätte. Sie sollen nur eine Übersicht vermitteln; die individuellen Antworten auf die Frage nach dem Wesen der beiden Verfahrensweisen sollen im folgenden ausführlich dargelegt werden.

§ 2. Die Lehre Mittermaiers[1])

In Mittermaier finden wir einen besonnenen Referenten über das erste Jahrhundert der Geschichte des Problems. Seine eigenen Worte können wohl am besten in dem von ihm vorgefundenen Stand der Dinge einführen:

> „Man bemerkt leicht, daß über die Bedeutung des Anklage- und Untersuchungsprinzips viele an den Streit teilnehmende Schriftsteller unklar waren, willkürlich jedem dieser Prinzipien gewisse Merkmale unterschoben, die wahre geschichtliche Ausbildung des Untersuchungsprinzips und seines Verhältnisses zum Anklageverfahren ebensowenig kannten, als die wahre Beschaffenheit des Verfahrens in den Ländern, in welchen das sogenannte Anklageprinzip gilt . . . Da nun nach der herrschenden Ansicht der Gegensatz des Inquisitionsprozesses der Anklageprozeß war, und (wie irrigerweise viele sich vorstellten) der französische Prozeß, dessen Einführung man wünschte, auf dem Anklageprinzip beruhte, so hoffte man alle Übel durch die Forderung zu beseitigen, daß in dem künftigen Strafprozeß der Anklageprozeß eingeführt werden sollte . . . Bald zeigte sich, daß damit keine Befriedigung gewährt und die Klage nicht abgeschnitten wurde . . . Die Männer der Wissenschaft fühlten nun doppelt die Pflicht, sorgfältig zu prüfen, worin eigentlich das Anklage- und das Untersuchungsprinzip bestehe. Vergleicht man aber die darauf bezüglichen Schriften, so zeigt sich bald die größte Verschiedenheit der Ansichten."

Nach Mittermaiers Ansicht nun liegt insbesondere ein Hindernis für die wahre Verständigung in der Unkenntnis über die Natur des englischen, schottischen und irländischen Strafverfahrens, dem deutsche und französische Schriftsteller den Charakter eines Privatklageverfahrens gäben, wohingegen dem öffentlichen Interesse ebenso wie der Verteidigung Rechnung getragen sei. Die Geschichte lehre, daß in der Entwicklung jedes Volkes zuerst das System der Privatklage, bei höherer Entwicklungsstufe, wenn das Verbrechen bereits als Verletzung der Gemeinschaft aufgefaßt werde, jeder aus der Gemeinde zur Anklage berechtigt sei, und nicht nur der Beschädigte den Verbrecher anklagen dürfe. Bei wachsender Staatsgewalt werde das Interesse des Staates an der Strafverfolgung

---

[1]) Die Lehre vom Beweise. Das deutsche Strafverfahren. Mündlichkeit, Anklageprinzip, Öffentlichkeit und Geschworenengerichte. Die Gesetzgebung und Rechtsübung über Strafverfahren.

durch die Aufstellung von Beamten gewahrt, die der Ausübung von Verbrechen nachzuspüren hätten.

Seine eigene Stellungnahme zu dem Problem ist in folgenden Worten zu finden[1]:

> „Mit Unrecht hatte man oft bei der Darstellung der Unterschiede des Anklage- und des Inquisitionsprinzips unberücksicht gelassen, daß in einem gewissen Sinne jeder Strafprozeß ein Anklageprozeß ist, und daß das natürliche Verhältnis der einzelnen Teile des Strafprozesses am besten hervortritt, wenn man die Anklage und die Verteidigung als die zwei Grundbestandteile und die Inquisition als das Mittel auffaßt, wodurch das Gleichgewicht der widerstreitenden Kräfte im Interesse der Wahrheit zu dem Zwecke reguliert wird, daß den Richtern, welche über die Wahrheit der Anklage urteilen, die nötigen Materialien zur gerechten Urteilsfällung geliefert werden."

Nicht nur von rechtsgeschichtlichem Interesse, sondern auch bedeutsam für die weitere Erörterung des Problems, ist seine Feststellung, die Geschichte des Inquisitionsprozesses lehre, daß man sich nicht von der Form der Anklage habe entfernen wollen. Die mala fama sei als Anklägerin und die Inquisitionsartikel als Anklageakte zu verstehen.

Daraus folge:

1. Jeder Strafprozeß beruhe auf Anklage,
2. jeder Strafprozeß habe in Form einer Verhandlung stattzufinden,
3. jeder Gesetzgebung müsse der Schutz des Angeklagten zugrunde liegen,
4. die Anschuldigung müsse bewiesen werden, sonst könne keine Verurteilung erfolgen.

Für Mittermaier gibt es demnach zwei Prozeßtypen oder -grundsätze, deren Kriterien zwar bislang mehr oder minder willkürlich getroffen seien, deren wahre Ausgestaltung aber bei Kenntnis der Rechtsgeschichte möglich sei. Die von den reinen Prozeßtypen abgeleiteten Elemente hält er aber für austauschbar, soweit also von Eigengewicht, daß sie auch zu einer ihrer Herkunft nicht entsprechenden Form herangezogen werden können.

Besondere Betonung verdienen seine Ausführungen, mit denen er der Ansicht entgegentritt, die das Anklageprinzip mit dem Privatklageverfahren gleichsetzen will. Der Weg von Privatklage zur Staatsklage ist für ihn ein allgemeiner Entwicklungsgang, der kein Zurückgreifen auf das inquisitorische Prinzip erfordere.

Auf diesem Gedanken hat Binding, wie später noch auszuführen ist, seine vier Materialprinzipien aufgebaut. Wenn er dabei allerdings den Unterschied zwischen unseren beiden Prinzipien auf die Anzahl der Prozeßsubjekte (die sich aus der Trennung oder Vereinigung der Strafver-

---

[1]) Die Lehre vom Beweise, S. 45.

folgungs- und Urteilsfunktion ergibt), also auf seine Formalprinzipien verweist, so stimmt er darin nicht mit Mittermaier überein, nach dessen Ansicht der Unterschied zwischen beiden Formen nicht bloß in äußeren Merkmalen, wie dem Auftreten eines Klägers oder Inquirenten, zu suchen ist[1]).

§ 3. Die Lehre Köstlins[2])

Haben wir bei Mittermaier das Bestreben gesehen, die bisherigen Ergebnisse abwägend zusammenzustellen, die geschichtlichen Formen verständlich zu machen und der Natur der Sache entsprechend zu werten, so finden wir in Köstlin einen scharfzüngigen Kämpfer, den die Verfechtung seiner These von tiefer Einsicht in das Wesen seines Gegenstandes bis zu den direkt grotesken Verdrehungen treibt, deren die Durchführung eines Prinzips ad absurdum fähig ist.

Als glühender Anhänger der Philosophie Hegels hebt er immer wieder die Bedeutung der philosophischen Durchdringung des Problems hervor:

> „Erst der Blitz der Philosophie, der im Wendepunkt des Jahrhunderts auch in die Jurisprudenz einschlug, fing an, hier die Luft zu reinigen“[3]).

Jedoch sei dies nur bei den „tiefer Denkenden“ erfolgt, die Mehrzahl der zünftigen Juristen habe sich unter die Fahne der historischen Schule gestellt. Solange aber die Grundbegriffe des Strafverfahrens selbst nicht klar genug aufgestellt seien, sei mit praktischen Erörterungen nicht viel getan.

Sein erster Angriff richtet sich gegen diejenigen, die das Inquisitionsprinzip mit dem gemeinrechtlichen Inquisitionsprozeß identifizieren. In Wahrheit sei dieser nur eine „fratzenhafte Abart“ desselben. Er will das Inquisitionsprinzip als materielle Wahrheitsforschung bestimmt wissen[4]), was ihn aber nicht davon abhält, an anderer Stelle[5]) zu behaupten, daß nur die Verbrechensverfolgung von Amts wegen die Idee des Untersuchungsverfahrens konstatiere. „Anklageprinzip“ ist für ihn „privatklägerisches Schiedsgerichtsverfahren“.

Die Vereinigung der beiden Prinzipien sei eine logische Unmöglichkeit; es müsse vielmehr alles aus einem Prinzip abgeleitet werden:

> „Glücklicherweise gibt es denn aber doch noch andere, denen bei einem zufällig zusammengewirbelten Aggregat von Rechtssätzen nicht wohl ist, und die von jeder Disziplin verlangen, daß sie ein Ganzes aus einem Gusse bilde, so daß kein einzelner Satz in ihr sei, der nicht von dem Prinzip aus seine Berechtigung aufzuweisen habe“[6]).

---

[1]) Die Lehre vom Beweise, S. 29.

[2]) Der Wendepunkt des deutschen Strafverfahrens im 19. Jahrhundert, Probleme des Strafverfahrens.

[3]) Der Wendepunkt, S. 2.

[4]) Der Wendepunkt, S. 21.

[5]) Schweglers J 1845, S. 915.

[6]) Der Wendepunkt, S. 12.

Aus dem Inquisitionsprinzip will er das Erfordernis der öffentlichen Anklage ableiten, und wendet sich daher gegen Mittermaier, der auch Verfahren mit öffentlichem Ankläger „Anklageverfahren" nennt. Das Anklageprinzip sei mit dem antiken Staat, das Untersuchungsprinzip mit dem germanischen Staat gesetzt. Der Gegensatz zum damaligen deutschen Prozeß liege nicht im Anklageprozeß, sondern der deutsche, englische, französische, also der moderne germanische Prozeß stehe als Untersuchungsprozeß im Gegensatz zu dem Anklageprozeß der alten Welt, welcher durch das Recht der römischen Kaiserzeit hindurch zu dem ersteren einen Übergang finde. Innerhalb des Untersuchungsprinzips allerdings stehe der gemeindeutsche Prozeß im Gegensatz zu dem englischen, französischen, sofern in jenem das Untersuchungsprinzip zur Fratze verzerrt, in den letzteren dagegen organisch durchgebildet sei. Auch wenn im englischen Strafprozeß das Institut der Staatsanwaltschaft fehle, und infolge des Vorwiegens des Rechts der bürgerlichen Freiheit überhaupt die Analogie des bürgerlichen Rechtsstreits auf höchst unzulässige Weise begünstigt sei, so bliebe das Mißverständnis (Identifizierung mit dem Anklageverfahren) doch was es sei. Man begreife kaum, wie aus ganz äußerlichen und untergeordneten Momenten, wie dem der Anklageform, ein Schluß auf die Herrschaft des Anklageprozesses gemacht werden könne. Jene Formen dienten nur zur vernünftigen Unterscheidung der verschiedenen, dem Staat im Strafverfahren obliegenden Funktionen. So könne man nicht da von Anklageprinzip reden, wo von einmal gestellter Anklage an der ganze Verlauf des Prozesses gerade durch das entgegengesetzte Prinzip bestimmt werde. Das Herz des Anklageprinzips sei die Verhandlungsmaxime, wo sie nicht auftrete, habe man eine bloße Anklageform, die man irrtümlich zum Prinzip aufschraube. Der Grundsatz, daß dem Beschuldigten immer eine bestimmte Beschuldigung mitgeteilt zu werden habe, auf die das Verfahren beschränkt sein müsse, sei nicht ausschließlich Folge des Anklageprinzips, sondern sei auch im Inquisitionsprozeß Innozenz III. als Untersuchungslibell die Regel gewesen.

Das Wesen des Untersuchungsprozesses sei daher darin zu suchen, daß der Staat es nicht dem Einzelnen überlasse, die Verfolgung und Bestrafung von Verbrechen herbeizuführen, sondern daß er Beamte bestimme, die von Amts wegen im unmittelbaren Interesse und als unmittelbare Organe des Staates hierfür tätig zu sein hätten. Dieser Prozeß könne nun organisch gegliedert sein oder nicht. Es würden also auch die parteilichen Interessen ihre relativ selbständige Vertretung finden. Dazu bedürfe es nicht der Heranziehung des Anklageprinzips, „wodurch nur Verwirrung in die Sache kommt". Nur darauf komme es an, dem Untersuchungsprinzip die richtige Durchführung zu geben. Das Anklageprinzip stehe nicht in unzertrennlicher Verbindung mit der Anklageform, die nur der einfache Ausdruck dessen sei, was im Organismus des Prozesses überhaupt liege, und irrtümlich dem Anklageprozeß ausschließlich zugeschrieben werde, nämlich: geordnete Verhandlung einer Sache zwischen zwei in freier, gleichberechtigter Stellung sich gegenüberstehenden Subjekten vor einer unparteiischen, das Verfahren leitenden dritten Person. Dies gehöre weder dem bürgerlichen Rechtsstreit, noch dem Strafverfahren allein, vielmehr beiden auf die gleiche Weise an; es gründe im Wesen des Vernünftigen überhaupt. Was aber beide Verfahrensweisen voneinander scheidet, könne nur das bei beiden verschiedene Objekt sein, das im bürgerlichen Rechtsstreit in verzichtbaren, der Privatverfügung unterworfenen Rechten bestehe, im Strafverfahren jedoch nicht. Hiernach komme dem bürgerlichen Rechtsstreit die Verhandlungsmaxime und das Verzichtsprinzip zu, während im Strafverfahren davon nicht die Rede sein dürfe. Weil die kollidierenden Rechte keiner Parteiverfügung unterliegen, könne der materielle Verlauf des Prozesses nicht lediglich wie im bürgerlichen Rechtsstreit in die Hände der Parteien gelegt sein. Der Richter müsse vielmehr eine andere Stellung zu den Parteien haben, an deren Anträge er nicht gebunden und beschränkt sein dürfe. Das Streben nach materieller Wahrheit trete an die Stelle des Begnügens mit dem Streben nur nach nur formeller Wahrheit. Daraus entstehe die Forderung der Selbsttätigkeit des Richters, auch über die Anträge der Parteien hinaus, die Forderung dessen also, was man allgemein die Untersuchungsmaxime nenne, und was nur richtig verstanden werden müsse, um keinem Zweifel Raum zu geben, als wäre damit dem Recht der freien Persönlichkeit auf Seiten des Angeschuldigten zu nahe getreten.

Bei der Beurteilung von Köstlins These ist die ausgezeichnet durchgeführte, rein strafprozessuale Seite von der geschichtlichen zu scheiden. Letztere vermag nur wenig zu überzeugen und muß sogar auf Grund neuerer Spezialarbeiten auf diesen Gebieten als unzutreffend bezeichnet werden. Nehmen wir von der eigenwilligen Geschichtsgestaltung und der terminologischen Seite seiner Ausführungen Abstand, so kommen wir zu denselben grundsätzlichen Vorstellungen, wie wir sie bei Mittermaier antreffen konnten. Beide wollen ein rechtlich geregeltes, kontradiktorisches Verfahren mit unabhängiger Untersuchungsbefugnis des Richters. Mittermaier sieht den Weg in der Zusammenstellung aus den Elementen der beiden Grundtypen, Köstlin in der konsequenten Durchführung des Untersuchungsgrundsatzes, der „nur richtig verstanden werden muß".

Von besonderer Bedeutung ist seine Feststellung, daß der grundlegende Unterschied zwischen bürgerlichem und strafrechtlichem Verfahren (in seiner Begriffsbestimmung also zwischen akkusatorischem und inquisitorischem Prinzip) in der Natur des Rechtsanspruchs bestehe, und zwar darin, ob dieser verzichtbar oder unverzichtbar sei. Diese Erkenntnis werden wir bei Heinze als Grundthema seiner Ausführungen konsequent durchdacht und herausgestellt finden. Auch soll hier noch einmal betont werden, daß Köstlin als erster die Trennung von Anklageform und Anklagegrundsatz vorgenommen hat, was nach anfänglicher, heftiger Kritik doch wohl allmählich überwiegend Zustimmung erfahren hat.

§ 4. Zachariae[1])

Zachariae hingegen sieht im Gegensatz zu Köstlin seinen Ausgangspunkt im Anklagegrundsatz. Als Vorarbeit zur Erhärtung seiner These wendet er sich gegen die Annahme, daß die materielle Wahrheitsforschung und damit das Streben nach Gerechtigkeit ausschließlich mit dem Inquisitionsprinzip verknüpft sei. Es verhalte sich vielmehr nur wie ein Mittel zum Zweck, vielleicht als sicherstes, aber die Identifizierung sei irrig. Ebenso sei die Verbrechensverfolgung von Amts wegen nicht dasselbe wie das inquisitorische Prinzip.

Es stünden sich gegenüber:

1. Prinzip der materiellen und der formellen Wahrheit,
2. Offizial- und von Parteiwillkür abhängige Rechtsverfolgung,
3. Untersuchungs- und Verhandlungsmaxime.

Fehlerhaft sei, die Glieder der Gegensatzpaare von vornherein miteinander zu vermischen, auch wenn sie verbunden miteinander auftreten könnten, und dies insbesondere beim Strafprozeß: officium, inquisitio, veritas, wie z. B. schon im kanonischen Recht[2]). Das inquisitorische Prinzip bestimmt er als eine auf Wahrheit gerichtete, vom Ermessen des Richters abhängige Tätigkeit, die Anklage, Verteidigung und Richteramt zusammenfallen läßt; das akkusatorische Prinzip bedeutet die vom Richter nur geleitete, kontradiktorische Verhandlung. Nur das akkusatorische Prinzip entspreche der Natur des bürgerlichen Strafrechts und den Ansichten der gebildeten Völker. So beklagt er die neuere Gesetzgebung, die den französischen Prozeß nachahme, der nur ein Untersuchungsprozeß mit akkusatorischen Zutaten sei; man habe also hier eine prinziplose Verwirklichung des Anklageprinzips. Die freie bürgerliche Verfassung müsse notwendig zum Ausschluß des inquisitorischen Prinzips hinführen. Von selbst folge aber aus der Natur der Strafsache als einer causa publica:

1. Keine Privatwillkür, sondern öffentlicher Ankläger,
2. Diskretionäre Gewalt des Richters,
3. Unabhängigkeit des Richters von den Anträgen der kontradiktorisch verhandelnden Subjekte.

Auch hier finden wir im Grundsätzlichen Übereinstimmung mit den beiden vorgenannten Schriftstellern, neben fortgeschrittener Differenzierung und wachsender Klarheit über die einzelnen Bestandteile, die bisher in Verbindung mit geschichtlichen Prozeßformen aufgetreten waren. Doch auch hier fällt uns die willkürliche, oft gequält anmutende Zuweisung dieser Prinzipien zu der gesuchten reinen Form des Akkusationsverfahrens auf, was nur daraus zu erklären ist, daß er die Idealform des Straf-

---

[1]) Gebrechen und Reform des deutschen Strafverfahrens. Handbuch des deutschen Strafprozesses.

[2]) Cap. 31, X. V. 3 de sim.

prozesses, die er anstrebt, um jeden Preis „Akkusationsverfahren" benennen will. Auffallend ist seine Scheu, typisch inquisitorische Züge, wie die unter 1—3 genannten, als solche zu bezeichnen, was auch Köstlins berechtigte Kritik hervorrief. Als Zachariae erklärte, daß dem Strafrichter gegenüber dem Zivilrichter bei sonst gleichem Aufgabenkreis ein „Mehr" obliege, nämlich die Pflicht, alles zu tun, was notwendig ist, um das eigene Urteil über die vorgelegten Beweise aufzuklären, trat ihm Köstlin mit den treffenden Worten entgegen: „Wem würde nicht diese gezwungene Umgehung des einzigen Begriffs, der hier am Platze wäre, auffallen? Was anders ist denn das „Mehr", das dem Richter im Strafprozeß gegenüber von dem bürgerlichen Richter nach dem Grundsatz der Erforschung der materiellen Wahrheit obliegt, als eben die Handlung dessen, was man im allgemeinen das Untersuchungsprinzip nennt? Was soll aber eine Erklärung taugen, die zwei Fliegen — den bürgerlichen und den Strafprozeß — mit einer Klappe schlagen soll, und die prinzipielle Kluft zwischen beiden nur oben mit einem fast nichtssagenden „Mehr" zu überbrücken weiß"[1]).

§ 5. Abegg[2])

Abegg, der sich gleich Zachariae zum Akkusationsverfahren bekennt, findet jedoch den Ausgleich zwischen beiden Prinzipien mit der Feststellung:

> „Es ist nicht zu übersehen, daß durch die Einführung der Form des Anklageprozesses mit kontradiktorischer Verhandlung in der Hauptverhandlung zunächst das dem Strafverfahren wesentliche Prinzip, welches wir als das der Untersuchung von Amts wegen bezeichnen, nicht aufgehoben sei und es auch nicht werden dürfe"[3]).

Allerdings gibt er dem inquisitorischen Prinzip eine recht eigenwillige Ausdeutung, wenn er schreibt:

> „Das, was ich Untersuchungsprinzip nenne, ist nicht nur mit der Form des Anklageprozesses vereinbar, sondern diesem, wie er sich jetzt herausgebildet hat, wesentlich und immanent."

Doch fährt er fort:

> „Ich will, da die Sache selbst unzweifelhaft ist, keinen Wert auf die Bezeichnung legen"[4]).

Nach dieser kurzen Übersicht haben auch wir bereits erkannt, daß wir den jeweiligen Interpretationen des Inquisitions- und Anklageprinzips gegenüber skeptisch zu sein haben. Die Abweichungen voneinander, so konträr sie erscheinen, haben sich jedoch bei näherer Untersuchung als terminologische Unstimmigkeiten erwiesen, die die Vorstellung über das Wesen des Streitobjekts, des Strafprozesses also, nicht berühren.

[1]) Der Wendepunkt des deutschen Strafverfahrens, S. 52.
[2]) Lehrbuch der Strafrechtswissenschaft.
[3]) A. d. Cr. R. 1851, S. 177.
[4]) A. d. Cr. R. 1851, S. 178.

§ 6. Biener[1])

Auch Biener setzt sich ausführlich mit dem Problem auseinander, wobei seine terminologischen Schlußfolgerungen nicht in dem Maße zu überzeugen vermögen, wie seine Erkenntnisse über die Natur der konkreten geschichtlichen Prozeßformen.

Nach seiner Ansicht ist das Problem nur auf historischem Wege zu lösen. Unter Akkusationsprozeß versteht er das älteste, auf dem privatrechtlichen Standpunkt ruhende Anklageverfahren, unter Inquisitionsprozeß das kanonische Untersuchungsverfahren. So habe im germanischen Prozeß anfänglich, wie im Zivilprozeß, die Verhandlungsmaxime und der Grundsatz des Verzichtes gegolten; dies könne das Prinzip des Anklageprozesses genannt werden.

> „Dabei ist aber zu beachten, daß das Anklageverfahren nicht eine leere Form ist, sondern an sich selbst eine rechtliche Begründung mit sich führt und noch andere Folgerungen daraus hervorgehen. In jenem ältesten Prozesse erscheint es in Verbindung mit der privatrechtlichen Auffassung des Verbrechens. Die letztere bekommt später eine Konkurrenz an der politischen Auffassung des Verbrechens und wird im Verlaufe der Zeit von derselben zurückgedrängt, wodurch aber die Anwendbarkeit der Anklage keineswegs aufgehoben wird“[2]).

Wenn manche nun von dem neuen Verfahren behaupteten, es sei das Akkusationsprinzip damit zur Herrschaft gekommen, so meine man bestimmt nicht, daß damit das privatrechtliche Prinzip wieder hergestellt sei, man sei lediglich im Protest gegen den bisherigen Inquisitionsprozeß und wolle ausdrücken, daß die Form des Anklageverfahrens eingeführt worden sei. Damit sei die Sache aber nicht erledigt, denn es sei nicht ausgedrückt,

> „daß der Grundsatz des Untersuchens, die Bemühung auf die materielle Wahrheit und Überzeugung des Richters durchzudringen, also die aus der Verfolgung von Seiten des Staats hervorgehenden Maximen in dem eigentlichen Wesen dieses Prozesses zur Anwendung kommen müssen“[3]).

Wenn andere den neuen Prozeß als Untersuchungsprozeß bezeichneten, so sei nichts dagegen einzuwenden, wenn damit der Charakter einer Verfolgung von Staatswegen gemeint sei; diese Bezeichnung sei aber doch ungenügend, weil dabei die Form des Verfahrens ganz außer Betracht gelassen wird. Deshalb habe er vorgeschlagen, den Ausdruck „Inquisitionsprinzip“ lieber zu vermeiden.

---

[1]) Beiträge zur Geschichte des Inquisitionsprozesses und der Geschworenengerichte. Abhandlung aus der Rechtsgeschichte, Heft 2.

[2]) Beitrag zu der Theorie des neueren Criminalprozesses, S. 411.

[3]) Beitrag zu der Theorie des neueren Criminalprozesses, S. 425.

Bereits in seiner Abhandlung „Beiträge zu der Geschichte des Inquisitionsprozesses und der Geschworenengerichte“ wollte er die Inquisitionsmaxime durch den Terminus „politisches Prinzip“ ersetzt wissen. Sein Vorschlag hat sich jedoch nicht durchgesetzt.

Biener wendet sich nun gegen die Ansicht, nach der der neuere Kriminalprozeß sowohl auf dem Prinzip der Anklage wie der Untersuchung beruhe. Dies sei logisch unmöglich, da sich zwei entgegengesetzte Prinzipien ausschlössen;

> „indeß kann man, wenn auch nicht scharf richtig, doch gewissermaßen sagen, daß in dem neueren Prozeß die beiden Prinzipien ihre Versöhnung gefunden haben“[1]).

Mit dieser gewaltsamen Interpretation versucht Biener seine durchaus zutreffenden Erkenntnisse über die Struktur der Verfahrensweisen dem herrschenden Vorurteil, daß die entgegengesetzten Prinzipien sich ausschlössen, anzupassen. Dieses Fehlurteil, mit dem ein großer Teil der Untersuchungen belastet war, rührte von der starren, naturwissenschaftlichen Methode her, die erst allmählich einer geistesgeschichtlichen Betrachtungsweise und der ihr immanenten Logik zu weichen begann. Das akkusatorische Verfahren habe die Formen Rechtens begründet, das inquisitorische Wesen repräsentiere aber die höhere Entwicklung. Im neueren Verfahren nun liege eine Verbindung akkusatorischer Formen mit dem „politischen Prinzip“ vor.

§ 7. Planck[2])

Planck hingegen geht den von Mittermaier und Köstlin angebahnten Weg weiter. Die Akkusationsmaxime bedeute Vorlegung des Stoffes, an dessen Sammlung das Gericht keinen Anteil habe. Die Inquisitionsmaxime veranlasse das Gericht zur Sammlung des Stoffes. Die Akkusationsmaxime verlange mit Notwendigkeit Parteien mit gleichen Rechten; das Verfahren habe sich in der Form des Rechtsstreits zu bewegen. Aus der Inquisitionsmaxime ergebe sich, daß andere Personen als die des Richters nur zufällig als Unterstützung der richterlichen Tätigkeit angesprochen werden könnten. Der Angeschuldigte sei nur das Objekt der richterlichen Tätigkeit. Nur dieser, von der verschieden gefaßten Aufgabe des Gerichts und der Parteien im Verfahren ausgehende Gegensatz gehöre dem Prozeßrecht an.

Viele hätten dies verkannt, und den Unterschied in die Tätigkeit oder Untätigkeit des Gerichts bzw. des Staates verlegt. Der Staat bleibe untätig, solange die Privatverletzung als Auffassung des Verbrechens gelte. Sobald sich der „Bruch der Rechtsordnung“ als Auffassung des Verbrechens durchgesetzt habe, werde auch der Staat tätig. Dies sei jedoch nicht eine Folge der Prozeßform, sondern der veränderten Ansicht über

---

[1]) Beitrag zu der Theorie des neueren Criminalprozesses, S. 426.

[2]) Systematische Darstellung des deutschen Strafverfahrens.

die Natur des Verbrechens. Die tätige Teilnahme des Gerichts äußere sich darin, daß Privatpersonen zur Verfolgung herangezogen würden oder Staatsbeamte, schließlich durch Ermächtigung der Strafgerichte selbst, sich mit der Sammlung des Stoffes befaßten. Nicht alle diese Äußerungen riefen eigentümliche, prozessuale Rechtsformen hervor; die ersteren seien vielmehr für die Gestaltung des Prozesses gleichgültig, die letztere aber bewirke eine Änderung in der Stellung der Prozeßsubjekte, und dadurch in dem Inhalt und der Reihenfolge der Prozeß-Schritte. Denn sie entziehe die Sammlung und Benutzung des Stoffes der Willkür der Parteien. Zuerst sei sie noch mit den alten Formen verträglich, könne jedoch soweit fortschreiten, daß die Stoffsammlung und -benutzung dem Gericht allein übertragen werde, so daß die Parteien verschwänden. Das Inquisitionsprinzip werde von einigen mit jener aktiven Teilnahme des Staates bei der Verfolgung der Verbrechen gleichgesetzt. Der wahre Gegensatz desselben sei dann aber nicht das Anklageprinzip, sondern das Prinzip der Passivität des Staates. Dieser Unterschied gebe zwar der Gesetzgebung das Motiv für die Gestaltung des Verfahrens, aber das innere Wesen könne daraus nicht erkannt werden.

Auch Planck ist also der Ansicht, daß die Tätigkeit oder Untätigkeit des Staates eine Frage der jeweiligen Entwicklungsstufe sei und auf die veränderte Auffassung über die Natur des Verbrechens zurückgeführt werden müsse. Er bemüht sich darzulegen, daß die Verbrechensverfolgung von Amts wegen nicht das Wesentliche der Unterscheidung der beiden klassischen Prozeßtypen abgeben könne.

§ 8. Walther[1])

Walther führt diesen Beweis durch, indem er die Verbrechensverfolgung von Amts wegen endgültig aus der Gleichsetzung und Verquickung mit der Untersuchungsmaxime löst und mit Offizialmaxime bezeichnet. Während sich Bieners terminologischer Vorschlag nicht einbürgern konnte, ist Walthers Formulierung schnell aufgegriffen worden und ein fester Bestandteil des zur Prüfung stehenden Fragenkomplexes geworden.

Es sei ein „nicht unerheblicher Mißstand", unter Untersuchungsprinzip gleichzeitig die Verfolgung der Verbrechen von Amts wegen und das Streben nach materieller Wahrheit zu verstehen.

> „Was aber sowohl logisch als geschichtlich trennbar ist, das sollte auch terminologisch von einander geschieden werden, und es sollten weder beide Grundsätze zusammen, noch jeder für sich allein mit dem Ausdruck „Untersuchungsprinzip" bezeichnet werden. Der Verfasser erlaubt sich den Vorschlag zu machen, hinfüro nur den Einen der beiden Grundsätze mit diesem Wort zu bezeichnen, und zwar den Grundsatz des Strebens nach materieller Wahrheit. Hierfür

[1]) Die Rechtsmittel im Strafverfahren. Das deutsche Strafprozeßrecht.

spricht die Terminologie der Civilprozeßtheorie, wo der Gegensatz der Verhandlungsmaxime — und dieser Gegensatz ist das Streben nach materieller Wahrheit — Untersuchungsmaxime genannt wird"[1]).

So seien viele Irrtümer nur der falschen Terminologie zuzuschreiben. Würde hingegen der Grundsatz der Verfolgung der Verbrechen von Amts wegen „Offizialprinzip" genannt, so

„hätten wir eine bestimmte, feste und bezeichnende Terminologie, — leicht faßliche Begriffe mit ganz handgreiflichen Gegensätzen: Das Untersuchungsprinzip mit seinem Gegensatze, — der Verhandlungsmaxime, und das Offizialprinzip mit seinem Gegensatze, — dem Prinzip der Privatanklage"[2]).

Walthers unbestrittenes Verdienst bleibt die Bereicherung der verfügbaren Bezeichnungen für die im Verlauf der fortschreitenden Differenzierung herausgelösten Maximen. Er ermöglichte damit zugleich ein Näherkommen an die Erkenntnis des wahren prozeßrechtlichen Wesens.

§ 9. Ortloff[3])

Ortloff greift nun die Walthersche Offizialmaxime auf und erhebt sie zu einer Bedeutung, die ihr ihr Schöpfer offensichtlich nicht zugedacht hatte. Der leitende Grundsatz sei immer ein einziger, es seien aber mehrfache Formen möglich. Aus dem Prinzip der Gerechtigkeit habe der Grundsatz der Rechtspflege überhaupt abgeleitet und die Offizialmaxime aufgestellt zu werden. Die Herstellung der materiellen Wahrheit sei das nächste Ziel der Rechtspflege, aber nicht Grundsatz derselben. Dieses Ziel bedeute das Durchgreifen der Offizialmaxime durch den ganzen Prozeß. Die dafür gebrauchten Ausdrücke wie Untersuchungsprinzip und politisches Prinzip lehnt er ab. Die Verhandlungsmaxime sei die Ableitung aus dem Prinzip der Freiheit. Statt „Anklageprinzip" schlägt er den Ausdruck „Dispositionsmaxime" vor. Offizial- und Dispositionsmaxime schlössen einander aus. Die eigentliche Form des Prozesses mit Dispositionsmaxime sei die Verhandlungsform mit Anklage, als Privatanklage- oder Staatsanklageprozeß.

Folge der Herrschaft der Offizialmaxime sei die Untersuchung durch das Gericht. Diese sei in Schranken zu halten, aber in der Tat das einzige Mittel zur Wahrheitserforschung. Nach der Offizialmaxime sei die Untersuchung die Hauptform des Strafverfahrens; Mündlichkeit, Heimlichkeit oder Öffentlichkeit stellten nur Nebenformen dar.

Jede der beiden Grundmaximen habe ihre spezifische Form, diese habe jedoch nicht wie die Maxime Anspruch auf ausschließliche Geltung,

---

[1]) Die Rechtsmittel im Strafverfahren, S. XV.
[2]) dto. S. XVI.
[3]) Das Strafverfahren in seinen leitenden Grundsätzen und Hauptformen.

sondern es könnten, ohne daß die Maxime darunter leide, Formeneinzelheiten in die spezifische Form der anderen aufgenommen werden. Es sei daher eine Übertragung der Anklage- und Verhandlungsform und des Parteiverhältnisses auf die Offizialmaxime und die ihr eigentümliche Form möglich, wenn auch schwierig. Es bedeute aber eine rationelle Notwendigkeit, um die Richterstellung unparteiisch zu halten.

Der die Hauptsache der Verfahrens ausmachende Beweis spalte sich in zwei Richtungen: Beweis der Schuld oder Nichtschuld gebe dem Verfahren die zweifache gegnerische Richtung und fordere formelle Parteien. Zwischen und über diesen Parteien stehe das Gericht, welches die Parteien aber nicht nach der Dispositionsmaxime vor sich verhandeln lasse, sondern welches nach der Offizialmaxime alle Untersuchungshandlungen von Amts wegen vornehmen müsse, um die über Parteianträge hinausgehende materielle Wahrheit herzustellen. Daher sei der Beweis für das Gericht nur ein einziger, materiell ungeteilter, nämlich der der Objektivität.

Bei der Verbindung der Verhandlungs- oder Anklageform mit der spezifischen Form der Offizialmaxime sei es zweifelhaft, welche eigentlich vorherrschte. Die Form der Untersuchung sei die fast ausschließlich vorherrschende in der Voruntersuchung, auch im Hauptverfahren trete sie bei der Beweiserhebung vor der bloßen Verhandlung hervor. Das ganze Verfahren könne wohl am besten als „contradiktorischer Untersuchungsprozeß" bezeichnet werden.

Ortloffs Durchführung der Offizialmaxime erinnert an die Folgerungen, die Köstlin aus der Inquisitionsmaxime gezogen hatte; insbesondere interessiert die Anknüpfung und Weiterführung von dessen Gedanken über das Verhältnis von Prozeßform und Prozeßmaxime und die Austauschmöglichkeit selbst der einer Maxime spezifischen Form mit einer anderen, die der entgegengesetzten Maxime eigentümlich ist. Die Formulierung „Inquisitions- und Akkusationsprinzip" lehnt er ab und verweist sie in die Kategorie der Prozeßformen (wie später Binding), indem er sie als spezifische Form kennzeichnet, in der sich die „Dispositions- und Offizialmaxime, die er anstelle von „Akkusations- und Inquisitionsmaxime" vorgeschlagen hat, zu verwirklichen tendieren. Wie schon anfangs bemerkt, war diese Substituierung der Inquisitionsmaxime durch die Offizialmaxime nicht im Sinne Walthers, der in der Offizialmaxime, der Verbrechensverfolgung von Amts wegen, nur den Gegensatz zur Privatanklage sehen wollte.

§ 10. Heinze[1])

Heinze, dem eine ausgezeichnete Stellung unter den zu unserem Problem sich äußernden Schriftstellern zukommt, knüpft an Ortloffs

[1]) Dispositionsprinzip und Offizialprinzip, Verhandlungsform und Untersuchungsform, insbesondere im Strafprozeß.

Aufstellung von Dispositions- und Offizialmaxime an, um dessen Gegensatz präzise herauszuarbeiten und daran seine Wahl des maßgebenden materiellen strafprozessualen Prinzips auszurichten.

Der Charakter der verschiedenen, gerichtlichen Prozeßformen wird nach seiner Ansicht durch die jeweilige Art des im Prozeß zu verwirklichenden Rechtsverhältnisses bestimmt.

> „Die für den Prozeß entscheidendste Verschiedenheit in dem Charakter der zu verwirklichenden Rechtsverhältnisse bezieht sich auf die Verfügung über den Bestand der einzelnen Rechtsverhältnisse in Sein und Umfang, sie besteht darin, daß diese Verfügung den Beteiligten bei gewissen Rechtsverhältnissen zugestanden, bei anderen versagt ist“[1]).

Er unterscheidet drei Gattungen subjektiver Rechte:

1. Rechte, deren Entstehung und Fortbestand im Willen der beteiligten Personen liegen (das Wesen der Vermögensdelikte),
2. Rechte, deren Entstehung und Fortbestand vom Willen der Beteiligten unabhängig sind,
3. a) Rechte, deren Entstehung vom Willen der Beteiligten unabhängig sind, deren Fortbestand aber auf dem Willen der Beteiligten beruht,
   b) Rechte, deren Entstehung auf dem Willen der Beteiligten beruht, deren Fortbestand aber nicht von der Verfügung der Beteiligten abhängt.

Unter dem Begriff der Verfügung versteht er jede rechtsgültige Veränderung eines bestehenden Rechtsverhältnisses und dessen Aufrechterhaltung, wenn die Berechtigung zur Änderung gegeben war. Verzicht, Anerkennung, Versprechen bedeuteten eine unmittelbare Einwirkung auf das Rechtsverhältnis. Der Nichtgebrauch notwendiger und vorhandener Angriffs- und Verteidigungsmittel sei eine mittelbare Änderung des Rechts. Im Strafprozeß nun sei den Beteiligten vor und während des Prozesses jede Bestimmung über die Existenz und Ausdehnung des Objektes versagt. Der herrschende Grundsatz sei das Offizialprinzip. Der Stoff des Strafprozesses sei absolut unveränderlich; die verwirkte Strafe könne durch nachträgliche Willensentschließung nicht aus dem Wege geräumt, gemehrt oder gemindert werden. Bei der Herrschaft der materiellen Dispositionsmaxime sei der Strafprozeß nur eine Gattung des Zivilprozesses.

Von dem sachlichen, materiellen Recht, im Wege des Prozesses über dessen Gegenstand zu verfügen, scheidet Heinze das formelle Recht, über Lauf und Einzelbestandteile des Prozesses zu bestimmen. Jedes geordnete Verfahren kenne diese formelle Verfügung durch die Prozeß-Subjekte. Der Charakter der verschiedenen Prozeßarten sei in zweiter

---

[1]) Dispositionsprinzip und Offizialprinzip, Verhandlungsform und Untersuchungsform, insbesondere im Strafprozeß. GA 1876 S. 265.

Linie durch die Grundsätze, die dieses formelle Verfügungsrecht betreffen, bedingt.

Das prozessuale Verfügungsrecht sei nun unter die Parteien und das Gericht verteilt. Partei im formellen und prozessualen Sinne ist nach seiner Definition eine Person, welche berechtigt ist, den Angriff oder die Abwehr in einem Prozeß aus eigener Entschließung durch prozessuale Handlungen zu beeinflussen. Diese Freiheit der eigenen Entschließung falle mit dem prozessualen Verfügungsrecht zusammen, das jedoch nicht über die jeweilige materielle Befugnis der Partei, über den Gegenstand des Prozesses zu verfügen, hinausgehen könne. Daher sei auch die Spannungsweite der formellen Verfügungsbefugnis im Strafprozeß und Zivilprozeß unterschiedlich.

Durch die Verübung des Verbrechens sei dem Verbrecher die Rechtspflicht erwachsen, die gesetzlich verwirkte Strafe über sich ergehen zu lassen. Der Rechtsanspruch auf die Strafe liege in den Gründen der Gesamtheit. Diese öffentliche Strafe sei in rechtlichem Bestand und Umfang der Einwirkung der Beteiligten gänzlich entzogen. Der Staat habe nicht nur das Strafrecht, sondern die absolute Strafpflicht. Daraus gehe hervor, daß den Beteiligten (auch den Organen des Staates) jede sachliche Verfügung über die für die Entscheidung erheblichen Tatsachen und über die zu deren Erforschung dienlichen und verfügbaren Erkenntnismittel versagt sei. Ein Verzicht auf neue erhebliche Tatsachen oder ein Beweismittel sei also rechtlich unzulässig. Auch könne die Übereinstimmung der Beteiligten den Beweis einer solchen Tatsache nicht ohne weiteres ersetzen. Die Formen, in denen sich das Offizialstrafverfahren abspielt, könnten also denen des Zivilprozesses entsprechen, seien jedoch von gänzlich anderer innerer Bedeutung.

So dürfe die Anklage auch nicht, wie in England, als thema probandum angesehen werden. Denn die richtig bestimmte Aufgabe des Anklägers sei nicht der Beweis des von ihm behaupteten Sachverhalts, sondern die Feststellung des wirklich Geschehenen. Das „Beweisverfahren" hieße demnach auch besser „Ergründung", und statt von „Beweismitteln" sollte man von „Erkenntnismitteln" reden. Eine Anklageänderung sei demnach zulässig, es stünden ihr aber andere Erwägungen entgegen, wie prozessuale Rücksichten, Entziehung von Verteidigungsmitteln usw.

Das Dispositivstrafverfahren beginne erst mit der Klage, die Vorbereitung liege außerhalb des Prozesses. Das Offizialverfahren aber habe ein Stadium mehr, die Voruntersuchung, die bereits prozessualen Regeln unterstellt sei; darunter fiele bereits die polizeiliche Ermittlung. Auch das Geständnis habe in beiden Verfahrensarten einen verschiedenen Charakter; im Dispositivverfahren bedeute es die Verfügung über den Gegenstand des Prozesses im Ganzen oder Einzelnen, im Offizialverfahren sei es nur eine von mehreren Erkenntnisquellen.

Aber auch die Offizialmaxime gelte in unserem heutigen Prozeß weder unbeschränkt noch ausnahmslos, entscheidend sei das Interesse des Gemeinwesens, vor allem das Interesse an der Rechtspflege selbst[1]).

Für die Dispositionsmaxime sei die Verhandlungsform eine selbstverständliche und begriffliche Notwendigkeit. Man irre, wenn man der Untersuchungsform eine gleiche unlösliche Verbindung mit dem Offizialprinzip zuschreiben wollte.

„Untersuchungsform" bedeute, daß nur der Richter Prozeß-Subjekt, der Angeschuldigte nur Beweismittel sei und das Einschreiten des Richters ohne Antrag eines Anklägers zu erfolgen habe. In der inquisitorischen Form ließe sich das Offizialprinzip am bequemsten verwirklichen. Namentlich die Organisation einer Anklageschaft bleibe bei Annahme dieses Grundsatzes eine äußerst schwierige, kaum im Laufe der Jahrhunderte gelöste Aufgabe.

Aber trotzdem sei auch die Verhandlungsform für das Offizialprinzip möglich. Es handele sich bei der Frage der Form nur um die Zweckmäßigkeit des Mittels. Innere Notwendigkeit könne nur für das Prinzip der Strafrechtspflege als Vollzug der dem Staate obliegenden Strafpflicht behauptet werden.

Das Offizialprinzip, d. h. die rechtliche Natur der Strafsache selbst, ziehe aber der Durchführung der Verhandlungsform Grenzen. So übe das Gericht das bestimmende, prozessuale Verfügungsrecht aus in Beziehung auf Stoffsammlung, Beiziehung und Ausnutzung der Beweismittel. Diese Durchbrechung der Verhandlungs**form** zugunsten der Untersuchungs**form** bei der Beweissammlung und -erhebung sei unerläßlich, da hier das Offizialprinzip und die Untersuchungsform in engstem Zusammenhang stünden. Den Parteien komme aber eine Beteiligung bei der Stoffsammlung zu; das natürliche Verhältnis auf diesem Gebiet sei sogar die Parteitätigkeit, die nur durch die richterliche Tätigkeit ergänzt werden dürfe.

In England versuche man das Offizialprinzip durch die allgemeine Pflicht der Popularanklage und der Institution des Kronanwalts zu verwirklichen, was nur sehr ungenügend gelungen und im schottischen und französischen Verfahren weitaus besser durchgeführt worden sei. In unserem Prozeß komme das prozessuale Bestimmungsrecht dem Staatsanwalt zu, solange eine gerichtliche Untersuchung nicht eingeleitet sei. Sobald das Gericht die Einleitung des Verfahrens beschlossen habe, sei der äußere Verlauf wie der Inhalt der Prozedur im wesentlichen der Bestimmung des Gerichts überlassen.

Ohne Zweifel solle unser Prozeß der Verhandlungsform gewisse Zugeständnisse machen, allein es handele sich hier nicht um eine innere, durch die Sache selbst mit Notwendigkeit gegebene Forderung, sondern

---

[1]) So nennt er u. a. als Ausnahme vom Offizialprinzip das Antragsverbrechen, den Privatkläger, die Entbindung von der allgemeinen Zeugnispflicht und den Strafbefehl, der ein Geständnis mit formeller Beweiskraft fingiere.

nur um eine nähere oder doch um sicherere Wege zum Ziel. Nicht das Recht, sondern die Pflicht zur Verbrechensverfolgung sei der oberste Grundsatz, daraus erfolge das Streben nach materieller Wahrheit und Ablehnung des Dispositionsprinzips, das die Tatsachen unter die Herrschaft des Beschuldigten stelle, während das Offizialprinzip Beschuldigten wie Ankläger den Tatsachen unterwerfe.

Als Ansatzpunkt für die verschiedenartige Ausbildung der Prozesse wurde also durch Heinze die unterschiedliche Natur des jeweiligen Anspruchs herausgestellt, der verzichtbare bürgerlichrechtliche und der unverzichtbare strafprozessuale Anspruch. Auffällig ist, daß er wie Ortloff die Bezeichnungen „Akkusations- und Inquisitionsprinzip" fallen läßt. Ob man mit den von ihnen vorgeschlagenen Bezeichnungen oder mit der Rolle, die den einzelnen, so bezeichneten Maximen oder Prozeßformen zugeteilt werden, einverstanden ist, ist zwar von geringer Bedeutung gegenüber der Tatsache, daß er die grundlegenden Betrachtungen über die Natur des Rechtsanspruchs im Strafprozeß aufstellte, und doch hat hier die Kritik insoweit anzusetzen, als er die neuen Bezeichnungen dann nicht konsequent durchführt.

So versteht Heinze unter „Offizialgrundsatz" den Gegensatz zum „Dispositionsgrundsatz"; als er aber die Durchführung der Offizialmaxime in England rügt, das nur die Pflicht allgemeiner Popularanklage und den Kronanwalt habe, gebraucht er die Offizialmaxime im Sinne Walthers lediglich als Tätigkeit des Staates gegenüber dessen Passivität bei der Verbrechensverfolgung.

Heinzes Ausführungen wurden bis in die Gegenwart ihrer Bedeutung entsprechend gewertet, jedoch nicht mit der Konsequenz, daß darüber die Bezeichnung „Akkusations- und Inquisitionsgrundsatz" als überholt aufgegeben wurde. Ihre erstaunliche Zähigkeit überlebte auch Heinzes Angriff auf ihre Daseinsberechtigung außerhalb der Rechtsgeschichte.

§ 11. John[1])

Eine Variation des auf Heinze aufbauenden Grundthemas — verfügbarer Anspruch im Zivilprozeß, unverfügbarer im Strafprozeß — gibt John, der die neuen Ergebnisse terminologisch wieder in das alte Gegensatzpaar zurückführt.

Die Natur der im Zivilprozeß zu verfolgenden Rechtsansprüche verlange die Verhandlungsmaxime, ganz abgesehen von der sonstigen Gestaltung des Verfahrens. Die Natur der dem Strafprozeß zugrunde liegenden Rechtsansprüche bedinge dagegen, daß jeder Strafprozeß, gleichfalls unabhängig von der Art seiner sonstigen Ausgestaltung, auf der Untersuchungsmaxime beruhen müsse.

---

[1]) Das deutsche Strafprozeßrecht mit Rücksicht auf die Justizgesetze des deutschen Reiches in den Grundzügen systematisch dargestellt. Strafprozeßordnung II, Kommentar.

Der Unterschied des Untersuchungsverfahrens und des Anklageverfahrens sei bedingt durch die verschiedenartige Organisation des auf der Untersuchungsmaxime beruhenden Strafprozesses. Das hänge von der Stellung des Richters zu der Wahrheitsforschung ab. Das Wesentliche des Untersuchungsprozesses bestehe jedoch weder in der Schriftlichkeit des Verfahrens, noch in der Trennung des Inquirenten vom Dezernenten, sondern lediglich darin, daß der Richter die Wahrheit zu erforschen suche, und zwar dadurch, daß er das zur Wahrheitserforschung erforderliche Material selbst sammele. Beim Anklageprozeß habe nicht der Richter die Wahrheitsforschung zu betreiben, sondern dies sei Sache der Parteien, die vor dem Richter verhandelten. Das schließe ein Fragerecht des Richters nicht aus; dieses sei aber nicht die Folge der dem Richter obliegenden Untersuchung, sondern Folge der ihm obliegenden Leitung der Parteiverhandlung.

Das öffentliche Interesse werde durch den vom Staat bestellten öffentlichen Ankläger gewahrt. Seine Amtspflicht sei es, die materielle Wahrheit zu ermitteln. Beide Parteien verfügten über die erforderlichen Zwangsmittel zur Beweissammlung.

John verwendet demnach als Angelpunkt seiner Beweisführung die Notwendigkeit der Ermittlung der materiellen Wahrheit und leitet aus der Stellung der Prozeßsubjekte diesem Erfordernis gegenüber die unterschiedliche Organisation der Verfahren in Akkusations- und Inquisitionsprozeß ab.

§ 12. Glaser[1])

Glaser stellt in einem eingehenden Rückblick über die Geschichte des Problems die erzielten Ergebnisse unter Enthaltung von eigener Kritik zusammen. Seine eigene Stellungnahme ist vermittelnd.

Erst in späterer Entwicklung sei das Untersuchungsprinzip aus der Eigenart des Strafprozesses heraus aufgestellt worden. Theoretische Begründung finde es wegen der Unverzichtbarkeit des Gegenstandes in der Pflicht des Richters, selbst und allein tätig zu sein und sich darin weder von prozessualen Formen noch durch Parteien beeinflussen zu lassen. Das Untersuchungsprinzip dränge aus dem Rahmen des Prozesses heraus. Die Verhandlungsmaxime werde in ihrer Anwendung auf den Strafprozeß Anklagegrundsatz genannt.

Glaser kommt zu dem Ergebnis, daß in der anzustrebenden Prozeßform

1. die Strafverfolgung unabhängig von der Strafbefugnis,
2. die tatsächliche Feststellung unabhängig von der Willkür der Parteien zu sein habe, sowie
3. materielle Wahrheit zu erforschen sei.

---

[1]) Handbuch des Strafprozesses I, II. Beiträge zur Lehre vom Beweise im Strafprozeß.

Der Gegensatz der beiden Prozeßformen erschöpfe nicht die Summe der Bedingungen, von welchen die Gestaltung des Strafprozesses abhängig sei; am augenfälligsten trete dies beim Beweis und seiner Würdigung in Erscheinung. Stets müsse man sich der Abhängigkeit von der Erkenntnis der Gesetze des Denkens bewußt sein, desgleichen der Abhängigkeit von der Verbreitung richtiger Ansichten über das Walten der Natur und das innere Leben des Menschen, ganz besonders aber von staatsrechtlichen Momenten, welche die Grenze bestimmen, an welcher das öffentliche Interesse vor dem des einzelnen Bürgers Halt machen müsse.

Weiterhin kommt er zu der Folgerung:

> „Es ist tatsächlich nicht möglich, und wissenschaftlich nicht gerechtfertigt, ein sogenanntes reines Prozeßprinzip in der Weise aufzustellen, daß man glaubt, jede positive Forderung aus der Ableitung aus diesem, jede negative durch den Nachweis, daß das zur Beseitigung bestimmte aus dem entgegengesetzten Prinzip herausgewachsen sei oder sich daraus ableiten lasse, rechtfertigen zu können."[1])

In diesem Sinne fährt er an anderer Stelle fort:

> „Wie heute die Dinge stehen, war ein weitgehender Eklektizismus unvermeidbar, und weil eben der Gesetzgeber sich ihm hingab, darf man nicht von der Annahme ihrer Hinneigung zu dem einen oder dem anderen Typus ausgehen, und daraus folgern, daß sie alles sich angeeignet habe, was diesem entspricht, und was sie nicht ausdrücklich ausschloß. Vielmehr muß man sich die legislativen Erwägungen klarmachen, welche nach der Natur der Sache und nach der geschilderten geschichtlichen Entwicklung die Schritte der Gesetzgebung geleitet haben."[2])

Damit zeigt Glaser eine erfreulich nüchterne, undogmatische Einstellung, die sich die Suche nach dem Wesen des Strafprozesses aus der Natur der Sache zum Ziel steckt und sich den Prinzipien gegenüber die Freiheit sichert, die der Gesetzgeber selbst bei der Gestaltung der RStPO für sich in Anspruch nahm, ohne deshalb der Prinzipienlosigkeit bezichtigt werden zu können.

§ 13. v. Kries[3])

v. Kries kritisiert die „willkürlichen Behauptungen", die über das Wesen des inquisitorischen und akkusatorischen Prinzips aufgestellt und die Konsequenzen, die daraus gezogen worden seien. Nach seiner Meinung werde bei äußerster Folgerichtigkeit inquisitorischer Gestaltung des Strafverfahrens der Sache nach auf eine gerichtliche Abhandlung verzichtet; da dies auf unserer Kulturstufe untragbar sei, müsse der

[1]) Handbuch des Strafprozesses I, S. 40.
[2]) Handbuch des Strafprozesses I, S. 214.
[3]) Lehrbuch des deutschen Strafprozeßrechts.

Strafprozeß also notwendig akkusatorisch sein. Aus dem Akkusationsprinzip ergebe sich die Trennung zwischen Ermittlung und Aburteilung. Das Gericht sei auf die Klage beschränkt, aber nicht auf die Anträge der Parteien. Aus dem akkusatorischen Prinzip würden sich also keine Folgerungen über die Rechte der Parteien ergeben, wie z. B. der Grundsatz der Waffengleichheit, oder die Annahme, daß die Beweisaufnahme dem Vorsitzenden aus der Hand genommen werden müsse.

Die grundsätzliche Frage sei nicht die: ist der Staatsanwalt Partei? sondern: ist das gerichtliche Strafverfahren Prozeß? Die Annahme sei irrig, daß die Partei im akkusatorischen Prozeß zur Verfügung über den Gegenstand des Verfahrens befugt sein müsse. Dies stehe dem Beschuldigten im Strafprozeß nicht zu. Parteien bedeuteten also nicht die Herrschaft der Dispositionsmaxime.

v. Kries beschränkt also das Akkusationsprinzip nur auf die kontradiktorische Verhandlung, die andere, wie Köstlin, Ortloff, Heinze unter „Anklageform" verstanden wissen wollen.

Wenn er die Folgerungen, die bisher überwiegend aus dem inquisitorischen Prinzip bzw. der Offizialmaxime gezogen wurden, mit dem Akkusationsprinzip vereinbar erklärt, ohne ihrer Ableitung aus dem ersteren Prinzip Erwägung zu tun, erinnert er an Zachariaes gezwungenen Versuch, das inquisitorische Prinzip ganz auszuschalten. Man findet bei ihm keine Antwort auf die Frage, welches Prinzip denn nun bedinge, daß der Richter nicht an die Anträge der Parteien gebunden sei, und er das Maß der Parteirechte bestimme, kurz, welches Prinzip auf dem Gebiet herrsche, für welches er die Dispositionsmaxime unzuständig erklärt hat.

Auch v. Kries ist nicht frei von der Willkür, die er anderen vorwarf. Seine Definierung des „Anklageprinzips" bedeutet eher noch einen Rückschritt gegenüber denen, die die Anklageform bereits vom Anklageprinzip getrennt hatten.

§ 14. Ullmann[1])

Ullmanns Ausführungen geben Zeugnis von tiefer Einsicht in das Wesen des Strafprozesses, insbesondere dessen Beziehungen zum Staatsrecht. Die Trennung von Justiz und Verwaltung sei eines der wirkungsvollsten Mittel, zu gerechten Urteilen zu gelangen. Die Anerkennung politischer Rechte des Staatsbürgers im modernen Verfassungsstaat sei die Garantie hierfür.

> „Das neue Verfassungsrecht zeigt überdies eine Reihe von Grundsätzen, welche im reformierten Prozeßrecht als Garantien korrekter Rechtsprechung und als rationelle Grundlagen der Organisation des Verfahrens betrachtet werden, in seinen Bereich, wodurch gerade den leitenden Grundsätzen des Strafverfahrens die erhöhte Bedeutung verfassungsrechtlicher Normen und damit eine größere Stabilität innerhalb der staatlichen Gesetzgebung gesichert ist. Der

[1]) Lehrbuch des deutschen Strafprozeßrechts.

höchsten Forderung der Gerechtigkeit kann überhaupt nur eine solche Gestaltung des Strafprozeßrechts genügen, welche die rechtliche Geltung der mit der freien Persönlichkeit des Staatsgenossen gegebenen Interessen ebenso anerkannt, wie das staatliche Interesse an der Verfolgung und Bestrafung des Schuldigen. Die rechtliche Coexistenz dieser beiden Interessenkreise im verfassungsmäßig geordneten Gefüge der öffentlichen Ordnung einmal anerkannt, wird sich keine Gesetzgebung auf dem Gebiete des Strafverfahrens der Forderung verschließen können, daß den beiden Interessenkreisen auch im Falle des Konflikts gleiche Befriedigung ihrer zweifellosen Rechte zuteil werden muß"[1]).

Im Laufe der Entwicklung sei eine Differenzierung der Prozeßinstitutionen eingetreten, die am frühesten an den Unterschied des Privatrechts und des Strafrechts anknüpfe und in den wichtigsten Konsequenzen dieses Unterschieds ihren Abschluß finde. Zivilprozeß und Strafprozeß schieden sich immer mehr, je klarer der Unterschied des privatrechtlichen und des strafrechtlichen Anspruchs anerkannt werde. Die Herrschaft des inquisitorischen Prinzips im Strafverfahren habe einen grundsätzlichen Gegensatz zwischen beiden Prozeßarten zur Geltung gebracht, bis im heutigen Recht die Erkenntnis der inneren Verwandtschaft eine Reform beider hervorgebracht habe, in welcher jener Gegensatz überwunden sei, zugleich aber die Eigenart jeder der beiden Prozeßarten zu ihrem Recht kämen.

Der Unterschied liege in der Beschaffenheit des Prozeßgegenstandes. Im Strafprozeß gehe es um das Interesse des Staates an der Erhaltung der Integrität der Rechtsordnung, die Geltendmachung des staatlichen Rechts auf Strafe, also um einen öffentlich-rechtlichen Anspruch. Im Zivilprozeß handele es sich um das rechtliche Interesse bestimmter Personen, demnach um verzichtbare Rechte. Der Staat aber habe die Pflicht, sein Recht auf Strafe geltend zu machen. Im Zivilprozeß liege es an den Parteien, ob historische oder nur formelle Wahrheit erreicht werde.

Aber auch der Strafprozeß sei ein Parteiprozeßverhältnis. Die Bestimmung der maßgebenden Prinzipien des Strafprozesses ergäben sich aus der heutigen Auffassung der rechtlichen Natur des Gegenstandes der Strafverfolgung und dem Zweck des Strafprozesses. So lange das Strafrecht von privatrechtlichen Gesichtspunkten beherrscht werde, sei auch das Verfahren unter die Prinzipien des Zivilprozesses gestellt.

> „Dem Offizialprinzip zufolge hat der Staat das ihm aus der Begehung eines Delikts erwachsene Recht auf Strafe unter Ausschluß jedes Dispotitivrechts des Verletzten im öffentlichen Interesse pflichtgemäß auszuüben, d. h. die Geltendmachung des Strafanspruchs wird durch die amtliche Pflicht der hierzu berufenen Organe des Staates bestimmt; sie erfolgt ex officio"[2]).

[1]) Lehrbuch des deutschen Strafprozeßrechts, S. 16.
[2]) Lehrbuch des deutschen Strafprozeßrechts, S. 23.

Das Untersuchungsprinzip komme niemals rein vor, da das Bedürfnis nach rechtlicher Ordnung noch einen Rest der Verfahrensregeln zu retten habe.

Im Anklageverfahren trete das Staatsorgan als Partei im Staatsanwalt vor den Richter. Auf dieser Sonderung von Strafverfolgung und richterlicher Tätigkeit beruhe das Akkusationsprinzip. Nach beiden Prozeßprinzipien werde die Strafverfolgung als Aufgabe des Staates betrachtet und das Verfahren vom Grundsatz der materiellen Wahrheitsforschung beherrscht. Der Gegensatz des akkusatorischen und inquisitorischen Prozesses beruhe also überhaupt nicht auf dem Gegensatz verzichtbarer und unverzichtbarer Rechte.

In der Geschichte habe die Erkenntnis der staatlichen Aufgabe, Verbrechen von Amts wegen zu verfolgen, nicht gleichen Schritt gehalten mit der ebenso unzweifelhaften Aufgabe, die bürgerliche Freiheit zu achten und einen Eingriff in dieselbe nur auf Grund richterlichen Urteils zu gestatten.

> „Die Verbindung von Strafverfolgung und Entscheidung in der Person des Richters ist eben die in die Augen springende Verleugnung jenes Grundgedankens, auf welchen die Notwendigkeit des Prozesses für die Ausübung der Strafgewalt beruht“[1]).

Dieser Grundgedanke sei in den ältesten Strafverfahren in Anlehnung an den Zivilprozeß durchgeführt. Das Eindringen des Inquisitionsprozesses habe dem Verfahren die Form des Rechtsstreits genommen. Aber durch den Inquisitionsprozeß sei der Grundsatz der Verfolgung von Amts wegen und der Erforschung der materiellen Wahrheit zum Durchbruch gelangt.

> „Jedenfalls postuliert der Grundgedanke der Akkusation auf dem Gebiet des Strafrechts nicht eine der Dispositionsbefugnis des Anklägers analoge Befugnis auf passiver Seite. Es ist dies die bedeutsamste Konsequenz aus der publizistischen Natur des Strafanspruchs, die notwendig einen modifizierenden Einfluß auf die herrschenden, von dem Zivilprozeß beeinflußten Anschauungen über den reinen Anklageprozeß ausüben muß“[2]).

Wenn Ullmann das „Anklageprinzip“ in Kriterien sieht, die Heinze und Ortloff überzeugend als „Anklageform“ herausstellten und behauptet, daß der Unterschied zwischen akkusatorischem und inquisitorischem Prozeß keineswegs in dem Gegensatz von verzichtbaren und unverzichtbaren Rechten liege, so müssen ihm hier dieselben Einwendungen wie v. Kries entgegengehalten werden.

Ferner sei hervorgehoben, daß er bei seiner Gegenüberstellung der beiden Prozeßarten das Akkusationsverfahren in seiner Verbindung mit dem Offizialprinzip zeigt, erklärt er doch, daß die Strafverfolgung nach

---

[1]) Lehrbuch des deutschen Strafprozeßrechts, S. 29.

[2]) dto. S. 37.

beiden Prinzipien als Aufgabe des Staates betrachtet, und das Verfahren vom Grundsatz der materiellen Wahrheit beherrscht werde. Dies bedeutet also den Vergleich einer entwickelten Prozeßart, die als Mischform bezeichnet werden müßte, mit der „reinen" Ausgestaltung der anderen.

Zusammenfassend sei bemerkt, daß Ullmanns systematische Ausführungen nicht die Bedeutung seiner allgemeinen Darlegungen über das Wesen des Strafprozesses und seiner Entwicklung erreichen. Erst Binding war es überlassen, die systematische Seite zufriedenstellend zu klären, insbesondere die Unstimmigkeiten über Prozeßform und Prozeßprinzip.

§ 15. Rosenfeld[1])

Rosenfeld ist ein Glied in der Kette, die zu Bindings systematischer Überarbeitung des Gebietes führt. Er lehrt, daß alle modernen Verfahrensarten drei Prinzipien gemein hätten: Öffentlichkeit, Mündlichkeit, Unmittelbarkeit. Drei weitere seien ihnen mehr oder minder eigentümlich: das Offizialprinzip, das Prinzip der materiellen Wahrheit und das der Laienbeteiligung.

Im Laufe der Geschichte habe es verschiedene Arten des Vorgehens gegeben, um die Verbrecher der verdienten Strafe zuzuführen. Als Wesenszug des Akkusationsprozesses sei anzusprechen, daß zwei Parteien und ein unparteiischer Dritter in ihm aufträten, als Begleiterscheinung zeige er das Bestreben, die Disposition der Parteien für den Prozeß maßgebend sein zu lassen.

Der Inquisitionsprozeß dränge in der Erkenntnis, daß staatliche Interessen in Frage stünden, auf ein Vorgehen rein aus öffentlich-rechtlichen Gesichtspunkten hin.

Es sei die beste Lösung, die Wesenszüge des Akkusationsprozesses zugleich mit dem wertvollen Kern des inquisitorischen Verfahrens zusammenzubringen.

Mit dem Anklagegrundsatz hänge zusammen, daß die Parteien Anträge stellen und rechtliches Gehör verlangen könnten. Die sogenannte Dispositionsmaxime aber sei keine Ableitung aus dem Anklagegrundsatz. Die Verfolgung werde ex officio vorgenommen. Die hieran sich anschließenden Erscheinungen würden unter dem Namen „Offizialprinzip" zusammengefaßt. Eine weitere Aufgabe des Gerichts sei der Grundsatz der materiellen Wahrheitsforschung. Daraus folge, daß sich der Richter von Wünschen, Erklärungen und Verfügungen der Parteien unbeeinflußt zu halten habe. Diese Seite sei von der Verpflichtung zur Klageführung nicht zu trennen; der Staatsanwalt so wenig wie der Beschuldigte könnten den Prozeßgegenstand nach ihrem Willen modeln, dies käme im Immutabilitätsprinzip zum Ausdruck. Auf den Strafanspruch bezogen sei es

---

[1]) Der Reichs-Strafprozeß.

das Gegenteil des Dispositionsprinzips. Das Akkusationsprinzip komme in §§ 151, 153 I StPO, das staatliche Strafrecht in § 152 I zur Geltung. In § 153 II sei der oberste Leitgedanke zum Ausdruck gebracht, nämlich das Prinzip der materiellen Wahrheit. Es verlange:

1. Freie Verfügung des Gerichts über die Mittel und Formen des Prozesses (Souveränität des Gerichts),
2. Freiheit des Gerichts gegenüber Anträgen, Vorträgen und dem Schweigen der Parteien,
3. Freiheit bei Bildung der Überzeugung über Schuld oder Nichtschuld.

Rosenfeld läßt also den Untersuchungsgrundsatz in der Offizialmaxime und ihrer Aufteilung in Legalitäts-, Immutabilitätsprinzip und dem Prinzip der materiellen Wahrheit aufgehen.

Bedenklich erscheint es nun, die materielle Wahrheit in die Kategorie der prozessualen „Prinzipien" einzuordnen.

Die Wesensbestimmung ergab, daß der Strafprozeß sich nach der Idee der Gerechtigkeit auszurichten habe. Diese fordert für das Beweisrecht die materielle Wahrheitsforschung. Die Idee der Gerechtigkeit, sowie die speziellere der materiellen Wahrheit, ergeben den Leitstern für die Prozeßprinzipien; nach dem Maße, in dem sie Gerechtigkeit und Wahrheit (in den verfassungsmäßigen Grenzen) zu verwirklichen imstande sind, sollten ihnen ihre Herrschaftsbereiche zugemessen werden.

§ 16. Binding[1])

Binding hat den Fragenkomplex der letzten, gründlichen, systematischen Prüfung unterzogen. Seit dem Erscheinen seiner Abhandlung „Die gestaltende Kraft der Strafprozeßprinzipien"[2]) hat das Problem keine nennenswerte Fortbildung erfahren.

Binding stellt sich als Aufgabe, die Unrichtigkeit der auch von ihm lange Zeit geteilten allgemeinen Überzeugung darzutun, daß die Prozeßtypen aus einem Grundgedanken abzuleiten seien. Die Vernachlässigung des geschichtlichen Stoffes und der Prinzipienkult hätten die Zweifel in ihm wachgerufen, die zu der Erkenntnis geführt hätten, daß die Ansicht der herrschenden Lehre zum Teil unrichtig, zum Teil unvollständig sei.

Die Entstehung des Problems sieht er in der Zeit des Kampfes um die Strafprozeßreform, als sich der französische Prozeß, den man allgemein als Anklageverfahren bezeichnete, und der gemeinrechtliche Inquisitionsprozeß zum Vergleich gegenüberstanden.

Die ältere Lehre sei der Überzeugung gewesen, aus der logischen Deduktion eines Prinzips den Prozeß zu gestalten, den man de lege ferenda erstrebte. Bei seiner Übersicht über die Begriffsbestimmungen des inquisitorischen und des akkusatorischen Prinzips kommt er zu der Feststel-

---

[1]) Grundriß des deutschen Strafprozeßrechts. Strafrechtliche und strafprozessuale Abhandlungen. 2. Bd.

[2]) Strafrechtliche und strafprozessuale Abhandlungen. 2. Bd., S. 174ff.

lung, daß die ältere Lehre geglaubt habe, in der „Dispositions- und Offizialmaxime" die beiden Grundgedanken aller Prozesse gefunden zu haben. Diese Annahme rügt Binding mit den Worten:

> „Daß es auch ganz bestimmte einfache Grundgedanken gibt, welche die Form des Verfahrens viel kategorischer bestimmen, als die beiden zuletzt genannten Prinzipien seinen Inhalt — diese Wahrheit wurde in der Literatur bisher meines Erachtens nicht mit genügender Schärfe ans Licht gestellt"[1]).

Aber er gesteht zu, daß nun „gesunde termini" gefunden seien und bedauert, daß mit den Ausdrücken „Dispositions- und Offizialmaxime" nicht die Bezeichnungen „akkusatorisches und inquisitorisches Prinzip" fortgefallen seien.

Für die Verschiedenheit der Formen würden noch heute die beiden „nicht unzutreffenden", Ausdrücke: inquisitorische und akkusatorische Form gebraucht. Die Beibehaltung der klassischen Bezeichnung ist also nach Binding ausdrücklich nur noch für die Form des Verfahrens haltbar. Daß man die Form von dem materiellen Prinzip scharf geschieden hat, erkennt er als „einen erfreulich großen Fortschritt" der gedanklichen Klärung des Problems an.

Die ältere Lehre, die den Gegensatz zwischen verzichtbaren und unverzichtbaren Rechten herausgearbeitet habe, sehe in der prozessualen Rechtsstellung der Beteiligten zum Prozeßgegenstand nur die grundverschiedene materiellrechtliche Natur der im Prozeß verfolgten Ansprüche zum Ausdruck kommen. Der Beweis für die Notwendigkeit eines absoluten Parallelismus zwischen der Natur des geltend gemachten materiellrechtlichen und des zu seiner Geltendmachung erhobenen prozessualen Anspruchs, meint Binding nun, sei jedoch nicht angetreten worden und könne nie geführt werden. Die beiden Ansprüche seien nach Inhalt und Zweck verschieden und neben der Berücksichtigung des sogenannten Materialprinzips könnten doch nicht alle anderen prozessualen Rücksichten vernachlässigt werden.

Hier sollen unsere Überlegungen einsetzen. Einmal hat Heinze, der diese These am gründlichsten herausgearbeitet hat, selbst gesagt, daß die Offizialmaxime wohl herrsche, aber nicht ausschließlich — eine Äußerung, die ihm die Kritik der Inkonsequenz von anderer Seite eintrug — und daß sich jede Gesetzgebung zu hüten hätte, „eines Prinzips zuliebe Torheiten zu begehen". Heinze war es also nicht um die lückenlose, konsequente Durchführung der Offizialmaxime zu tun, sondern nur um die Herausarbeitung der Natur des materiellrechtlichen Anspruchs und seine Projizierung auf das Prozessuale. Als Ergebnis dieser Geistesoperation gewann er die Überzeugung der Herrschaft der Offizialmaxime im heutigen Strafprozeß.

---

[1]) Strafrechtliche und strafprozessuale Abhandlungen. 2. Bd., S. 175.

Auch Bindings weitere Einwände sind im einzelnen nicht überzeugend. Die „durchaus verzichtbare“ Privatstrafe bedeutet ja auch für Heinze eine Folge der Dispositionsmaxime!

Viel näher kommt aber Binding einer berechtigten Kritik, wenn er sagt:

> „Jeder Prozeß bedarf einer Fülle von Rücksichten außer der auf den materiellen Streitgegenstand“[1]).

Zwar nicht aus dem Grund, weil Heinze und andere

> „ihrem doktrinären Gegensatz verzichtbarer und unverzichtbarer Rechte der Fülle der verschiedensten geschichtlichen Grundgedanken für die Ausgestaltung des Strafprozesses in den verschiedenen Zeiten nicht gerecht würden“[1]),

(was Heinze ja mit der Herausarbeitung dieses Gegensatzes gar nicht beabsichtigte), sondern nur, weil Heinze und seine Parteigänger nicht ausdrücklich ihr Gebiet eingegrenzt und der anderen Einflüsse gedacht haben, die aus der Rücksicht auf die persönliche Sphäre des Angeklagten wie des Verletzten und allgemeiner staatsrechtlicher Erwägungen modifizierend auf den aus der Natur des Streitgegenstandes abgeleiteten prozessualen Anspruch einwirken. Binding selbst hat diesen Überlegungen nur wenig Raum zugewiesen und sie bei der Behandlung seiner zwei Formalprinzipien nur in einer ihrer Bedeutung kaum entsprechenden Weise erwähnt.

Die Rücksichtnahme, die nach Binding außer Acht gelassen wurde, ist die auf die Natur des Verbrechens neben dem „prinzipalen Materialprinzip“ (dem aus dem Verbrechen entsprungenen Strafanspruch), der die Natur des Verbrechens nicht erschöpfe. Die Auffassungen über die Natur des Verbrechens hätten bald überwiegend die öffentlich-rechtliche Seite, bald die private des verletzten Einzelnen hervorgehoben. Aber nie sei die eine Seite über der anderen ganz vergessen worden. Daraus erkläre sich manch logische Folgewidrigkeit; so insbesondere in der Rolle, die dem Verletzten im heutigen Strafverfahren als Antragsteller und Privatkläger usw. zukomme, die mit der Herrschaft der Offizialmaxime nicht zu vereinbaren sei.

Auch diese Überlegung stellt kein Argument gegen Heinzes These dar, der ja rechtsdogmatische Arbeit leistete und die rechtspolitische der Bestimmung des Spielraums der einzelnen Maximen gar nicht berühren wollte. sowie Ausnahmen von der Vorherrschaft der Offizialmaxime im heutigen Strafprozeß ausdrücklich anerkannte und sogar vor der strikten Durchführung einer Maxime warnte. Bindings Kritik an Heinzes Lehre trifft in ihrer näheren Ausführung also keineswegs den Punkt, der als vernachlässigt vielleicht herauszuheben wäre. Die „Fülle von Rücksichtnahmen“, die Heinze angeblich nicht beachtete, sind aber nicht in

---

[1]) a. a. O., S. 178.

Bindings Beispielen zu finden, sondern eben in jenem Gebiet, das auch Binding zu wenig erwähnte, das Ullmann und Glaser als erste befriedigend herausgestellt haben: die Berücksichtigung der Verbindung des typisch Prozessualen mit dem Staatsrechtlichen und die dadurch ermöglichte Lösung der rein prozeßrechtlichen von der Verquickung mit den staatsrechtlichen Momenten.

Binding leitet seine vier Materialprinzipien aus der Art der Ausgestaltung des Strafanspruchs in der Geschichte ab:

1. Das reine Recht des Verletzten, selbst zu strafen (Römisches Privatdeliktsverfahren und germanischer Bußprozeß).
2. Das Recht des Verletzten auf Bestrafung durch das Gemeinwesen. (Crimina extraordinaria, mittelalterlicher deutscher Strafprozeß, Karolina.)
3. Das Recht des Staatsvolks auf Bestrafung des Verbrechers durch das Gemeinwesen. (Accusatio publica.) Auch hier Anklage meistens durch den Verletzten. Aber das ganze Volk ist durch das Verbrechen verletzt, deshalb hat jeder Volksgenosse das Anklagerecht.
4. Das Recht zur Strafe steht dem Staat allein zu. Niemand kann mehr vom Staat die Bestrafung des Missetäters fordern. Auch die Strafverfolgung liegt dem Staat allein ob. Es sind zwei Entscheidungen möglich:

   Der Staat hält sich nur dann zur Strafverfolgung und zur Bestrafung verpflichtet, wenn „ein konkretes Strafbedürfnis" ausgelöst wurde. Diese Einstellung werde schlecht mit „Opportunitätsprinzip" bezeichnet.

   Hat der Staat dagegen die Ansicht, daß jeder Rechtsbruch straf- und strafverfolgungspflichtig ist, dann bedeutet das die Herrschaft des Legalitätsprinzips.

Diese Skala seiner vier Materialprinzipien stellt Binding den beiden Prinzipien Heinzes gegenüber. Es fragt sich jedoch, ob dadurch die Lösung des Problems vorangetrieben wurde. Im Grunde stellt Bindings Skala nur die entwicklungsbedingte Änderung der Ansichten über die Natur des Verbrechens, respektive der verschiedenen Arten von Verbrechen, dar. Denkbar ist die Möglichkeit, beliebig mehr Punkte aus dem Gang der Rechtsidee durch die Geschichte herauszugreifen und dementsprechend die Anzahl der „Materialprinzipien" zu vergrößern.

Heinze hingegen untersucht die Natur des Strafprozesses auf seiner heutigen Entwicklungsstufe und stellt dessen Natur im Gegensatz zu dem heutigen Zivilprozeß heraus.

Wenn Binding sich vorbehält, daß seine Skala keineswegs als „historische Reihenfolge" aufgefaßt werden soll, dann will er damit vor der Annahme warnen, die aufeinanderfolgenden Materialprinzipien als Fortschritt und Höherentwicklung zu betrachten: er will sie also als gleichberechtigte „kulturelle Charaktere“ im Sinne Beyerles[1]) verstanden wissen, ganz im Gegensatz zu Heinze, der von der Überzeugung ausgeht, mit seiner Unterscheidung der wahren Natur des Strafprozesses näher gekommen zu sein, also das Bindingsche vierte Materialprinzip als die Entfaltung der in der Vergangenheit nicht richtig erkannten Natur der Sache ansieht. Daß diese Ansicht nicht die Verfechtung der absoluten Herrschaft des Offizialprinzips bedingt, wurde oben dargelegt.

Diese vier Hauptformen, in denen sich nach Binding die Rechtsgeschichte abspielte, die er aber nicht als Entwicklung aufgefaßt sehen will, sind bei näherer Betrachtung nichts anderes als der Ausdruck der verschiedenen Geltung der beiden Prinzipien Heinzes im Laufe der Geschichte, Marksteine auf dem Wege der Entwicklung zum erweiterten Herrschaftsbereich der Offizialmaxime.

Zu unterstreichen ist Bindings Hinweis, man solle nicht glauben, daß zu derselben Zeit immer nur ein Materialprinzip herrschen könne; es könnten sogar einander widersprechende Prinzipien verschiedene Gebiete des Rechtsganges bestimmen.

Die Bemerkung jedoch, daß eine solche Mehrherrschaft auf Übergangszeiten deute, ist vielleicht geschichtlich zu vertreten, aber nicht für die heutige Kulturstufe, in der die geschichtlich gewordenen Formen je nach den Bedürfnissen verwendet und eingesetzt werden können.

Treffend sind Bindings abschließende Worte über das Thema „Materialprinzipien“:

> „Nichts wäre also irriger und doktrinärer, als einem und demselben Materialprinzip sozusagen die absolute Herrschaft über eines Volkes Strafprozeß in einer bestimmten Zeit zuzusprechen. Verschiedene Seiten der Missetat können gleichzeitig zur Aufstellung von Materialprinzipien verwendet werden, vor allem aber hat die Rechtsgeschichte nie vor dem Widerspruch Halt gemacht, wenn es erforderlich schien, neu hervorgetretene Rechtsbedürfnisse zu befriedigen“[2]).

Weiterhin führt er aus — immer in dem Bestreben, die Thesen Heinzes zu widerlegen,

> „daß, wo dem Einzelnen ein verzichtbares Recht auf öffentliche Strafe zusteht, mit der Erhebung der Anklage sein Dispositionsrecht erschöpft sein kann. Die Rücknahme der Anklage kann ihm in Rücksicht auf die Rechtsstellung des Angeklagten, der vielleicht Urteil fordern darf, aber auch in Rücksicht auf die angerufene Strafpflicht des Staates untersagt sein“[2]).

Auch hier geht der beabsichtigte Angriff auf Heinze fehl, da es sich hier um eine typische Einflußnahme des staatsrechtlichen Momentes auf die Maßgabe der Herrschaft der Prozeßprinzipien handelt. Die Rechts-

---

[1]) Der Entwicklungsgedanke im Recht, S. 17.

[2]) a. a. O., S. 186.

stellung des Angeklagten ist nur ein heteronom prozessuales Problem und ein autonom staatsrechtliches.

Im folgenden tritt Binding der Ansicht entgegen, die das Beweisverfahren in den Wirkungskreis jener Prinzipien einbezieht. Er greift auf die Geschichte des Beweisrechts zurück, das in zwei scharf zu sondernde Epochen zerfalle.

Das germanisch-deutsche Strafverfahren bis zum Eindringen der römisch-kanonischen Beweislehre sei unfähig gewesen, den historischen Verlauf der Tat festzustellen; es habe die psychologische Fähigkeit des Volkes überstiegen.

> „Dieser Strafprozeß war ein Rechtsgang ohne Beweisverfahren in unserem Sinne, aber freilich nicht ohne Beweisverfahren in seinem eigenen“[1]).

In unserem Sinn seien es nur Surrogate echter Beweismittel gewesen, die Parteibehauptungen be- oder entkräften sollten. Der Beweis sei ein durchaus formalistischer gewesen.

Mit der Zeit sei das Bedürfnis gekommen, wirklichen Beweis zu erbringen. Die Kirche sei mit dem Inquisitionsverfahren vorangegangen. Allmählich sei die Überzeugung eingedrungen, daß die materielle Beweisbarkeit des historischen Tatverlaufs möglich sei und damit die Ausbildung eines Beweisverfahrens, das sich nach der materiellen Wahrheit ausrichte,

> „das gleich blieb in allem echten Strafrechtsgang — ganz gleichgültig, unter welchem Materialprinzip es stand“[2]).

Binding setzt sich nun mit den „Ehrenrettern der formellen Wahrheit“ auseinander, die diese nicht als eine „Wahrheit minderer Güte“ betrachtet wissen wollen. Binding formuliert die formelle Wahrheit treffend als

> „die Gebundenheit des urteilenden Richters an den Inhalt einer Parteibehauptung ohne jede Rücksicht auf das Verhältnis dieses Inhalts zum geschichtlichen Verlauf der Ereignisse und zur richterlichen Überzeugung“[3])

und fährt fort:

> „Man braucht nur an die Bedeutung des Geständnisses, des Parteieides und der übereinstimmenden Parteibehauptungen im Zivilprozeß zu denken, um sich darüber klar zu werden, wie weit die Beweisführung der ersten Periode sich in den Zivilprozeß der zweiten hinein erhalten hat. Die Eigenart des Zivilprozeßgegenstandes hat dazu allerdings stark mitgewirkt“[3]).

---

[1]) a. a. O., S. 188.
[2]) a. a. O., S. 189.
[3]) a. a. O., Anm. 45 auf S. 189—190.

Was ist das letztere nun anders als die Einflußnahme der aus der Natur des Zivilanspruchs entstandenen verzichtbaren Rechte auf das Beweisrecht, also die Einwirkung der Dispositionsmaxime (eines Materialprinzips) auf die Gestaltung des Beweisrechts? Mit dieser Feststellung hat Binding seinem eigenen thema probandum entgegengearbeitet, daß

> „ein großer und wichtiger Teil des Strafverfahrens der Einwirkung der Materialprinzipien vollständig entzogen ist"[1]).

Binding unterliegt hier dem Irrtum, die Eigengesetzlichkeit des Beweisverfahrens als kulturgeschichtliche Entwicklungsfrage, also in seiner Konformität mit den herrschenden Ansichten über die Denkgesetze, die Natur des Menschen und der sonstigen wissenschaftlichen Erkenntnisse, mit der völligen Losgelöstheit des Beweisverfahrens aus der Verbindung mit den Materialprinzipien zu verwechseln. Der Einflußnahme der Materialprinzipien bleibt bei fortschreitender Entwicklung ein weniger augenfälliger Bereich; ein Vergleich zweier Beweisrechte derselben Kulturstufe unserer Zeit zeigt jedoch, daß die Diskrepanz beider auf die unterschiedliche Einflußnahme der Materialprinzipien zurückzuführen ist.

Festzuhalten ist aber die Tatsache, daß Binding das Beweisrecht als entwicklungsgeschichtliches Phänomen einordnet, eine Auffassung, die er bei der Aufstellung seiner vier Materialprinzipien ausschloß; wohl aus dem Bestreben heraus, die berechtigterweise von ihm verworfene Anschauung auszuräumen, daß jeweils nur ein Materialprinzip den ganzen Prozeß beherrsche. Zu dieser Ansicht mußte man notgedrungen kommen, wenn man die Materialprinzipien nur als Entwicklungsproblem auffaßte, da ja dann das entwickeltere Prinzip das vorherrschende ablöst. Beyerles Gedankengang gibt auch hier den Schlüssel zur Lösung des Problems, indem die Materialprinzipien als Entwicklungsvorgang und zu gleicher Zeit als „kulturelle Charaktere" angesehen werden, die auf unserer Kulturstufe selbständig und gleichberechtigt dem Aufbau des Rechtsgebäudes zu dienen fähig sind.

Unter seinen zwei Formalprinzipien versteht Binding „allein den Grundgedanken, der jeweilen über die Zahl der Prozeßsubjekte entscheidet". Bald seien es zwei, bald drei, nie aber mehr oder weniger, deshalb sei die Zahl der Formalprinzipien auf zwei beschränkt.

Als „parteiloser Strafprozeß" (oder Inquisitionsprozeß) bezeichnet er das Verfahren, in dem „jemand der Gewalt eines Gewalthabers, die zugleich Straf- und Strafverfolgungsgewalt gegen ihn untrennbar miteinander verbunden einschließt" unterworfen ist.

Entstanden sei das Verfahren aus der Strafgewalt des Sippenoberhauptes über die Sippenmitglieder, man finde es in der römischen Hauszucht, dem römischen Cognitionalverfahren, in dem „mächtigen Wiederaufleben des Inquisitionsprozesses in der römischen Kaiserzeit, dem ge-

---

[1]) a. a. O., S. 189.

meinrechtlichen Inquisitionsprozeß mit seinen fränkischen und kirchlichen Wurzeln."

Man könne die Aufgabe des Inquirenten nicht einheitlich genug fassen, sie sei ohne jede Tendenz von Anklage und Verteidigung.

Das zweite Formalprinzip trete auf, wenn der Bürgerwert so gestiegen sei, daß der Staat seine Angehörigen in ihrer rechtlichen Selbstherrlichkeit bis zum Urteil zu achten habe.

> „Dadurch mußte eine staatsrechtliche Scheidung zwischen der Straf- und der Strafverfolgungsgewalt — will sagen eine Scheidung in ihren Organen herbeigeführt werden"[1]).

In einer Anmerkung dazu führt er aus:

> „Die staatsrechtliche Hebung des Bürgers im Verhältnis zur Staatsgewalt war der alleinige Hebel, um den Inquisitionsprozeß aus den Angeln zu heben"[2]).

In dem Parteiprozeß, der als akkusatorischer bezeichnet werde, da der Kläger in ihm nicht fehlen könne, sei nicht die Anklage, sondern die Rechtsstellung des Verfolgten entscheidend. Dazu zieht er bestärkend Wahlberg heran:

> „In der verschiedenen rechtlichen Lage des Beschuldigten in dem Untersuchungs- und dem Anklageprozeß spiegeln sich die verschiedenartigen Subjektionsverhältnisse der Staatsbürger in dem absolutistischen Polizeistaat und in dem konstitutionellen Rechtsstaate"[3]).

Der Strafprozeß trage also je nach der rechtlichen Stellung des Verfolgten entweder inquisitorische oder akkusatorische Form. In dieser Formgabe erschöpfe sich die prozeßgestaltende Kraft der Formalprinzipien. Darüber beständen die seltsamsten Irrungen. Die Ausgestaltung und Verteilung der prozessualen Arbeitslast, die Bestimmung der Rechte und Pflichten der Parteien, die Art der Beweisführung, das alles hänge ab von dem herrschenden Materialprinzip, den Anschauungen über den besten Beweis usw., habe aber mit den Formalprinzipien nichts zu tun.

Insbesondere geht Binding gegen die Annahme von zwei angeblichen Folgerungen aus den Formalprinzipien vor: die Stellung des Staatsanwalts als der des „gegebenen Subjekts für die Vorbereitung des ganzen Verfahrens", was er strikt ablehnt, und die Behauptung, daß „im echten akkusatorischen Verfahren insbesondere Beweissammlung und Beweisaufnahme ausschließlich den Parteien obliegen müsse."

Diese Folgerung sei keineswegs mit der akkusatorischen Form gesetzt. Das richtige Verhältnis sei vielmehr, daß das Gericht die Ergänzung der

---

[1]) a. a. O., S. 195.
[2]) a. a. O., S. 195 Anm. 54.
[3]) Wahlberg, Kleine Schriften II, S. 297, zit. auf S. 196 Anm. 57.

Beweisführung selbst vornehmen müsse, wenn es nicht durch die der Parteien überzeugt worden sei, was sich mit der akkusatorischen Form vereinen lasse.

Auch bei der Besprechung der Formalprinzipien vermißt man die Betonung, daß es sich hier wie beim Beweisrecht, nach unserer Ansicht auch bei den Materialprinzipien, um einen Entwicklungsvorgang handelt, wie es ja von vielen Seiten erkannt wurde — so als „im Wesen des Vernünftigen liegend" (Köstlin), als „psychologisches Problem" (Henkel), als „Natur des Prozesses überhaupt" (Ullmann).

Der Bezeichnung „inquisitorische und akkusatorische Form" oder gar „Akkusations- und Inquisitionsprozeß" haben wir auch hier entgegenzusetzen, daß sie zu unrichtigen Ableitungen verführen und zu leicht mit inquisitorischem und akkusatorischem Prinzip identifiziert werden kann, deren Gegensätzlichkeit auch Binding verbannt sehen will, nachdem sie Ortloff und Heinze in Offizial- und Dispositionsmaxime umbenannten und in das Reich der Materialprinzipien verwiesen.

Wenn also Binding im weiteren Verlauf seiner Abhandlung vom „akkusatorischen Prozeß" spricht, so meint er damit lediglich die akkusatorische Form, eine Ungenauigkeit des Ausdrucks, die bei unserem Problem und der Bedeutung seiner terminologischen Seite bedauerlich ist.

Die rechtspolitischen Erwägungen, die sich in dem Absatz „Die schweren Mißverständnisse des neueren Anklageprozesses" anschließen, befassen sich mit der „unerträglichen Herrenstellung des Staatsanwalts dem Angeklagten gegenüber" und der Frage, ob der Staatsanwalt Partei sei. Letztere bejaht Binding. Für die klägerische Partei sei in jedem Rechtsstreit nicht mehr nötig, als die Befugnis, daß ihr der materiell-rechtliche Anspruch zu eigenem Rechte zusteht; so seien im heutigen Verfahren der Staatsanwalt, Privatkläger, Nebenkläger und Widerkläger ganz echte Parteien.

Die Widerlegung der Behauptung, daß die Gleichberechtigung beider Parteien das „akkusatorische Verfahren" ausmache, erbringt er mit der Erklärung, daß zum „Parteiprozeß" nur die Anerkennung der beiden Prozeß-Subjekte neben dem Richter als Partei gehört, und das Maß der Parteirechte und -pflichten sich streng nach dem Bedürfnis des Prozesses zu richten habe.

Der Annahme, die angebliche Unparteilichkeit des heutigen öffentlichen Klägers spreche gegen den Bestand eines echten Anklageverfahrens, hält er entgegen, daß der Natur der Sache gemäß die dem Zivilprozeß geläufige scharfe Gegensätzlichkeit einer relativen Interessen-Identität weiche, da das Verlangen beider Parteien dahin gehe, nur bei völlig erbrachtem Schuldbeweis zu verurteilen.

In seinem Schlußwort weist Binding an Hand geschichtlicher Beispiele nach, daß eine „feste Korrespondenz zwischen Material- und Formalprinzipien unannehmbar" sei, wie besonders in der Literatur über die Prozeßprinzipien zu Anfang angenommen worden wäre.

Wir sahen in unserer Übersicht, daß die Unabhängigkeit der Prozeßform vom Prozeßprinzip gerade von den Verfechtern des Gegensatzes der Dispositions- und Offizialmaxime längst erkannt worden war.

§ 17. Dohna[1])

Hatte sich Binding bemüht, die Benennung „Inquisitions- und Akkusationsprinzip bzw. -form“ weitgehend aus seinen Abhandlungen fernzuhalten, an verschiedenen Stellen sogar bedauert, daß sich diese noch immer behaupteten und nicht nach dem Gang der Entwicklung schon zugunsten zutreffenderer Bezeichnungen aufgegeben worden seien, so scheint Dohna von diesen Bedenken nicht berührt und verwendet daher zum Teil die alte Terminologie, über deren Vieldeutigkeit er sich aber bewußt ist. So könne unter Akkusationsprozeß verstanden werden:

1. Jede Gestaltung des Prozesses, bei dem die Gerichtshängigkeit durch die Erhebung einer Klage bedingt sei. Der Gegensatz dazu sei das Offizialprinzip. Die Form des nachfolgenden gerichtlichen Verfahrens sei gleichgültig.
2. Der französische Anklagegrundsatz, der den ganzen Prozeß beherrsche. Der Gegensatz dazu sei das Inquisitionsprinzip.

Das moderne Strafverfahren werde durch den Akkusationsgrundsatz beherrscht. Es sei aber bedauerlich, daß das Prinzip im deutschen Strafprozeß nicht folgerichtiger durchgeführt worden sei. Der Richter trete immer noch als Inquirent auf.

§ 18. v. Hippel[2])

v. Hippel scheint das Problem seit v. Kries' Ausführungen, auf die er sich bezieht, als abgeschlossen anzusehen. Jedoch taucht das Problem bei ihm an anderer Stelle, und zwar in dem Meinungsstreit um den Parteibegriff, wieder auf. Die Lösung ist jedoch leichter möglich, da hier die Willkür der Begriffsbestimmung erheblich eingeschränkt ist. So erfreulich unter diesem Gesichtspunkt v. Hippels kurze Behandlung in unserer Ausgangsterminologie anmuten kann, so ist jedoch die traditionelle Gegenüberstellung abzulehnen, auch wenn sie auf einen Bruchteil ihres ursprünglichen Gehalts zusammengeschrumpft ist.

Die verschiedenen Ansichten über den Parteibegriff, die v. Hippel in einer Übersicht zusammenstellt, ergeben deutlich die Verbindung zu unserer Problematik.

Bis vor kurzem sei der Anklageprozeß seinem Wesen nach als Parteiprozeß angesehen worden (so Geyer, Glaser, v. Kries, Ullmann, Binding, Birkmeyer, Beling, Rosenfeld, Dohna); in neuester Zeit aber würden Parteien im Strafprozeß abgelehnt, die auch schon

---

[1]) Das Strafverfahren.
[2]) Deutsches Strafrecht I. Der deutsche Strafprozeß.

früher durch John, Bierling, Wach, Kohler, Gerland, vertreten worden seien.

Dabei kritisiert er treffend den Ausgangspunkt der Gegner des Parteibegriffs, wenn er feststellt, daß sie die Ausgestaltung des Parteibegriffs im Zivilprozeß als begriffsnotwendig und diese sachliche Regelung der Parteirechte als dem Parteibegriff immanent ansähen.

Einigen der häufigsten Einwände gegen den Parteibegriff im Strafprozeß stellt er folgende Überlegungen entgegen:

Wenn John behaupte, der Staatsanwalt könne nicht Partei sein, weil er auch zugunsten des Angeklagten zu handeln habe, so sei das eine Verwechslung von Partei und parteiisch. Die Ansicht, der Angeklagte könne nicht Partei sein, sei eine Konfusion beider Begriffe; außerdem sei dies auch im Zivilprozeß der Fall. v. Lilienthals Feststellung, daß dem Beschuldigten das wesentlichste aller Parteirechte: die Disposition über den Streitstoff fehle, weist v. Hippel mit dem Hinweis zurück, daß dies wiederum eine einseitige Orientierung am Zivilprozeß darstelle; die Disposition über den Streitstoff sei eine Eigentümlichkeit des Zivilprozesses aus der Natur des privatrechtlichen Anspruchs her, und nicht des Parteibegriffs.

Demgegenüber sieht v. Hippel die Aufgabe in der Feststellung des „gemeinsamen Parteibegriffs der streitigen Gerichtsbarkeit", also des Anklageprozesses, innerhalb dessen sich dann die Abweichungen beider Prozesse aus der Natur des dahinterstehenden Rechts erklären würden.

Dieser Methode folgten die Vertreter des prozessualen Parteibegriffs, aber sie berücksichtigten nicht, daß das Prozeßrecht nur ein sekundäres Gebilde zur Durchführung des materiellen Rechts sei. Dies erkannt zu haben, sei das Verdienst der Vertreter des materiellen Parteibegriffs, der den formellen Parteibegriff voraussetze. Zweck und Inhalt des Prozesses sei die Entscheidung über das vom Kläger geltend gemachte materielle Recht; im Strafprozeß über das von der Staatsanwaltschaft geltend gemachte materielle Strafrecht des Staates gegenüber dem Beschuldigten.

> „Parteien sind die Rechtssubjekte, deren zu entscheidendes materielles Rechtsverhältnis den Gegenstand des Prozesses bildet!"[1])

Bei der Darlegung der Meinungen über den Parteibegriff begegnen uns dieselben grundsätzlichen Fehler, die auch das komplexere Problem, das uns beschäftigt, so unbefriedigend in der Schwebe hielten. Auch hier handelt es sich um einen Streit, bei dem die verwendeten Begriffe willkürlich mit verschiedenen Inhalten versehen werden, und man somit unabwendbar „aneinander vorbeiredet". Zumeist ist es ein Streit um Worte und nicht um das Wesen der vermeintlich zur Diskussion stehenden Sache, über die man oft übereinstimmt, ohne es im Gegeneinander der mehr oder weniger oberflächlich gebrauchten Begriffe zu bemerken.

---

[1]) Der deutsche Strafprozeß, S. 230.

Wenn v. Hippel auch mit seiner Kritik der verschiedenen Definitionen des Parteibegriffs den Kern der Sache trifft, so erübrigt sich dadurch nicht, seinen eigenen Vorschlag einer Prüfung zu unterziehen.

Der Versuch, einen allgemeingültigen Parteibegriff herauszuarbeiten, erfordert als Voraussetzung die Vergegenwärtigung folgender Überlegungen:

Erstrebt wird eine Definition, die abstrakt, also von aller näheren Kennzeichnung frei, den reinen Begriff aufstellt, die also die konkrete Ausgestaltung allen Beiwerks entledigt und nur noch die Elemente bestehen läßt, die zur Kennzeichnung des Wesens unentbehrlich sind. Hier müssen unsere Einwendungen gegen die Vertreter des materiellen Parteibegriffs einsetzen. v. Hippel selbst stellt als Ausgangspunkt den „Parteibegriff der streitigen Gerichtsbarkeit" auf, der Zivilprozeß und Strafprozeß umfaßt. Schon an der Bezeichnung „formeller" und „materieller" Parteibegriff ist auszusetzen, daß es als abstrakte letzte Definition nur „den" Parteibegriff gibt, jede nähere Umschreibung bedeutet bereits eine nicht begriffsnotwendige Ausfüllung, die den Bereich der Rechtsdogmatik verläßt.

Die letzte, nicht weiter zurückzuführende Begriffsbestimmung ist notwendigerweise formell, „materiell" impliziert ja schon eine spezielle Ausfüllung[1]). Der „Partei begriff im Strafprozeß" ist schon im strengen Sinne eine irrige Formulierung. Es könnte nur von den „Parteirechten im Strafprozeß" die Rede sein, also von einer Herausstellung ihrer Rechte und Pflichten, die die Diskussion in rechtspolitisches Fahrwasser lenkt, während die Suche nach dem Partei begriff als solchem von der breiten Basis der „streitigen Gerichtsbarkeit" auszugehen hat und eine rein rechtsdogmatische Aufgabe ist. v. Hippel und damit den Vertretern des sogenannten „materiellen" Parteibegriffs ist insoweit nicht zu folgen, als sie über die Formulierung hinausgehen, die auf der Grundlage der streitigen Gerichtsbarkeit beruht, und zu der nicht mehr begriffsnotwendigen näheren Kennzeichnung übergehen, die erst bei der Frage nach der Ausgestaltung der Parteirechte und -pflichten von Bedeutung wird[2]).

---

[1]) Vgl. Binding a. a. O., S. 205 „Eine Partei im Sinne des materiellen Rechts ist ein Unding".

[2]) Vgl. Binding a. a. O., S. 205 „Der öffentliche Ankläger aber wie der private sind beide ganz echte Prozeßparteien. Denn sie sind beide die Rechtssubjekte, die gleichermaßen von dem angegangenen Gericht Urteil empfangen wollen über die Strafforderung, die der Ankläger bei diesem Gericht angebracht hat . . . Für die klägerische Partei ist in jedem Prozeß nicht mehr nötig, als daß ihr die Befugnis von dem Gericht Anerkennung eines materiellrechtlichen Anspruchs zu fordern, zu eigenem Rechte zusteht. Daß sie zugleich Inhaberin dieses materiellrechtlichen Anspruchs zu sein behauptet, ist für ihre Parteistellung gänzlich gleichgültig".

§ 19. Henkel[1])

Die Verwendung unexakter Begriffe führt Henkel, der als letzter genannt werden soll, zu recht bedenklichen Ergebnissen, wie z. B. der Feststellung, daß das öffentliche Strafverfahren, seiner natürlichen Funktion in der Gemeinschaft entsprechend, überhaupt nicht Parteiverfahren sei. Daß er damit im Grunde gar nicht meint, was er auszusagen scheint, wird daraus deutlich, daß er die Trennung von Strafverfolgung und Urteilstätigkeit als unumgängliche Notwendigkeit, als „psychologisches Gesetz" bezeichnet. Das Anklageprinzip bestimme den Charakter des ganzen Verfahrens. Der Typus des Inquisitionsverfahrens sei in den Reformbestrebungen des 19. Jahrhunderts ganz aufgegeben worden, und man sei zum Anklageverfahren übergegangen. Der Anklagegedanke als Mittel zur Verwirklichung des Parteiverfahrens sei eine liberalistische Anschauung. Das Strafverfahren könne aber, wenn man es als Teil der Gemeinschaftsordnung sehe, nicht Parteiverfahren sein. Damit löse sich der im geltenden Recht verankerte Anklagegrundsatz aus der bisherigen Umklammerung des Parteigedankens und erhalte eine selbständige Bedeutung.

In einer Anmerkung dazu heißt es:

> „Darüber ausführlich Henkel, DJZ 1935, 727. Wenn dort von „Preisgabe des Anklagegrundsatzes" die Rede war, so war damit über das Ziel hinaus geschossen, es bedurfte nur der Befreiung des Anklagegrundsatzes von der Verquickung mit dem Parteigedanken. Dies richtig gestellt zu haben ist das Verdienst von Dahm, DStrR 1935, 262. Ebenso dann Henkel DStrR 1935, 403"[2]).

Köstlins Unterscheidung von Anklageform und Anklagegrundsatz sei in Wahrheit nur der Unterschied von Verfügungs- und Untersuchungsgrundsatz.

Die amtliche Verbrechensverfolgung als Grundsatz des modernen Strafverfahrens habe drei Aufgaben:

1. Alle begangenen Verbrechen müßten aufgedeckt und deren mutmaßliche Täter ermittelt werden,
2. Alle Beweismittel, die zur Beurteilung des Vorgangs von Bedeutung sein könnten, seien zur Vorbereitung des richterlichen Urteils ausfindig zu machen und bereitzustellen,
3. Alle Fälle, in denen sich der Verdacht gegen bestimmte Personen verdichtet habe, seien der richterlichen Untersuchung und Entscheidung zu unterwerfen.

Für das auf erhobene Klage hin stattfindende richterliche Verfahren, in dem zwei Verfahrensbeteiligte vor das zur Entscheidung berufene Gericht hintreten, böten sich zwei völlig entgegengesetzte Aufbaumöglichkeiten:

---

[1]) Das deutsche Strafverfahren.

[2]) a. a. O., S. 136.

1. Das Verfahren sei der Gestaltung der Parteien überlassen und das Gericht darauf beschränkt, auf der ihm von den Parteien gegebenen Grundlage zu entscheiden.
2. Das Gericht untersuche selbst, ohne Abhängigkeit von dem Vorbringen und dem Willen des Klägers und des Beklagten, und verschaffe sich die Urteilsgrundlage selbst.

Hier zeige sich der Gegensatz zwischen Verhandlungs- oder Verfügungsgrundsatz und dem Untersuchungsgrundsatz.

Im Strafverfahren könne der Streitstoff nicht den Parteien zur Verhandlung überlassen werden, sondern das Gericht selbst habe von Amts wegen zu untersuchen. Die Stellung des Gerichts müsse in der Stoffsammlung und Verwendung der Beweismittel souverän sein. Der Untersuchungsgrundsatz sei von dem Inquisitionsprozeß geschichtlicher Ausprägung getrennt. Für die heutige Verfahrensgestaltung böten sich keine Anknüpfungspunkte daran.

Die Kritik an der StPO habe die Untersuchungsmaxime angegriffen und die Verbindung der Anklagemaxime mit dem Untersuchungsgrundsatz verworfen. Daraus seien auch die Forderungen nach Reform entsprungen, die die Verwirklichung des Parteigedankens anstrebten. So sollte das Gericht von seiner inquisitorischen Tätigkeit befreit werden und nur noch urteilen.

Bei den Vorkämpfern des „reinen" Parteiverfahrens habe bezeichnenderweise nicht die Sorge um die Wahrheitsforschung, sondern das Bestreben, dem Beschuldigten eine noch freiere Stellung zu erkämpfen, also eine einseitige politische Forderung, im Vordergrund gestanden.

Die Bedeutung exakter begrifflicher Definitionen wird bei Henkel besonders deutlich. Versuchen wir Klarheit in die terminologische Verwirrung zu bringen, die die Bedeutung seiner Ausführungen schmälert, so sind folgende Punkte herauszustellen:

Im „Parteiverfahren" sieht er die Ausprägung des Prozesses, die der Dispositionsmaxime (oder dem „Anklageprinzip" in Köstlins Sinne, für die Ortloff und Heinze die Bezeichnung „Dispositionsmaxime" einführten) die Herrschaft einräumt, die ihr nach der Natur des Strafanspruchs nicht zustehe. Der Sache nach hat, wie wir aus dem Überblick über die Geschichte des Problems ersehen haben, nicht erst Dahm die zur Diskussion stehende „Umklammerung" gelöst, sondern die Schriftsteller des 19. Jahrhunderts haben es sich bereits zum Anliegen gemacht, die Trennung durchzuführen, die dann auch Binding bestätigte.

Weiterhin bedeutet es ein völliges Mißverstehen der These Köstlins, wenn Henkel dessen Scheidung von Anklage„form" und Anklage„grundsatz" als in Wahrheit den Unterschied von Verfügungs- und Untersuchungsgrundsatz betreffend bezeichnet, den Köstlin ausdrücklich in der Gegensätzlichkeit von akkusatorischem und inquisitorischem „Prinzip" sieht. Henkel wie Dahm haben übersehen, daß das „Parteiverfahren" aus der Verbindung mit der Dispositionsmaxime befreit werden mußte. Henkels Ablehnung des Parteiverfahrens richtete sich im Grunde lediglich gegen die Ansicht, die den Strafprozeß weitgehend nach dem Zivilprozeß hin orientiert sehen will, dessen Charakter die Herrschaft der Dispositionsmaxime bestimmt.

Mit der exakten Definition des Parteibegriffs würde sich auch die rechtspolitische Umhüllung des „Parteiverfahrens" lösen und den Weg zu sachlich wissenschaftlicher Erörterung nicht mit Parteidoktrinen versperren, deren Einflußnahme erst an anderer Stelle einsetzen kann.

Kapitel III

Schlußfolgerungen

§ 1. Kritik und Deutung der geschichtlichen Entwicklung

Haben wir nun die Vielzahl der Variationen über das Thema „Inquisitions- und Akkusationsprozeß resp. -prinzip" an uns vorüberziehen lassen, so können wir als Lösung des Dilemmas nur die Annahme rechtfertigen, daß der Gegensatz in der überkommenen Benennung wissenschaftlich nicht mehr haltbar ist, da seine Inhaltsbestimmung nicht zwingend begründet werden kann.

Zur Unterstützung unserer Behauptung haben wir uns die geschichtliche Ausgangssituation des Prinzipienstreites zu vergegenwärtigen. Vor ungefähr 200 Jahren hatte man begonnen, die bestehenden und die geschichtlichen Prozeßformen miteinander zu vergleichen. Als Ergebnis wurden zwei Kategorien von Prozessen aufgestellt, die man als mehr oder weniger geeignet zur Verwirklichung der Aufgaben ansah, welche in dem Strafprozeß erfüllt werden sollten. Die allmähliche Ausbildung „reiner" Prozeßtypen ergab sich aus dem Bestreben der Anhänger der verschiedenen Prozeßformen, die negativen Seiten der von ihnen vertretenen Verfahrensart als Zufälligkeiten der geschichtlichen Gestaltung auszugeben.

Diese „reinen" Prozeßtypen erfuhren nun allerdings recht verschiedene Ausprägungen. Stellte ein Anhänger des Akkusationsprozesses die „reine" Form des Akkusationsverfahrens auf, so waren in ihr alle Elemente vereinigt, die er als Erfordernisse eines idealen Strafprozesses ansah, während seine „reine" Form des Inquisitionsverfahrens das entsprechende Prinzip ad absurdum führte. Umgekehrt gaben die Verfechter des inquisitorischen Verfahrens diesem eine Ausgestaltung, die ihrem Idealbild eines Strafverfahrens am nächsten kam. Die Reinform des Akkusationsprozesses sahen sie aber im Privatanklageverfahren nach dem Vorbild der frühesten geschichtlichen Verfahrensform.

Man gelangte so zu einer immer extremeren Ausgestaltung der theoretischen Gebilde, in denen erst künstlich die anfängliche Verschiedenheit der konkreten Formen zu grundsätzlicher Gegensätzlichkeit und Unvereinbarkeit der von dem einen Typus in Anspruch genommenen Maximen mit denen des anderen Typus aufgebauscht wurde. Man hätte sich von der Geschichte eines besseren belehren lassen können, die, mit Bindings Worten, nie vor einer Inkonsequenz Halt gemacht hätte.

Die Unmöglichkeit, zu einer objektiven wissenschaftlichen Typisierung zu gelangen, liegt in der unumgänglichen Willkür des Ansatzpunktes bei der notwendigen Wahl des geschichtlichen Vorbildes. Aber auch die von aller geschichtlichen Konkretheit losgelöste „reine" Form konnte ebensowenig befriedigen wie eine solche, die ihren Ausgangspunkt in den offensichtlichen Auswüchsen einer geschichtlichen Prozeßform nahm, die in ihrer ursprünglichen, gesetzlichen Regelung nicht begründet lagen, wie z. B. die Ableitung der Merkmale des inquisitorischen Verfahrens aus dem gemeinrechtlichen Strafprozeß, der eine Entstellung seiner gesetzlichen Grundlagen, die er in der Carolina gefunden hatte, bedeutet.

Die Unterscheidung des „reinen" Inquisitions- und Akkusationsverfahrens herauszuarbeiten hatte nur Sinn als Arbeitshypothese auf dem Weg zu dem bestmöglichen Strafprozeß. Das Unternehmen mußte jedoch fehlschlagen, wenn es zu dem Zweck betrieben wurde, ein Prinzip herauszuarbeiten, das die konsequente Gestaltung des gesamten Prozesses übernehmen sollte. Die Bezeichnung „akkusatorisches und inquisitorisches Verfahren" war nur sinnvoll als Sammelname für die geschichtlich aufgetretene Koppelung von Elementen, die sich allmählich aus dem geschichtlichen Verband verselbständigten. Die dadurch hervorgerufene, fortlaufende Sinnentleerung des ursprünglichen Gegensatzpaares bemühte man sich nun dadurch aufzuhalten, daß man ihm, nach Abzug der emanzipierten Elemente, einen spezifisch eignen Sinn konstruierte. Manches der abgespalteten Prinzipien konnte sich rühmen, vor seiner endgültigen Verselbständigung als „Wesen" des inquisitorischen oder akkusatorischen „Prinzips" angesehen worden zu sein.

Es war also verfehlt, die geschichtlich sinnvolle Gegensätzlichkeit, die man mit „akkusatorischem und inquisitorischem" Verfahren zu bezeichnen übereingekommen war, auf ein akkusatorisches und inquisitorisches „Prinzip", als Gegensatz aufgefaßt, zurückzuführen. Das Gegensatzpaar ist im Laufe der juristischen Begriffsbildung in seine Bestandteile aufgelöst worden und hat Begriffspaare ergeben, die das Wesen der als Ausgangspunkt gewählten Verfahren, ob in geschichtlich konkreter oder in idealer Reinform gewählt, in sich aufteilen.

Wenn die herrschende Lehre sich darauf geeinigt hat, die Gegensätzlichkeit des inquisitorischen zum akkusatorischen „Prinzip" in der Anzahl der Prozeß-Subjekte, also in der Frage der Trennung der Strafverfolgungs- von der Urteilsfunktion zu sehen, so ist sie lediglich auf halbem Wege bei der Auflösung des Gegensatzpaares in seine Bestandteile stehengeblieben, d. h. man hat versäumt, die terminologischen Konsequenzen zu ziehen und die Bemühungen aufzugeben, die beiden konkreten Verfahren als Ausfluß gleichlautender, gegensätzlicher Prinzipien verstehen zu wollen. Die klassischen Bezeichnungen haben vielmehr in völlig getrennten Gegensatzpaaren Unterschlupf gefunden. So hat sich das akkusatorische Prinzip in das Begriffspaar „kontradiktorischer und parteiloser Prozeß", also auf ein Formalprinzip, zurückgezogen, während das inquisitorische Prinzip sinngemäß in dem Gegensatz Offizialprinzip und Dispositionsprinzip, also bei den Materialprinzipien, gefunden werden kann. Die Bezeichnung „Offizialprinzip" ist zwar nicht eindeutig, da man unter „Offizialprinzip" auch lediglich den Gegensatz zur Privatanklage verstanden hat. Die Wahl der Bezeichnung ist jedoch nur von untergeordneter Bedeutung, da die terminologischen Fragen sofort in ihre Grenzen verwiesen werden, wenn wie hier die Begriffsbestimmung durch die Gegenüberstellung mit einem eindeutig begrifflich feststehenden Prinzip demonstriert wird.

Auch die als Gegensätze herausgearbeiteten Prinzipien schließen sich im modernen Strafverfahren nicht aus, keines hat mehr Anspruch auf alleinige Geltung. Ihre Heranziehung erfolgt nur noch aus dem Bestreben, einem gerechten Strafprozeß im Rahmen der geltenden Kulturanschauungen so zweckmäßig wie möglich zu dienen.

Kehren wir nun zu unserer anfänglichen Fragestellung zurück, so haben wir festzustellen, daß wir als Kriterium für die Unterscheidung des deutschen und anglo-amerikanischen Prozesses uns nicht des Begriffspaares „Akkusations- und Inquisitionsverfahren bzw. -prinzip" bedienen können. Auch wenn wir die von der herrschenden Lehre getroffene Begriffsbestimmung zugrunde legen würden, die sich auf die Frage der Prozeßform beschränkt, sähen wir uns der Wahl eines neuen Kriteriums gegenüber, das uns als Maßstab des Unterschiedes beider Verfahren dienen könnte, da die Frage der Prozeß-Subjekte von der RStPO längst im Sinne der kontradiktorischen Verfahrensform gelöst ist.

Gehen wir von den offenbarsten Unterschieden aus, so fällt als erstes auf, daß die Offizialmaxime im engeren Sinne, als Verbrechensverfolgung von Amts wegen, im englischen Verfahren nicht so straff wie im deutschen durchgeführt ist. Da dies nirgends als bessere Lösung gegenüber der deutschen angesprochen wird, ist es, weil nicht strittig, für eine nähere Behandlung uninteressant. Uns geht es ja doch um Herausstellung der Unterschiede beider Verfahren im Hinblick auf die daraus zu gewinnende Klärung der Struktur des bestmöglichen Strafprozesses und die konkreten Folgerungen, die sich für beide Verfahrenskreise daraus ergeben können. Die Ansichten über den zweckdienlichsten Strafprozeß gehen zwar immer noch je nach den staatsrechtlichen und partei-ideologischen Überzeugungen auseinander. Demgemäß werden die einzelnen Prinzipien in verschiedenem Maße herangezogen. Jedoch ist es nach unserer Überzeugung trotz diesem Vorbehalt möglich, eine strafprozessuale Grundform aufzustellen, die dem allgemeingültigen Wesen des Strafprozesses

Rechnung trägt und der individuellen Bestimmung des Verhältnisses von Macht- und Individualsphäre in seinem Bereich trotzdem den nötigen Spielraum gewährt.

§ 2. Prozeßprinzipien und Beweisrecht

Der auffälligste Unterschied der beiden zur Diskussion stehenden Verfahrensweisen zeigt sich nun in der Regelung des Beweisverfahrens bzw. des Beweisrechts. Unsere Untersuchungen werden also zweckmäßig diesen Teil des Strafverfahrens besonders berücksichtigen. Für die juristisch-dogmatische Betrachtungsweise ergibt sich der Unterschied beider Beweisrechte vor allem aus dem verschiedenen Herrschaftsbereich, der der Dispositionsmaxime bzw. dem Offizial- (Untersuchungs-) Grundsatz, eingeräumt wird.

Alle Reformvorschläge, die deutscherseits die Regelung der StPO betreffend gemacht wurden, richteten sich letzten Endes nach dem englischen Vorbild, von dem man sich vor allem die Stärkung der Rechte des Angeklagten versprach, deren Berücksichtigung in der StPO als ungenügend angesehen wurde. Es standen also bislang die staatsrechtlichen Elemente des Strafprozesses im Vordergrund. Unsere Untersuchungen sollen nun nicht von einem partei-ideologischen Gesichtspunkt aus vorgenommen werden, sondern nach einem Maßstab, der sich aus dem Wesen des Strafprozesses in seiner Entwicklung und notwendigen Verquickung mit der Totalität der Lebensverhältnisse ergibt.

Wenn wir behaupten, die unterschiedliche Gestaltung der Beweisrechte sei auf den verschiedenen Spielraum zurückzuführen, der der Dispositions- und Offizialmaxime eingeräumt werde, so stellen wir uns damit in Gegensatz zu Bindings Ansicht, wonach die Materialprinzipien keine Beziehung zum Beweisrecht hätten. Die spezielleren Untersuchungen sollen unsere Behauptungen bekräftigen, daß der grundsätzlichste Unterschied der Prozeßausprägungen der abendländischen Kulturgemeinde gerade dieser ungleichen Einflußnahme der genannten Prinzipien auch auf das Beweisrecht zuzuschreiben ist.

Der Überblick über die Entwicklung der Strafverfahren und insbesondere der Beweisrechte wird auf Grund der sichtbar werdenden Entwicklungstendenz eigengesetzlich zu der Bildung des Maßstabs beitragen, der eine verläßliche Kritik beider Verfahrenskreise ermöglichen soll.

Ergänzend zu den vorstehenden Ausführungen soll auf eine Abhandlung Franz Beyerles[1]) hingewiesen werden, die für die Erkenntnis des Wesens des durch die Geschichte zu verfolgenden Verfahrensrechts von Wert sein wird. „Der Entwicklungsgedanke im Recht" befaßt sich mit der Entfaltung der Rechtsformen aus gemeinsamer Wurzel. Er zeigt, daß zu der Formentfaltung im Laufe der Geschichte eine geistige Um-

---

[1]) Der Entwicklungsgedanke im Recht. Vgl. auch Erik Wolfs Berichterstattung in Leipziger Rechtswissenschaftlichen Studien, Heft 10.

stellung eintritt, die sich in dem Übergang vom plastischen zum symbolischen und schließlich zum abstrakten, kategorialen Rechtsdenken manifestiert — von der Wirklichkeit über die Bildsprache zum Begriff.

Die in den einzelnen Kulturstufen entwickelten Formen, die er „kulturelle Charaktere" nennt, seien jetzt austauschbar.

Denkt man als Beispiel an das Institut der Privatklage, als frühest ausgebildete Prozeßform, die auch heute noch als Privatklage in der StPO Verwendung findet, so versteht man den Sinn der Worte Beyerles, daß die „kulturellen Charaktere" nicht als Fortschritt oder Höherentwicklung schlechthin aufgefaßt werden dürfen, da sie auf jeder Kulturstufe je nach dem Bedürfnis verwendbar sind.

Der Fortschritt besteht vielmehr in der Freiheit, „sich der geschichtlich entwickelten Formen in freier Tat zu bemächtigen", wie es die Zeit gerade erfordert.

2. Abschnitt

Überblick über die Entwicklung des Strafverfahrens mit besonderer Berücksichtigung des Beweisrechts und der herrschenden Prozeßprinzipien

Kapitel I

Deutsche Rechtsentwicklung bis zum Beginn der Neuzeit[1])

§ 1. Germanische Zeit

Unter Rechtsgang wird in germanischer Zeit nicht nur das Verfahren vor Gericht, sondern auch die außergerichtliche, aber geregelte Form, sich sein Recht zu verschaffen, verstanden. Die außergerichtlichen Formen wurden jedoch fortschreitend in das ordentliche Verfahren aufgenommen. Beim Eintritt in die Geschichte war das ordentliche Verfahren noch kein ausschließlich gerichtliches. Oft fand der nach unserer Auffassung bedeutsamste Teil des Prozesses, nämlich das Beweisverfahren, außerhalb des Gerichts statt. Auch der Beginn des Verfahrens lag in der Hand der Parteien. Der Kläger forderte den Gegner auf, vor Gericht zu kommen, eventuell unter Abschluß eines Vertrages, dem Streitgedinge, in dem sich der Gegner zum Erscheinen vor Gericht verpflichtete. Der Prozeß wurde in allen Stadien von Parteihandlungen vorwärts bewegt, bei rein passiver Stellung des Gerichts. Die Formenstrenge, in der das Verfahren eingekleidet war, wirkte sich als eine Instanz aus, die in gewissem Sinne die uns gewohnte Stellung des Gerichts vertrat: sie war die allen übergeordnete Macht; über ihre Einhaltung wachten die Parteien wie das Gericht. Ihre Unerbittlichkeit ließ den Prozeß zu einer „Gefahr" werden, da der geringste Verstoß gegen die Form Nachteile brachte; schon ein Versprechen machte leistungspflichtig. Da es im altgermanischen Prozeß keine Stellvertretung gab, übte die zu wahrende Form eine gefürchtete Herrschaft aus.

Die Tätigkeit des Gerichts bezog sich nur auf die Wahrung der Form. Bei Zweifelsfragen wurde ein Urteil über diese gefällt, so daß in einem Verfahren eine Reihe von Urteilen ergehen konnten. War kein Beweisverfahren nötig, so schloß das Verfahren mit einem Endurteil ab, das von den Rechtsfindern vorgeschlagen, dem Umstand genehmigt und dem Richter verkündet wurde. Die sogenannten zweizüngigen Urteile stellten

[1]) Vgl. v. Amira, Brunner, v. Hippel, v. Kries, v. Zallinger, a. a. O.

bedingte Endurteile dar, die vor dem Beweisantritt gefällt wurden und ihrem Inhalt nach dem Ausgang des Beweises alternativ bestimmten. Es war auch ein reines Beweisurteil möglich, das lediglich die Beweisrolle und das Beweismittel kundgab; das Endurteil erfolgte nach erbrachtem Beweis.

Das gerichtliche Verfahren zeigte noch deutlich die Spuren seiner Herkunft aus der Selbsthilfe. Es war noch immer ein Kampf mit einem Gegner, allerdings vor dem Gericht, das die aufgestellten Regeln zu überwachen hatte. Die Prozeßhandlungen wurden dem Gegner und nicht dem Gericht erbracht. Auch der Beweis wurde der gegnerischen Partei dargelegt; oft wurde sogar, wie bereits erwähnt, nach Abschluß des Beweisurteils der Beweisantritt außergerichtlich lediglich unter den Parteien vorgenommen. Allerdings werden der Natur des Verbrechens entsprechend nur mehr bei sühnbaren Taten außergerichtliche Beweisauflagen vorgekommen sein, bei denen die Allgemeinheit noch nicht den Anteil nahm wie an den Mein- oder Neidingswerken, in denen außer schwerem Friedensbruch auch eine Beleidigung der Götter gesehen wurde.

Am deutlichsten wahrte jedoch das Verfahren auf handhafte Tat seinen Charakter als erlaubte Selbsthilfe, war es doch gestattet, den Täter sofort bußlos zu töten, gleich ob es sich um eine todeswürdige oder minder schwere Tat handelte. Die Formen jedoch, wenn auch in viel geringerem Maße als beim ordentlichen Verfahren, legitimierten das Verfahren als rechtliches. So hatte der Angegriffene durch Gerüfte das Herbeieilen der in der Nähe befindlichen Männer zu bewirken; war der Täter vom Angegriffenen bereits getötet, so mußte er dieses unverzüglich verklaren. Das eigentliche Verfahren auf handhafter Tat bestand nun darin, den Täter mit aufgebundem Beweismittel sofort vor das Gericht zu bringen, wenn nötig mit Gewalt. Im Gefolge kamen die Schreimannen, die durch Bestärkung des Vorbringens des Klägers dem Beklagten die Verteidigung abschnitten, der also ohne Möglichkeit des Gegenbeweises verurteilt wurde.

Damit ist der Rahmen aufgezeigt, in dem sich das Beweisverfahren abspielte. Auch dieses wurde weitgehend von der Disposition der Parteien beherrscht, was sich schon in dem Umstand ausdrückt, daß das Beweisurteil als Abschluß eines Beweisvertrages zwischen den Parteien erging bzw. beim bedingten Endurteil einen Teil des Sühnevertrages zwischen den Parteien ausmachte.

Das Gericht hatte die Beweisrolle und das Beweismittel zu bestimmen. Wenn allgemein behauptet wird, es sei die Regel gewesen, der Beklagte habe näher zum Beweis gestanden, so hat dies nur bedingte Geltung. In der Frühzeit bestimmte das Gericht nach seinem Ermessen, wer beweispflichtig sei, später nach festen Regeln. In dieser Entscheidung lag bei der damaligen Art der Beweismittel eine Möglichkeit der Einflußnahme auf den Ausgang des Verfahrens, die als Spielraum für das Ermessen, der den Formalismus der Beweismittel mildern konnte, nicht genügend Beachtung gefunden hat.

Der Charakter des Beweisverfahrens war, nach v. Amiras Auffassung, „ursprünglich darauf angelegt, nicht sowohl die Wahrheit oder Unwahrheit eines Tatbestandes ans Licht zu bringen, als denselben außer Streit zu stellen; nicht sowohl auf das Erkennen, als auf den Willen einzuwirken. Bewiesen wurde dem Gegner, nicht einem Unparteiischen. Der Empfänger des Beweises sollte genötigt werden, das Beweisthema gelten zu lassen. Denn das Beweisverfahren mußte die Natur des Parteikampfes teilen, dessen Stück es war. Gemäß diesem Prinzip konnten die ältesten Beweismittel nur einseitige Parteihandlungen, nur vom Gesetz nach Inhalt, Form und Verwendungsweise bestimmt und niemals durch Gegenbeweis widerlegbar sein. Da jedes Beweismittel ein Kampfmittel, so kommt die Partei zu seinem Gebrauch nur, wenn sie sich dazu erbietet. Ihr bleibt es überlassen, ihr Recht darauf geltend zu machen"[1]).

Über die Arten der altgermanischen Beweismittel gehen die Ansichten auseinander. Nach v. Amira[1]), dem sich in neuerer Zeit Schwerin angeschlossen hat, sind Eid und Zeugnis, nach Brunner[2]), auf den v. Hippel, Henkel und E. Schmidt zurückgehen, sind Eid und Gottesurteil die Formen, in denen sich die altgermanische Beweislegung abspielte.

Beginnen wir mit dem unzweifelhaft wichtigsten Beweismittel der Zeit, dem Eid. Er trat in der Form des Parteieides (als Reinigungs- und Bestärkungseid) und als Helfereid auf. Nur die Partei schwor über das Beweisthema; der Helfereid besagte lediglich, daß der Parteieid „rein und nicht mein" sei. Auf welcher Grundlage der Helfereid geschworen wurde, ob aus eigener Kenntnis der fraglichen Umstände oder nur aus der Kenntnis der Person der unterstützten Partei, trat in dem Eid nicht zutage. Die Helfer, deren Zahl wechselte, wurden von der beweispflichtigen Partei aus den Sippengenossen, die zur Eidhilfe verpflichtet waren, ausgewählt. Die Schreimannen nahmen nur sozusagen materiell eine Sonderstellung ein, da die Wahrscheinlichkeit vorliegt, daß sie den Tathergang selbst wahrgenommen haben. Aber ihre eventuelle eigene Wahrnehmung des Tatherganges blieb unerwähnt; auch sie beschworen nur die Verläßlichkeit des klägerischen Eides. Jedoch brauchten sie nicht zur Sippe des Klägers zu gehören und sind sozusagen zufällige Eideshelfer, die auf das Gerüft zusammengelaufen waren. Der Zeugeneid war in seiner Bedeutung minimal. Der Zeuge war ein „Wissender", der aus eigener Wahrnehmung aussagte, aber nur, wenn er bei dem fraglichen Vorgang von der beweispflichtigen Partei ausdrücklich zur Kenntnisnahme aufgefordert worden war; zufällige Wahrnehmung war bis auf ganz wenige Ausnahmen unbeachtlich[3]). So wurde der Zeuge „gezogen", am Ohr gezupft und zur Kenntnisnahme aufgefordert, insbesondere bei Geschäftsabschlüssen und Prozeßhandlungen, als Gewährs- und Solemnitätszeuge.

---

[1]) v. Amira, a. a. O., S. 269.
[2]) Brunner, a. a. O., S. 182.
[3]) Zeugnis bei Grenzlauf, Lebendgeburt.

Der Eid war durch die Eidesschelte anfechtbar, die im Zweikampf ausgetragen wurde, auch konnte von vornherein die Kampfklage erhoben werden.

Die Bedeutung des Zweikampfes im germanischen Rechtsgang ist umstritten. Brunner[1]) ordnet den Zweikampf den Beweismitteln zu, für den Fall, daß von seinem Ausgang die Entscheidung über Wahrheit oder Unwahrheit einer Behauptung erwartet wurde. v. Amira[2]) sieht in dem Zweikampf ein besonderes Prozeßinstitut, das nicht unter die Beweismittel zu rechnen sei. Wenn man jedoch v. Amiras eigene Ausführungen über die Natur des Beweisverfahrens in Betracht zieht (als „Stück des Parteikampfes", den das Verfahren darstellt, habe es hauptsächlich beabsichtigt, einen Tatbestand „außer Streit zu stellen") erscheint es wenig folgereichtig, den Zweikampf von den Beweismitteln auszuschließen.

Weiterhin rechnet Brunner den Zweikampf zu den Gottesurteilen. Gegen diese Annahme und das Vorkommen des Gottesurteils in der heidnischen Zeit überhaupt, wendet sich v. Amira mit dem Bedenken[3]), daß von der Gottheit die Enthüllung des Wahren schlechterdings erwartet werde. Die germanischen Götter hätten aber diese Voraussetzungen nicht erfüllen können. Deshalb sei erst durch die Vermittlung des Christentums das Gottesurteil ins germanische Recht eingedrungen. Den Beweis hierfür lieferten die Quellen: erst von Deutschland, vom Süden her, hätten die nordgermanischen Völker das Gottesurteil rezipiert.

Brunner hingegen glaubt, daß die Auffassung der Gottesurteile als „orientalischer Import" schon deshalb nicht zutreffen könne, weil die Einwanderungsmöglichkeit vom Mittelmeer her mit den quellenmäßig verbreiteten Formen des Gottesurteils bei den Germanen zeitlich nicht übereinstimme.

Die überzeugendsten Argumente gegen v. Amiras Ansicht aber liefert Brunner mit folgenden Worten: „Das Ordal beruht auf dem Glauben, daß der Ausgang der Ordalhandlung die Wahrheit oder Unwahrheit einer Behauptung offenbaren werde. Der Gedanke, daß das gerade durch göttliche Einwirkung geschehe, darf bei dem Ursprung der Institution wohl ebensowenig unbedingt vorausgesetzt werden, als die Idee der göttlichen Vergeltung bei der Wirkung des Eidzaubers, mit dem sich das Ordal so nahe berührt, daß man es wohl auch als eine verschärfte Form des Eides glaubt auffassen zu dürfen"[4]).

Die Frage der Gottesurteile hat noch keine allgemeine Entscheidung gefunden. Die Meinungen teilen sich zwischen v. Amira und Brunner.

Zieht man jedoch den Umstand in Betracht, daß v. Amira die Orakel als Beweismittel der germanischen Zeit anerkennt, so erscheint das Auseinandergehen der Ansichten wiederum mehr in den unterschiedlichen Inhalten zu liegen, die man den verwendeten Begriffen zuteilt, als in der

---

[1]) Brunner, a. a. O., S. 183.
[2]) v. Amira, a. a. O., S. 275.
[3]) a. a. O., S. 277.
[4]) Deutsche Rechtsgeschichte, S. 262.

Sache selbst. Setzt man für „Gottesurteil“ „Ordal“, so wird es nicht schwer fallen, in ihnen dieselben Vorstellungen zu finden, die bei der Ableistung des Eides und der Befragung des Orakels vorlagen. Der Glaube an die Möglichkeit der Erkenntnis von Wahrheit oder Unwahrheit durch das Orakel brauchte nicht in der Überzeugung zu liegen, einen allwissenden oder wahrhaftigen Gott um seine Entscheidung anzugeben. Eine derartige Auffassung des Ordals bzw. Gottesurteils wird weder von Brunner noch von anderen vertreten.

So wie beim Eid die Vorstellung zugrunde lag, daß bei Ableistung eines Falscheides das Beschworene (sei es ein toter Gegenstand, ein göttliches Wesen usw.) auf der Stelle den Meineidigen heimsuche, so wird auch bei dem Ordal der Glauben an die Offenbarung von der Wahrheit oder Unwahrheit einer Behauptung auf der Vorstellung des Wirkens übernatürlicher Kräfte beruht haben, durch deren Reaktion man sozusagen indirekt sich der Wahrheit oder Unwahrheit versichern konnte.

§ 2. Fränkische Zeit

Die Fortbildung, die die altgermanisch volksrechtlichen Institutionen in der fränkischen Zeit erfuhren, sind vornehmlich auf den sich bildenden Herrscherstaat und die daraus resultierende, stärkere Einflußnahme des Staates auf das Rechtsleben sowie die Christianisierung zurückzuführen.

Im ordentlichen Verfahren des Volksrechts wurde die Verfügungsgewalt der Parteien über den Streitstoff und den Prozeßgang durch die verstärkte gerichtliche Autorität und Mitwirkung eingeschränkt. So erging schließlich die Ladung als Befehl des Gerichts; auch sonst ersetzte der Richterspruch weitgehend die Parteiverträge, in denen früher die Hauptpunkte des Prozesses zu finden waren. Auch die außergerichtlichen Verfahrensgänge, wie das Beweisverfahren bei sühnbarem Rechtsbruch, wurden nun stets in das Verfahren vor Gericht einbezogen. Späterhin fand sogar eine Lockerung der Formenstrenge statt. Die Stellvertretung war in gewissen Fällen erlaubt. Allgemein zulässig war die Bestellung eines Fürsprechers, dessen Worte von der Partei berichtigt werden konnten, was eine bedeutende Milderung der mit dem Prozeß verbundenen Gefahr bedeuten mußte. Außerdem fiel dem Richter die allgemeine Prozeßleitung zu, was sich in manchen Rechten bis zu einem Fragerecht des Richters steigerte, während im altgermanischen Rechtsgang die Verhandlung sich ausschließlich unter den Parteien direkt, in Rede und Gegenrede, ohne Umweg über den Richter abgespielt hatte.

Eine wesentliche Fortbildung ist auf dem Gebiet des Beweisrechts zu verzeichnen. Die Frage der Beweisrolle wurde zwar weiterhin nach Wahrscheinlichkeitsgründen gelöst, die aber gemäß der Natur des Rechtsdenkens jener Zeit nicht auf den Einzelfall, sondern nach feststehenden Grundsätzen typisch zugeschnitten waren[1]). In der Regel war der Be-

[1]) Brunner v. Schwerin, „Deutsche Rechtsgeschichte“ II, S. 498.

klagte näher zum Beweis, nur das salische Recht scheint dem Kläger öfter als andere germanische Rechte das Recht zum Beweis zugestanden haben, wie es auch eine häufigere Anwendung des Zeugenbeweises pflegte. Bei der grundlegenden Verschiedenheit der Beweismittelarten mußte die Zuteilung der Beweisrolle auch von der Frage des anzuwendenden Beweismittels abhängen. Regelmäßig wurde der Beweis noch in der Form des Eides angetreten. Die Eidhilfe war jedoch nicht mehr bloßer Geschlechtseid, sondern es wurden auch Freie, die nicht versippt waren, zugelassen.

Der Zeuge unterschied sich zumindest nach außen stärker vom Eidhelfer, da er aus eigener Wissenschaft schwört (jedoch hatte auch der Eidhelfer Interesse an der Vergewisserung über die zu Beweis stehende Tatsache, da er bei etwaiger Eidschelte bußfällig werden konnte). Zufälliges Wahrnehmen war auch jetzt noch nicht zeugnisfähig.

Wenn auch die Änderungen, die die Form des Zeugenbeweises in der karolingischen Zeit erfuhr, nach Brunners Überzeugung nicht den formalen Charakter beseitigen konnte, so stellte es doch einen Schritt zur Annäherung an die Erforschung der materiellen Wahrheit dar, als Karl der Große die Vorschrift erließ, die Zeugen vorher in einem Verhör zu vernehmen, in dem festgestellt werden sollte, ob der Zeuge etwas wisse. Es wurde gelegentlich sogar gestattet, Gegenzeugen vorzuführen. Darin manifestierten sich die ersten Anzeichen einer geistigen Umstellung.

Die Regel des Eides konnte durch das Gottesurteil durchbrochen werden, sei es daß die Natur des Verbrechens es erforderte, oder persönliche Eigenschaften des Beweisführers diesem die Eidlegung nicht gestatteten. Das Gottesurteil war das Beweismittel der Eidesunfähigen; subsidiär galt es für freie Männer, die die erforderliche Anzahl von Helfern nicht aufbringen konnten.

Die Gottesurteile heidnischen Ursprungs waren christianisiert worden; zum Teil wurden von der Kirche neue Arten eingeführt. Die Feuer- und Wasserordalien, Losordal und Zweikampf waren weiterhin bekannt und verbreiteter als die von der Kirche eingeführte Kreuzprobe. Ihre Anwendung in den einzelnen Volksrechten war verschieden; auch die Einstellung von Kirche und Staat zu den Gottesurteilen war im Wechsel begriffen. Beim Volk waren sie jedoch weiterhin im Gebrauch und lebten insbesondere in den schiedsrichterlichen Verfahren fort, nachdem ihre Anwendung in den ordentlichen Gerichten schon zurückgedrängt war. Dieser Umstand spricht wohl noch deutlicher als Brunners Widerlegung gegen v. Amiras These, daß die Gottesurteile erst mit dem Christentum eingeführt worden seien. Die Verwurzelung im Volk war nur den althergebrachten heidnischen Einrichtungen in ihrer Verknüpfung mit sakralen, ob göttlichen oder sonstigen übernatürlichen zauberischen Vorstellungen eigentümlich.

Als neues Beweismittel trat die Urkunde auf. Vollkommenen Beweis leistete die Königsurkunde, die unanfechtbar war. Die Privaturkunde hingegen konnte mit der Urkundenschelte angefochten werden, deren Folgen ähnlich denen der Eidesschelte und Urteilsschelte waren.

Auch das Verfahren auf handhafte Tat erfuhr Veränderungen. So war die sofortige Tötung des Angreifenden nur noch in einigen Fällen gestattet, und in der Regel wurde die Vorführung des Missetäters vor das Gericht verlangt. Das Verfahren selbst lief noch nach den alten Regeln ab, d. h. in seiner relativ formlosen Art, dem Wegfall der rechtsförmlichen Klage und Antwort, mithin auch des Unschuldbeweises. Der Kläger überführte mit Hilfe der Schreimannen, die noch immer als Eidhelfer auftraten, aber unserem Zeugenbegriff auf Grund ihrer Wahrnehmung nahe kamen.

Als Abart des Verfahrens auf handhafte Tat müssen noch die Spurfolge und der Anefang erwähnt werden. Es war einem Bestohlenen erlaubt, die gestohlene Sache mit den auf sein Gerüft Herbeieilenden bis in das Haus hinein zu verfolgen, in das die Spur führte, und gegebenenfalls Haussuchung vorzunehmen. Wurde die Sache gefunden, so trat die Regelung des Verfahrens auf handhafte Tat ein.

Der Anefang griff ein, wenn die Spurfolge, die nur innerhalb der Dreinachtsfrist erfolgen konnte, durch Zeitablauf unmöglich geworden war. Sah der Bestohlene die abhandengekommene Sache, so mußte er sie in bestimmter Weise berühren und erklären, daß sie ihm gehöre und gestohlen bzw. geraubt sei. Über den Erwerb befragt, konnte sich der Besitzer auf dessen Rechtmäßigkeit berufen; den Gewährsmann für seine Behauptung hatte er vor Gericht zu bringen, der sich nun wiederum mit Gewährsmann reinigen konnte. Der rechtsförmliche Anefang, das Anfassen der Sache unter formelhafter Anrede des Besitzers, stellte den außergerichtlichen Anfang des Verfahrens dar, er war schon ein Teil der förmlichen Klage. Diese Enklave reinen Volksrechts konnte sich wohl nur so lange selbst in der außergerichtlichen Form halten, weil sie der Sachlage nach der Wahrscheinlichkeit der historischen Wahrheit am nächsten kam, sich also dem Bedürfnis nach materieller Wahrheit, das immer stärker wurde, noch lange Zeit einfügen konnte.

Ein weiteres Gebiet außergerichtlicher Regelung begangener Missetaten war die Fehde, die zwar in der fränkischen Zeit zurückgedrängt wurde, aber in der nachfränkischen Zeit wieder starke Verbreitung fand. Die Art, wie die Fehde ausgeübt werden durfte, war geregelt; was auch ihre Einordnung in den Rechtsgang im weiteren Sinne erlaubt.

Als grundsätzliche Neuerung im Gegensatz zu der bloßen Fortbildung volksrechtlicher Institutionen ist das königsgerichtliche und insbesondere das Rügeverfahren zu nennen. Die Besonderheit des königsgerichtlichen Verfahrens, das sich ansonsten nach den Regeln des ordentlichen Verfahrens richtete, lag in der Ausübung seiner Billigkeitsjustiz, die als Vorrechte des Königs die Formenstrenge bedeutend milderte. Es stellte den folgenreichsten Einschnitt in die alte Volksjustiz dar. So war die Einführung des sogenannten Inquisitionsbeweises, als erstes Beweismittel von Amts wegen, von größter Bedeutung, wenn auch seine Anwendung nur in wenigen Fällen erfolgte. Der Richter wählte angesehene, freie Männer aus, die er zur Aussage der Wahrheit ermahnte und verteidigte. Dann stellte er ihnen die Frage (inquisitio) über die festzustellende Tatsache. Die Aussage durfte nicht mit Zweikampf gescholten werden, mit dem bislang jedes Beweismittel, außer dem Gottesurteil, in seiner Wirkung angegriffen werden konnte.

Im fränkischen Rügeverfahren nun trat das Neue am augenfälligsten zutage. Entstanden war es wohl aus dem Bedürfnis, die Straftaten gesühnt zu sehen, die nicht durch förmliche Klage verfolgt wurden, noch im handhaften Verfahren abgeurteilt worden waren. So wurden bereits in merowingischer Zeit, wenn jemand von unbekanntem Täter getötet aufgefunden wurde, die in der nächsten Umgebung ansässigen Männer zum Eid geladen, in dem sie zu versichern hatten, daß sie nicht die Täter waren; gegebenenfalls hatten sie den Täter zu nennen. Das Rügeverfahren nun richtete sich ebenfalls gegen die Personen, die von bestimmten, vom Richter ausgewählten Männern einer Missetat eidlich bezichtigt worden waren. Der Richter befragte die Rügegeschworenen, welche Verbrechen in ihrem Bezirk verübt worden waren und wer als Täter in Frage kommen könne. Die Bezichtigung der Rügegeschworenen ersetzte die förmliche Klage, der Bezichtigte befand sich danach in derselben Lage wie ein rechtsförmlich Angeklagter.

Das Recht zur Erhebung der inquisitio konnte nur der König verleihen. Zuerst gab es noch keine ständigen Rügegerichte, da sie beim Volk sehr unbeliebt waren, das sich gegenüber dieser Verbrechensverfolgung von Amts wegen lange Zeit ablehnend verhielt.

Zu erwähnen bleibt der Einfluß, den das fränkische Rügeverfahren auf das kirchliche Verfahren, insbesondere die bischöflichen Sendgerichte, ausgeübt hat, welche als eine Wurzel des kanonischen Inquisitionsprozesses angesehen werden, dessen Rezeption für Jahrhunderte die deutsche Strafprozeßentwicklung bestimmen sollte.

Die enge Verbindung zwischen Königtum und Kirche in der fränkischen Zeit resultierte aus der Parallelität der damaligen beiderseitigen Interessen. Zu Anfang lag die Priorität in dem gegenseitigen Verhältnis unbestritten beim König. Karl der Große übte den stärksten Einfluß aus, den je ein germanischer König auf Kirchenangelegenheiten genommen hat. So bestimmte er die Stellung der fränkischen Kirche zum Papst, übte die Gesetzgebung in kirchlichen Angelegenheiten aus, die er wie seine Vorfahren nach den älteren Canones und in Einklang mit der römischen Praxis zu regeln suchte. Die Beeinflussung jedoch war gegenseitig: „Vereinzelt sind Vorschriften kirchlichen Inhalts durch die Aufnahme in die capitula legibus addenda Volksrecht geworden“[1]).

---

[1]) Brunner, „Deutsche Rechtsgeschichte“, S. 425.

Bischöfe und Äbte, die als königliche Beamte galten, hatten durch ihre ständige Teilnahme an den Reichstagen Einfluß auf die Reichsgesetzgebung; als königliche missi und Beisitzer im Königsgericht übten sie ihren Einfluß auf das Gerichtswesen aus. Die Synode bildete unter dem Vorsitz des Königs eine Art Königsgericht, das die Geistlichkeit disziplinarisch verfolgen konnte. Auch auf die Strafbefugnis der Kirche in rein geistlichen Angelegenheiten nahm der Staat Einfluß: der Graf begleitete und unterstützte den Bischof auf seiner Reise durch die Diözese, wenn dieser über die erforschten Vergehen zu Gericht saß. Der König hatte die allgemeine Anordnung gegeben, sich gegenseitig zu unterstützen.

Unter Karls Nachfolgern verlagerte sich das Verhältnis zwischen Staat und Kirche zugunsten der letzteren, was sich auch in einer Ausdehnung der kirchlichen Strafgewalt über Laien bei einer größeren Anzahl von Vergehen ausdrückte.

Um 900 berichten die Quellen über ein voll ausgebildetes Verfahren der geistlichen Sendgerichte, welches die Übertragung der Regelung des Rügeverfahrens auf die kirchliche Gerichtsbarkeit darstellte. Zur Erzwingung des Erscheinens und der Durchführung der vom geistlichen Richter verhängten Strafe bediente sich die Kirche der Machtmittel des Staates.

Die Verbindung des weltlichen und des kirchlichen Rechtslebens ist also eine denkbar enge gewesen. Die obigen Darlegungen zeigten diese auf verfahrensrechtlichem Gebiet. Doch mußte der König auch bei seiner Gesetzgebung in geistlichen Angelegenheiten in dem römisch-kanonischen Recht, das er dabei anwendete, Tendenzen finden, die seinen eigenen, auf die Schaffung eines Herrscherstaates abzielenden Absichten weiter entgegenkamen als die volksrechtlichen Auffassungen. Die geistliche Gerichtsbarkeit hatte größtenteils disziplinarischen Charakter, also die des Ober- und Untergeordnetseins. Die enge Berührung, in die die königlichen Beamten, Grafen und ihre Unterbeamten, mit der geistlichen Gerichtsbarkeit traten, mußte sich notgedrungen auch auf das weltliche Verfahren auswirken.

Diese Zeit kann also mit vollster Berechtigung die ,,erste Rezeption" genannt werden. Organischer und weniger kompakt in ihrem Anprall wie die des 15. Jahrhunderts, darf sie doch nicht in ihrer Bedeutung verkannt werden. Zum Unterschied zu dieser späteren Aufnahme des römischen Rechts handelte es sich aber nicht um eine einseitige Infiltrierung, sondern um eine wechselseitige. Die Anleihe, die das weltliche Recht dem kirchlichen gab, empfing jenes in veränderter Form im Zuge der späteren Rezeption wieder zurück.

Bevor wir in einem kurzen Überblick auf das mittelalterliche Rechtsleben in seinem Formenreichtum und seiner Zersplitterung eingehen, soll die Natur der germanischen Beweismittel einer abschließenden Betrachtung unterzogen werden. Obwohl die Entwicklung im stetem Fluß weiterschritt und keine greifbare Änderung eintrat, erscheint die Cäsur zwischen germanisch-fränkischer Zeit und Mittelalter auch für das Rechtsleben gerechtfertigt.

Die Beweismittel der germanisch-fränkischen Zeit werden übereinstimmend als „formale" bezeichnet. Wenn aber behauptet wird[1]), daß in dem germanischen Beweisverfahren nicht nach materieller Wahrheit geforscht wurde, so ist das nur bedingt richtig. Denn „nie ist auf die Erforschung der Wahrheit verzichtet worden"[2]). Man wird der Beurteilung der Frage nur dadurch gerecht, wenn man die objektive und die subjektive Seite der Wahrheitsforschung gesondert betrachtet. Auf den objektiven Tatbestand trifft ohne weiteres die allgemeine Ansicht zu; die subjektive Seite hat jedoch nicht genügend Berücksichtigung gefunden. v. Amira[3]) ist der Ansicht, daß die Germanen auch nicht die subjektive Überzeugung hatten, auf dem Wege der Wahrheit zu sein. Erst mit der Christianisierung, die den neuen Glauben einführte, in dem die Wahrhaftigkeit als Tugend und die Allwissenheit als Attribut Gottes galt, habe die geistige Umstellung eingesetzt, die mit den Beweismitteln die Ergründung oder besser Offenbarung des wahren Sachverhalts angestrebt habe. Diese neue Einstellung zu den alten Beweismitteln genügt v. Amira, sie nunmehr als „materielle" zu bezeichnen, was wohl bei aller Berücksichtigung der subjektiven Seite nicht angeht. Auch seine Schlußfolgerungen aus den religiösen Vorstellungen der Germanen sind nicht überzeugend. Der Glaube an die Allwissenheit eines Gottes ist nicht die Vorbedingung für das Bedürfnis, die Wahrheit zu ergründen. Die Art der Wahrheitsermittlung ist eine Frage der psychologischen Fähigkeit eines Volkes. Der Germane hat an Stelle des einen Gottes den Glauben an das Übernatürliche schlechthin, das in Göttern und anderen Mächten wirkte. In diesem Sinne ist das germanische Recht sakraler Natur[4]). Man wird also nicht fehlgehen anzunehmen, daß auch der Germane die Überzeugung hatte, durch seine Beweismittel den wahren Sachverhalt zu erforschen.

Einen indirekten Beweis für diese Einstellung liefert die Furcht vor dem Eidzauber — die Vorstellung, daß der Meineidige auf der Stelle von dem beschworenen Gegenstand als Vergeltung für den unwahren Eid getroffen würde. Hier besteht unbestreitbar die Voraussetzung der subjektiven Überzeugung! Bei den Ordalien kommt dies wohl noch eindeutiger zum Ausdruck.

Lange und zäh hat das Volk den neuen Beweismitteln Widerstand entgegengesetzt. Diese tiefen Wurzeln konnten die alten Formen nur in

---

[1]) Vgl. Eberhard Schmidt „Inquisitionsprozeß und Rezeption", S. 1.

[2]) Mittermaier „Die Lehre vom Beweise", S. 1.

[3]) v. Amira, a. a. O., S. 277 ff.

[4]) Die „sakrale Natur" des Rechts wird also in dem von Brunner (s. oben) und v. Hippel (Deutsches Strafrecht I, S. 43) vertretenen Sinne verstanden. Sie bedeutet lediglich, daß religiöse Vorstellungen und Gebräuche für die Gestaltung des Rechts maßgebend sind, ohne zu der Frage Stellung zu nehmen, ob das Verbrechen als Frevel gegen die Götter und die Strafe als Opfer aufzufassen sei.

dem religiösen Empfinden, animistisch und unterbewußt, wie es auch sei, schlagen, die Christianisierung mit ihrem neuen, zuerst beargwöhnten Glauben hat diese Verwurzelung wohl kaum bewirkt. „Der Übergang vom formalen zu einem natürlichen Beweissystem war ein allmählicher, aber kein leichter, oft die Gewissen beunruhigender“[1]). So bediente man sich nur widerstrebend und zögernd der neuen Beweismittel neben den alten.

Die Emanzipierung des Menschen aus den überkommenen Bindungen, die Verantwortung des Auf-sich-selbst-gestellt-seins, die schwindende Geborgenheit, die die Entscheidung einer überirdischen Macht anheimgestellt hatte, mußte den Menschen vor seiner eigenen Kühnheit schrecken.

Die ersten Anzeichen zu eigener psychologischer Wahrnehmung und daraus entspringendem Zweifel an der Eignung der alten Beweismittel begegnet uns demnach bereits in der fränkischen Zeit. So war die Eidhilfe abgeändert worden (der Gegner hatte jetzt die Befugnis, einen Teil der Eidhelfer zu benennen, aus denen der Beweisführende auszuwählen hatte), der Zeugenbeweis war ausgedehnt und die Urkunde als Beweismittel anerkannt worden. Zudem war der Inquisitionsbeweis aufgekommen.

Und doch zeigt die Unbeliebtheit der neuen Formen, daß die alten noch von dem Glauben getragen waren, damit auf dem richtigen und erlaubten Wege zu sein. Erst in der nachfränkischen Zeit trat mit dem fortschreitenden geistigen Erwachen die Aushöhlung der subjektiven Überzeugung ein, und erst zu dieser Zeit kann man von wirklichem, formalen Beweisrecht — objektiv wie subjektiv verstanden — sprechen. Die Beibehaltung der alten Einrichtungen neben den neuen wird zum verhängnisvollen Ausharren bei einer leeren Form, die groteske Ausmaße annimmt. Andererseits zwingt sie zur Abhilfe der durch sie verursachten Mißstände den neueren Institutionen eine Formlosigkeit auf, die wiederum ins Extreme verfällt und nun ihrerseits zur Diskriminierung der mittelalterlichen Rechtspflege beiträgt.

Auch die Unterscheidung, die man zwischen dem Verfahren auf handhafte und übernächtigte Tat vornahm, kann gleichfalls für die Annahme herangezogen werden, daß auch die germanische Zeit um die Erforschung der Wahrheit in einer den Fähigkeiten des Volkes angemessenen Art bemüht war. Bei dem Verfahren auf handhafte Tat war der Beweis durch die Ergreifung auf frischer Tat so einleuchtend, daß dem Verhaftetsein an der Außensicht der Dinge[2]) genügt war und man sich des relativ formlosen Verfahrens bediente, in dem dem Täter der Gegenbeweis verlegt war; die Zuflucht zu überirdisch vermittelter Aufklärung des Tatbestandes, sei es durch den Wortzauber der rechtsförmlichen Rede, sei

---

[1]) Glaser „Beiträge zur Lehre vom Beweise im Strafprozeß“, S. 4.
[2]) Beyerle, a. a. O., S. 11.

es durch den Eidzauber, war hier nur von sekundärer Bedeutung. Die beiden Verfahrensarten spiegeln die ewige Spannung des Verfahrensrechts wieder: die Formlosigkeit mit ihrer erhöhten Möglichkeit der Wahrheitsfindung, aber der Gefahr des Mißbrauchs und daraus entstehenden Rechtsunsicherheit, gegenüber der Formenstrenge mit den ihr innewohnenden rechtlichen Garantien, die sich aber der Wahrheitsfindung hindernd in den Weg stellen können.

Der relativen Formeneinfachheit folgte nun eine Zeit der Formenentfaltung, die sich auch auf rechtlichem Gebiet bis zur Unübersichtlichkeit steigerte. In einer feinsinnigen Charakterisierung des germanischen Rechtslebens gibt Franz Beyerle jedoch zu bedenken, daß neben der Einfachheit der äußeren germanischen Rechtsformen nicht die feinere Durchbildung vergessen werden dürfe, die nicht in Sicht trete: „Sippe und Haus teilt jedem seinen Lebensraum zu. Bande des Bluts, die Heiligkeit der Ehe bilden die sittlich wirkende Macht, die die Herzen bannt. Die Sippe ist hochempfindlich für Unrecht innerhalb der eigenen Reihen. Verglichen damit stehen Ungesippte zueinander ethisch in beinahe neutralem Feld. Weil es das Volksrecht nur mit solchem neutralen Feld zu tun hat, grenzt es nur Machtbezirke gegeneinander ab, ohne die Innenräume zu erfassen. . . . Ausfälle im Haus- und Sippenrecht werden vom Volksrecht — das langsam in jene ihm einst fremden Lebensbereiche hereinwächst — ausgeglichen. Die Entfaltung neuer Formen innerhalb des Volksrechts ist nur Verlagerung von einem Feld ins andere“[1]).

§ 3. Mittelalter und Übergang zur Neuzeit

Das Strafrecht zog immer weitere Vergehen in den Kreis der mit öffentlicher Strafe belegten Delikte und ersetzte damit gleichzeitig das einer privatrechtlichen Verbrechensauffassung entsprechende Kompositionssystem durch die peinlichen Strafen. Die Veränderungen der in den Volksrechten niedergelegten Auffassungen wird in der Landfriedensgesetzgebung ersichtlich. Nur noch geringfügige Delikte konnten mit Geldbußen gesühnt werden. Grundsätzlich bestand vor dem Gesetz kein Unterschied mehr zwischen Freien und Unfreien. Eine vordringliche Aufgabe der mittelalterlichen Gesetzgebung war die Bekämpfung der Fehde, um deren Zurückdrängung sich die Landfriedensgesetze vergeblich bemühten. Eine mit der ursprünglichen aus der Blutrache entstandenen Fehde nicht wesensgleiche Art kam im 13. Jahrhundert erlaubtermaßen dann zur Anwendung, wenn im ordentlichen Verfahren das Recht nicht zu erlangen war. Die wachsenden Zweifel an der Überzeugungskraft der alten Beweismittel führte zu einem ausgedehnten Richten nach Gnade, mit dem man der Grausamkeit des peinlichen Strafsystems entgegenzuwirken dachte. Doch war seine willkürliche Anwendung der Achtung vor dem Recht wenig förderlich, zumal die Bestechlichkeit der

[1]) Beyerle, a. a. O., S. 14ff.

Richter die Gleichheit vor dem Gesetz Hohn strafte, indem die gröbsten Rechtsbrüche vermögender Leute durch eine Geldbuße abgelöst werden konnten, während der kleine Mann für die geringsten Vergehen an Haut und Haar und Leib und Leben peinlich gestraft wurde.

Die Einsicht in die Unbrauchbarkeit des alten Beweisrechts wuchs. Im Zuge der Anpassung an das Bedürfnis der materiellen Wahrheitsforschung mußten Gottesurteil und Zweikampf allmählich ganz in Wegfall kommen. Das Gottesurteil wurde nach anfänglicher Förderung durch die Kirche von dieser bekämpft; der Zweikampf wurde zurückgedrängt und insbesondere nicht mehr als Folge der Urteilsschelte zugelassen, die sich zu einem Instanzenzug ausbildete. Der Eid hielt sich als relativ brauchbarstes und durch schärfere Bestimmungen anpassungsfähigstes Beweismittel am längsten. Die Voraussetzungen jedoch, unter denen er als seiner Natur nach zwar formales Beweismittel dennoch Garantie der materiellen Wahrheit bedeuten konnte, hatten sich weitgehend geändert. In einer engen Gemeinschaft, in der Person und Verhältnisse eines jeden allgemein bekannt sind, dazu die Ehre als höchstes Gut gilt, mußte die Bereitschaft zu einem Meineid geringer sein, als in einer Gesellschaft, der Handel und Verkehr offen steht, mit Fremden in Berührung kommt und dadurch eine völlige Umwandlung von Mensch und Verhältnissen bewirkt. Dennoch war der Eid weiterhin das hauptsächlichste Beweismittel in einem Verfahren, das in seinem noch gesteigerten Formalismus in keiner Weise den Anforderungen an die notwendige Verbrechensverfolgung genügen konnte. Jedoch wandelte sich der Eid der Eidhelfer im Laufe der Zeit in einen Zeugeneid; die nähere Entwicklung soll unten dargelegt werden.

Inquisitionszeugenbeweis und Gerichtszeugnis erfuhren allgemeine Verbreitung. Der Urkundenbeweis wurde durch Anerkennung der Beweiskraft des Privatsiegels in seinem Anwendungsbereich erweitert. Große Bedeutung erlangte das Beweismittel des Augenscheins, das sich aus der leiblichen Beweisung insbesondere bei der handhaften Tat entwickelt hatte und als Haussuchung und gerichtliche Totenschau bei unnatürlichen Todesfällen angewandt wurde, neben der leiblichen Beweisung bei Körperverletzung, bei der aus der Art der Wunde die Schwere der Tat und Strafe hergeleitet wurde. Auch vom Gerichtszeugnis her führt nach v. Kries[1]) ein Weg zu dem Zeugen in unserem Sinne. Da mit der Zeit einzelne Schöffen statt des gesamten Gerichtshofes außergerichtlichen Augenschein einnehmen konnten, von dessen Ergebnis sie dann vor Gericht berichteten, wurde allmählich auch anderen glaubwürdigen Personen die Befugnis zum Zeugnis zugestanden.

Das Geständnis, das in der folgenden Periode eine überragende Stellung einnahm, hat keineswegs eine eindeutige Behandlung erfahren. Der Herrschaft der unumschränkten Dispositionsmaxime entsprach es am

---

[1]) Der Beweis im Strafprozeß des Mittelalters, S. 98.

folgerichtigsten, daß es bei einem Geständnis überhaupt nicht zu einem Beweisverfahren, sondern sofort zur Urteilsfällung kam. Mit dem Geständnis verfügte die Partei über den Strafanspruch, auf die Überzeugung der Richtenden kam es nicht an. So kam es nur bei Leugnung der Klagebehauptungen zu einem Beweisverfahren. Das Geständnis hatte nur Bedeutung, wenn es vor Gericht abgelegt wurde, was deutlich seine formale Natur zeigt, ebenso wie seine Behandlung bei der Aburteilung von Mittätern, wo das Geständnis des einen die Stellung des anderen in keiner Weise berührte.[1])

Doch gibt es Quellenzeugnisse, aus denen hervorgeht, daß teilweise das Geständnis überhaupt nicht beachtet wurde, und trotz Bekenntnisses der Schuld als Voraussetzung der Urteilsfindung Übersiebnung stattfinden mußte.

Die geistige Umwälzung zeigte sich nun in dem Umstand, daß das Geständnis in zunehmendem Maße als echtes Beweismittel empfunden wurde, bevor es noch gesetzlich dazu erklärt worden war. Offenbar wird diese Einstellung in der Verbindung des Geständnisses mit der Folter, durch die man seine Glaubwürdigkeit zu erhärten suchte. Auch wenn man die Folter nur als Mittel zur Erlangung des Geständnisses anwendete, wird daraus schon ersichtlich, daß man dem Geständnis große Bedeutung zumaß. Die Verurteilung auf Geständnis erfolgte somit schließlich nicht wegen seines formellen Charakters, sondern wegen seiner materiellen Glaubwürdigkeit.

Die ersten Nachrichten über die Anwendung der Folter sind schon im Recht der Wiener Neustadt, um 1221, zu finden. v. Kries schließt aus der Tatsache, daß die ersten Erwähnungen negativer Art waren, also sich mit dem Verbot der Tortur befaßten, daß die Folter noch kein prozessuales, sondern ein außergerichtliches Institut darstellte, mit dem man auf eigene Faust das alte Beweisrecht zu korrigieren suchte. Man tat dies auf die damals allgemein übliche Art, den Inhaftierten „üble Dinge" zuzufügen, die zu großer Grausamkeit ausarteten, ganz nach der Gewohnheit der Zeit. Die Anwendung der Folter aus fremden Einflüssen erklären zu wollen, hält auch v. Kries für unzutreffend, die Anwendung sei schon zu einer Zeit quellenmäßig bezeugt, zu der von fremdrechtlichen Einflüssen noch nicht die Rede sein könne. Vielmehr sei die Tortur auch vor der Rezeption des römisch-kanonischen Beweisrechts eigenständig auf deutschem Boden entstanden und angewendet worden, sei aber erst durch die Rezeption zu einem ordentlichen Prozeßinstitut erhoben worden. Dieser Ansicht folgt auch die sich auf Eberhard Schmidt stützende neuere Lehre.

Das Rügeverfahren erfuhr steigende Bedeutung; die Rügepflicht bürgerte sich als ständige Verpflichtung der Thinggenossen bei den niederen Gerichten ein. In den westfälischen Femegerichten oblag den

---

[1]) v. Kries, a. a. O., S. 143.

Freischöffen, den Wissenden, die Pflicht, ihnen ruchbar gewordene Verbrechen, die im ordentlichen Verfahren nicht Sühne gefunden hatten, zu rügen. Ergriff ein Freischöffe einen Täter auf handhafter Tat, so konnte er ihn sofort töten. Ansonsten war das Femegericht eine Fortführung des alten volksrechtlichen Verfahrens; der Beklagte hatte das Recht zum Gegenbeweis. Erschien er jedoch nicht auf die Ladung hin, so wurde das Verfahren heimlich durchgeführt, die ausnahmslose Verurteilung des Ferngebliebenen konnte dadurch umso wirkungsvoller von jedem einzelnen Freischöffen zu jeder Zeit durchgeführt werden. Aus diesen weitgehenden Befugnissen entstand die Gefahr der mißbräuchlichen Anwendung, der es dann auch weitgehend erlag. Entstanden war die Feme aus der um sich greifenden Rechtsunsicherheit, im Kampf gegen die Verwahrlosung auf dem Gebiet der Rechtspflege.

Wurde dieser Kampf im Norden im wesentlichen in den alten Bahnen durchgeführt, so entstanden im Süden neben der Fortbildung der alten Formen völlig neue Verfahrensweisen. Ihre innere Verwandtschaft mit den rezipierten Institutionen legt Zeugnis für die geistige Umwandlung ab, deren notwendige und organische Folge die Rezeption war.

Die Bekämpfung des Gewohnheitsverbrechertums, eine regelrechte Landplage durch Jahrhunderte hindurch, stellte die schwerste Aufgabe der mittelalterlichen und spätmittelalterlichen Rechtspflege dar, die sie mit den ihr nach altem Recht zur Verfügung stehenden Mitteln nicht bewältigen konnte.

Mit der Rüge-, Verfolgungs- und Hilfeleistungspflicht des Einzelnen war dem Verbrechertum nicht mehr beizukommen. Auch Maßregeln, wie die Erschwerung des Reinigungsbeweises und häufigere Zulassung des klägerischen Beweises, konnten insbesondere wenig gegen das Raubrittertum ausrichten, da die Vorschrift der Ebenbürtigkeit des Klägers mit dem Beklagten eine wirksame Verfolgung verhinderten. Dieses Erfordernis bestand im Anfang sogar noch, wenn der Beklagte durch Notorietätsbeweis mit sieben Eiden überführt werden sollte.

Der Notorietäts- d. h. Offenkundigkeitsbeweis bezog sich zuerst auf eine spezielle Tat und bildete sich dann allmählich zu einem Richten nach Leumund aus, das auf dem generellen Ruf beruhte.

Nach v. Zallinger[1]) ist im Mainzer Landfriedensgesetz von 1235 die erste direkte Nachricht über ein besonderes Verfahren gegen „schädliche Leute", wie man das Gewohnheitsverbrechertum gleich welchen Standes zu nennen pflegte, zu finden: die Schädlichkündung. Sie bezweckte, den notorisch verbrecherischen Lebenswandel, dessen Beweis im ordentlichen Verfahren auf die größten Schwierigkeiten stieß, für das Beweisrecht relevant zu machen.

v. Zallinger[2]) sieht in der Schädlichkündung ein Präjudizialverfahren gegen einen Abwesenden, auf die Initiative von Leumundszeugen hin

[1]) Das Verfahren gegen die landschädlichen Leute in Süddeutschland, S. 38.

[2]) a. a. O., S. 59.

unternommen. Im Hauptverfahren bewirkte sie die Erleichterung des Schuldbeweises, indem sie als eine Art Schuldpräsumtion wirkte, die aber grundsätzlich dem Beklagten nicht das Recht zur Verteidigung abschnitt. Allerdings wurde diese durch das Erfordernis einer erhöhten Anzahl von Eideshelfern und der Stellung von Bürgen erschwert. Bei Nichterscheinen im Hauptverfahren erfolgte umgehend Ächtung des schädlichen Mannes.

Auch Häuser und Burgen konnten „schädlich gesagt“ werden.

Gegen das schädliche Proletariat konnte von Amts wegen summarisch vorgegangen werden. Das Tragen von ritterlichen Waffen, ohne zum Ritterstand zu gehören, konnte schon als Beweis der Gemeinschädlichkeit angesehen werden, ohne daß es eines Schädlichkündigungsverfahrens bedurfte.

Auch in weiterem Umfang trat eine amtliche Verfolgung des Gewohnheitsverbrechertums mittels richterlicher Inquisition und der allgemeinen Rügepflicht auf.

Im österreichischen Landrecht ist dieses Verfahren als „Frage“ nach schädlichen Leuten bekannt, in Bayern als „stille Frage“, später gemeinhin als „Geräune“. Die Zusammenkünfte fanden heimlich statt, zur Erhöhung der Durchschlagskraft der beschlossenen Maßnahmen, sowie zur Sicherung der Zeugen vor der Rache der Angezeigten. Mit dem karolingischen Rügeverfahren hatte es nur die Form der Einleitung gemein. Der Unterschied ist in der besonderen Natur des Zeugnisses zu finden. Die „inquisitio“, bisher nur eine Verfahrenseinleitung, wurde jetzt zu einer besonderen Beweisform, deren Eigentümlichkeit der Beweis „mit der gewissen“ bildet[1]), d. h. Beweis durch Wissende. Wie der Notorietätsbeweis ist er von eigentümlicher Natur. Es handelt sich weder um einen konkreten Tatzeugenbeweis noch um einen Beweis, bei dem die Helfer den bloßen Kredulitätseid schwören. Der Schwörende bezeugte vielmehr sein eigenes Wissen, zwar nicht der konkreten Tat, aber des Leumunds, daß ihm der Beklagte als schädlicher Mann bekannt sei. Versicherten sieben unbescholtene Männer die notorische Schädlichkeit des Beklagten mit ihrem Eid, so wirkte dies als Schuldbeweis und schnitt dem Beschuldigten den Reinigungsbeweis ab, im Gegensatz zu dem Rügeverfahren, bei dem die Rüge nur einen Verdacht begründete, der durch die üblichen, wenn auch erschwerten Verteidigungsmittel ausgeräumt werden konnte. Trotz seiner Ähnlichkeit mit dem Verfahren auf handhafte Tat unterschied es sich von diesem durch seinen Zeugenbeweis, sowie das Fehlen des Gerüftes und der unverzüglichen Klageerhebung.

Im Unterschied zu dem Präjudizialverfahren der Schädlichkündung, das in Vergessenheit geraten war, stellte dieses Verfahren das endgültige dar.

---

[1]) Das Verfahren gegen die landschädlichen Leute in Süddeutschland. S 100.

Auch bei den ordentlichen Gerichten war ein Übersiebnen als Beweisform üblich, und zwar für den Fall, daß der Beklagte dem Gericht gefangen vorgeführt wurde.

Das Verfahren auf handhafte Tat hatte sich dahingehend entwickelt, daß man nun von den Schreimannen eigene Wahrnehmung der beeideten Tatsachen verlangte, sie also zu echten Tatzeugen geworden waren. Leibliche Beweisung oder die Überführung mit Tatzeugen war die Voraussetzung, dem Beklagten sein Verteidigungsrecht zu verlegen.

Löning[1]) und mit ihm die überwiegende Meinung, sieht nun in diesem Verfahren eine allen Grundsätzen des bisherigen Prozeßrechts zuwiderlaufende, monstruöse Entartung. Die klägerische Partei lieferte keinen Beweis, sondern schon ein fertiges Urteil über die Schuldfrage und die Strafwürdigkeit des Beklagten, welches das Gericht aus den Händen der Partei genommen und zu verkünden habe.

v. Zallinger[2]) meint nun, die innere Berechtigung des Verfahrens könne sich aus der Tatsache ableiten, daß es sich hier um notorische Gewohnheitsverbrecher handelte, deren Schädlichkeit bezeugt wurde. Doch kann auch die Notlage, in der sich die Rechtspflege befand, nichts an der Tatsache ändern, daß es sich hier um ein Verfahren handelt, das von dem ursprünglichen Verhaftetsein an die Tat in das gegenteilige Extrem verfallen war und auf Verdacht ohne konkreten Tatbeweis straft.

Von Bedeutung ist jedoch v. Zallingers[3]) Hinweis, daß der Übersiebnungsbeweis im Hauptverfahren nur das formelle Beweisverfahren dargestellt habe; die eigentliche, materielle Beweiserhebung habe vielmehr in dem vor der Hauptverhandlung stattfindenden Verhör der Zeugen stattgefunden und habe die eigentliche Urteilsgrundlage abgegeben, zu der die formelle eidliche Übersiebnung in der Hauptverhandlung nur von untergeordneter Bedeutung gewesen sei. Daraus erkläre sich auch die gelegentliche Form des Übersiebnungseides als Eidhilfe, obwohl er doch materiell Zeugenbeweis sei. Man habe dadurch die strengen Anforderungen an die Person des Zeugen im ordentlichen Verfahren umgehen wollen.

Die Verfolgung der schädlichen Leute wurde aus einem Recht zur Pflicht der Gerichts- und Polizeiorgane, zu einer öffentlichen Aufgabe. Gegen die eingelieferten Personen konnte der Richter selbst als Ankläger und Beweisführer auftreten.

In dem oben erwähnten, formlosen Verfahren nun wurde die Folter zur Erlangung von Geständnissen verwendet, insbesondere bei auf handhafter Tat gefaßten Verbrechern (da das alte Verfahren nicht mehr zur Anwendung kam), sowie bei den von der Polizei eingelieferten Leuten, bei denen es sich zumeist um „schädliche Leute" gehandelt haben wird, und späterhin ganz allgemein in den Fällen des Tatverdachtes. Anfänglich konnte das in dem inquisitorischen Vorverfahren erlangte Geständnis

---

[1]) Reinigungseid, S. 71.
[2]) a. a. O., S. 161 ff., 170 ff.
[3]) a. a. O., S. 179 ff.

bei nachherigem Leugnen des Beschuldigten nicht als Urteilsgrundlage verwendet werden. Der Gang der Entwicklung bewirkte jedoch, daß das inquisitorische Vorverfahren immer mehr in den ordentlichen Prozeßgang hineingezogen wurde und demgemäß die Verlesung des außergerichtlich gefolterten Geständnisses im endlichen Rechtstag, der sich in den alten Formen abspielte, das unmittelbare Geständnis ersetzte. Der Kläger hatte den Beweis nicht mehr mit Leumundszeugen, sondern mit Zeugen über den konkreten Tatvorgang zu erbringen.

Die allmähliche Umbildung des Beweisrechts vollzog sich demnach von dem alten förmlichen Eid mit Helfern über die Übersiebnung mit Leumundszeugnis, der schließlich ein Verhör der Leumundszeugen durch das Gericht vorausging, zu der Ausbildung des Beweises durch Tatzeugen und Geständnis. Das Beweismaterial wurde in einem inquisitorischen Vor- oder Zwischenverfahren von dem Beweisrichterkollegium nach freier Überzeugung gewürdigt. Selbst die Beweissammlung durch den Richter war schon gegen Ende dieser Periode bekannt.

Die einzelnen Verfahrensweisen, in Übergangsstadien vom Alten zum Neuen, bestanden nebeneinander und trugen neben der willkürlichen Handhabung der Folter zu dem wenig erfreulichen Bild bei, das die Rechtspflege im Ausgang des Mittelalters bot. Wesentlich für diese Abhandlung ist es jedoch nur, die Wandlung kenntlich zu machen, die das Beweisrecht als solches auf Grund der Erkenntnis der Untauglichkeit der alten Beweismittel erfuhr, und darauf hinzuweisen, daß auch in Deutschland schon weitgehende Ansätze einer Entwicklungstendenz zu finden waren, die durch das römisch-kanonische Beweisrecht zur Vollendung und allgemeinen Verbreitung kamen.

Kapitel II

Römisches und kanonisch-italienisches Recht[1])

§ 1. Römisches Strafverfahren

Versuchen wir, uns über die Prozeßformen zu orientieren, die im Laufe der 1300jährigen römischen Geschichte auftraten, so sehen wir uns den widersprechendsten Deutungen der schon quellenmäßig fragmentarischen Überlieferung gegenüber. Ein Teil der Unklarheit könnte auch hier gelöst werden, wenn man als Prozeßprinzipien nicht die Sammelbezeichnungen „akkusatorisches" und „inquisitorisches" Verfahren verwenden, sondern differenziertere Begriffe als Maßstab heranziehen würde.

Während Mommsen[2]) als früheste Form ein einfaches inquisitorisches Strafverfahren, nämlich die „coercitio" des Magistrats, der in die Stellung des Königs eingetreten war, ansieht, glauben Geib[3]) sowie

---

[1]) Vgl. Geib, Mommsen, Walter, Zumpt, Biener, Glaser, Haring, Hinschius, v. Hippel, v. Kries, a. a. O.

[2]) Römisches Strafrecht, S. 35ff., 340ff.

[3]) Der römische Kriminalprozeß, S. 17ff.

Zumpt[1]) in den überlieferten Zeugnissen der fraglichen Zeit den Beweis für den Anklageprozeß zu sehen. Zieht man die Spärlichkeit quellenmäßiger Überlieferung und deren Unzuverlässigkeit in Betracht, so scheint es müßig, sich für eine der widersprechenden Äußerungen zu entscheiden. Jedoch soll versucht werden, aus den eigenen Aussagen der betreffenden Schriftsteller das Übereinstimmende herauszufinden, um so gegebenenfalls zu einer weniger zwiespältigen Ausgangsstellung zu gelangen[2]).

Mommsen[3]) unterscheidet das Schiedsgericht und die Inquisition als die zwei Grundformen des Prozesses. Das Schiedsgericht, das Parteien erfordert, sei die frühe, bald zurückgetretene Form, die keinen wesentlichen Unterschied zwischen zivilen und strafrechtlichen Verfahrensweisen kenne. Der eigentliche öffentliche Strafprozeß nun trete in den Formen der „cognitio", als älterer und ursprünglich einziger, und der „accusatio" auf. Bei jedem öffentlichen Strafprozeß erfolge die Ermittlung von Staats wegen; bei der cognito durch den Magistrat, bei der accusatio durch Private, die diese öffentliche Funktion freiwillig übernehmen.

Geib[4]) führt aus, daß sich seit der ältesten Zeit ein „inquisitorisches Element" durch die Geschichte des römischen Strafverfahrens hindurchziehe. Zumpt gesteht für die Zeit der Könige neben dem Anklageprozeß auch ein Recht des Staates als solchem zu, unmittelbar gegen den Verbrecher vorzugehen[5]).

Es liegt nahe, die gemeinsamen Fakten, in die erst die Deutung und Begriffsbestimmung das Gegensätzliche getragen zu haben scheinen, sich in folgender Weise geklärt vorzustellen:

In der frühesten Zeit galt ein Rechtsgang, der Parteien erforderte und noch nicht die Trennung der zivilen und strafrechtlichen Sphären kannte. Daneben trat in der Königszeit ein Verfahren, das auf der reinen Zwangsgewalt des Königs beruhte, und direkt gegen den Verbrecher vorging. Die Magistrate der älteren Zeit der Republik traten in die Stellung der Könige ein. Mommsen sieht nun die coercitio der Könige und Magistrate als die damals übliche Art des Rechtsganges an, während Geib und Zumpt das alte Schiedsgerichtsverfahren, das von ihnen „Akkusationsverfahren" genannt wird, als weiter bestehend erachten.

Für Geib[4]) als Parteigänger des „inquisitorischen" Prinzips stellt die römische Prozeßgeschichte das allmähliche Vordringen des „höheren" Prinzips, nämlich des inquisitorischen, dar; während Mommsen[5]) bei aller wissenschaftlichen Objektivität doch keinen Hehl daraus macht, in dem „akkusatorischen" Prinzip das entwickeltere, das eigentlich

[1]) Das Kriminalrecht der römischen Republik, S. 121.
[2]) Vgl. Walter „Geschichte des römischen Rechts bis auf Justinian", S. 514ff.
[3]) Das Kriminalrecht der römischen Republik, S. 122.
[4]) Geib, a. a. O., S. 102ff.
[5]) Mommsen, a. a. O., S. 340ff.

rechtliche, zu sehen. Es sei nur in der Zeit des Niederganges von dem inquisitorischen Prinzip, das die Herrschaft der Willkür bedeute, zurückgedrängt worden.

Eine Verdeutlichung dieser Einstellung ist von entscheidender Bedeutung für die Beurteilung der Darstellungen über das römische Prozeßrecht, da sie sich notgedrungen auf die Deutung der wenigen geschichtlichen Fakten auswirken muß.

Nach Mommsen geht das eigentliche Strafverfahren aus der Beschränkung der coercitio hervor, die erst dann einen Rechtsanspruch darstelle. Diese Umwandlung der unbeschränkten coercitio in das Cognitionalverfahren trete jedoch nur für römische Bürger ein; gegen Fremde, Frauen und Unfreie werde weiterhin nach unbeschränktem Ermessen des Magistrats verfahren. Es erscheint jedoch recht zweifelhaft, diesen Prozeß mit Mommsen als den üblichen anzusehen. Nach seiner eigenen Quellenangabe sieht er den Bacchanalienprozeß von 186 als Beweis für dieses Verfahren an[1]). Wenn aber einer der Angeschuldigten im Verlauf dieses Verfahrens dem Magistrat vorwirft, daß dieser zugleich Ankläger und Richter sei, so läßt dieser Einwand darauf schließen, daß der ordentliche Prozeß ein Verfahren mit einem Ankläger, also mit Parteien, gewesen sein muß, so wie Geib und Zumpt es darstellen, die in dem Bacchanalienprozeß ein außerordentliches Verfahren erblicken.

Allerdings wird das Wesen des damaligen ordentlichen Verfahrens nicht durch die Bezeichnung „Akkusationsverfahren" in dem von Geib und Zumpt verstandenen Sinne erschöpft. Es handelt sich hier um das Verfahren vor den Volksgerichten, den magistratisch-comitialen Strafprozeß, der als erste ordentliche Prozeßform eine genauere Beschreibung quellenmäßiger Überlieferung zuläßt.

Nach Mommsen[2]) hat sich dieser aus der cognitio der Magistrate entwickelt. Als der Magistrat den römischen Bürger nicht mehr kapital verurteilen konnte, entstand ein neues Verfahren, indem sich an die cognitio ein förmlicher Prozeß, die provocatio, in den Volkscomitien anschloß.

Übereinstimmend wird das Auftreten von Anklägern berichtet. Als Formalprinzip galt somit der Parteiprozeß. Eindeutig geht aber aus den Darstellungen hervor, daß von einer Herrschaft der Dispositionsmaxime nicht die Rede sein kann. Die Leitung des Verfahrens vor dem Magistrat, das in bestimmten Fällen zu einem Endurteil führte (bei Geständigen und auf frischer Tat ertapptem Täter, ferner bei Frauen, Unfreien und Fremden), lag ausschließlich beim Magistrat. Seine Überzeugungsfindung war durch keine Formvorschrift gebunden. Die anquisitio, das Untersuchungsverfahren vor dem Magistrat, entsprach der „quaestio" des rein magistratischen Prozesses; die Sammlung des Beweismaterials durch die Parteien war also nur die Grundlage zu der Ermittlungstätigkeit des Magistrats, der den Angeschuldigten nach Belieben verhören konnte.

---

1) Mommsen, a. a. O., S. 148.
2) a. a. O., S. 151ff.

Das Urteil des Magistrats wurde, außer in den oben angegebenen Fällen, in der provocatio vor den Comitien durch das judicium populi genehmigt oder abgelehnt. In diesem Abschnitt des Verfahrens nahm der Magistrat eine staatsanwaltähnliche Stellung ein. Das in den Comitien vertretene Volk entschied in freier Überzeugungsfindung.

Neben das magistratisch-comitiale Verfahren trat allmählich eine Prozeßart, während deren verhältnismäßig kurzer Geltungsdauer das Strafrecht und Strafprozeßrecht seine eigentliche Ausbildung erfuhren. Mommsen[1]) sieht in den „quaestiones perpetuae" eine Verschmelzung der Grundgedanken des magistratischen Strafverfahrens und des deliktischen Privatprozesses. Letzterer überließ die Beweismittelsammlung und -verwendung den Parteien, getreu seiner Natur als Vergleichs verfahren. Die magistratische Mitwirkung dieses vor Geschworenen stattfindenden Verfahrens war auf die formale Prozeßleitung beschränkt. Die Eigenart des neuen Verfahrens bestand darin, daß für die einzelnen Verbrechenstatbestände je ein besonderes Gericht mit einer eigenen Prozeßordnung bestand. Unter Augustus gab es elf derartige Gerichte. Eine gemeinsame Regelung fand diese Gerichtsbarkeit in der ordo iudiciorum publicorum; sie stellt die ordentliche Verfahrensweise der späten Republik dar, geht jedoch schon im Prinzip zurück. Nach Diokletian tritt sie praktisch nicht mehr in Erscheinung.

Die Leitung der Gerichte hatten die Prätoren, die ihre Befugnisse weiter delegieren konnten, wozu sie zumeist die Quästoren heranzogen. Der Vorsitzende, dem die formale Leitung des Prozesses oblag, fällte mit den Geschworenen zusammen das Urteil.

Dieses Verfahren beschränkte sich nicht nur auf römische Bürger. Auch bei Frauen und Fremden kam es zur Anwendung; sie waren berechtigt, als Kläger aufzutreten.

Die Anklage war ausführlich geregelt und unentbehrliche Voraussetzung für die Ingangsetzung des Prozesses. Der erste Teil des Verfahrens, der vor dem Prätor stattfand, war ausschließlich der Festlegung der Anklage gewidmet (postulatio, nominis delatio, interrogatio, inscriptio, subscriptio). Nach der „citatio" fand die Hauptverhandlung vor den iudices statt.

Auf die Reden der Parteien, die sich vertreten lassen konnten, folgte das Beweisverfahren. Es wurde ausschließlich von den Parteien geleitet. Die Zeugen wurden von den Parteien verhört und anschließend dem Kreuzverhör der Gegenpartei unterworfen.

Die „quaestiones perpetuae" nun wurden als römisches Strafverfahren schlechthin betrachtet und haben den Anlaß zu der verbreiteten Ansicht gegeben, der römische Strafprozeß sei ein „akkusatorischer" gewesen. Die Ungenauigkeit dieser Bezeichnung erfordert eine genauere Untersuchung der Natur des Quästionenprozesses an Hand differenzierterer Begriffe. Zweifellos handelt es sich um einen contradiktorischen Prozeß.

---

[1]) Mommsen, a. a. O., S. 64.

Ebenso wird nicht in Frage gestellt, daß es sich um einen öffentlichrechtlichen Prozeß handelt, in dem die Strafverfolgung von Staats wegen erfolgt, ohne konsequent die Offizialmaxime i. e. S. durchzuführen. Erfolgte doch die Verbrechensverfolgung durch Private, die freiwillig die öffentliche Aufgabe des Staates übernahmen; im Unterschied zum germanischen Verfahren, in dem der private Kläger in Verfolgung seiner privaten Belange handelte. Die Aussetzung von Belohnungen für die Übernahme der Anklage, sowie die Anstellung zur Anzeige von Verbrechen kennzeichnete eine Zeit, die das Geschäft der Anklage nur noch selten freiwillig übernahm und stellte eine Übergangserscheinung zur amtlichen Verbrechensverfolgung dar.

Eine richterliche Inquisitionsmaxime i. e. S. bzw. die Instruktionsmaxime, trat in dem Verlauf des Prozesses nicht zutage. Die Vorführung des Beweismaterials lag ganz in den Händen der Parteien. Trotz diesem Umstand kann nicht auf die Herrschaft der Dispositionsmaxime geschlossen werden. Da das römische Recht eine gesetzliche Beweistheorie nicht kannte, lag es außerhalb der Verfügungsmacht der Parteien, den Richter durch die Erfüllung bzw. Nichterfüllung gesetzlicher Formerfordernisse in seiner Überzeugungsfindung zu binden. So konnte insbesondere von einer Verteilung der Beweislast nicht die Rede sein. Die außerhalb des Beweisverfahrens bestehenden Formerfordernisse waren aber an Zahl zu unbedeutend, um daraus die Herrschaft der Dispositionsmaxime für das gesamte Verfahren herleiten zu können.

Die völlige Freiheit der Richter in bezug auf ihre Überzeugungsfindung bedeutet zwar nicht, daß es keine Beweisregeln gegeben hätte. Jedoch stellten diese nur Anhaltspunkte dar, an deren Befolgung der Richter keineswegs gebunden war[1]).

So kannte man in diesem Sinne Abstufungen in der Beweiskraft des Zeugnisses verschiedener Personen. Ehrlose, Verbrecher, Dirnen, Unmündige waren vom Zeugnis ausgeschlossen. Unfreie hatten auf der Folter auszusagen. Sklaven durften nur für ihren Herrn aussagen. Die Folter der Unfreien wurde als Mittel der Wahrheitsbestätigung der Aussage angesehen. Das Zeugnis der Freien wurde beeidigt. Neben dem Geständnis und dem Zeugnis als wichtigsten Beweismitteln kannten die Römer den Urkunden- und Indizienbeweis. Eine besondere Art des Zeugnisses war die laudatio, die die Lobpreisung von Charaktereigenschaften des Angeklagten zum Inhalt hatte. Sie ist ähnlicher Natur wie die uns so befremdlich anmutende, offene Einwirkung auf das Gemüt des Richters durch das äußere Auftreten des Angeklagten, seiner Verwandten und Freunde (Anlegen von Trauerkleidern, Ablegen von Auszeichnungen und Schmuck, Wachsenlassen des Bartes usw.).

Das Urteil war denn auch, insbesondere zur Zeit der Volksgerichtsbarkeit, nicht nur eine Entscheidung über die Schuldfrage, vielmehr eine

[1]) Im Unterschied zu den gewohnheitsrechtlichen Beweisregeln des englischen Rechtes, deren Nichtbefolgung im Instanzenzug zur Aufhebung des Urteils führen kann.

solche über die Gesamtpersönlichkeit und die Vorwerfbarkeit der Tat. Noch Cicero spricht es offen aus[1]): „In der Einwirkung auf das Gemüt des Richters besteht unsere Hauptaufgabe."

Bei fortschreitender Entwicklung wurde zwar die naive Einflußnahme auf das Gemüt des Richtenden zurückgedrängt. Die sittliche Entschuldbarkeit sollte die richterliche Entscheidung nicht bestimmen. Jedoch auch noch in der späten Kaiserzeit floß des öfteren Rechtfindung und Begnadigung ineinander, und die Überzeugung von der Schuld führte nicht notwendig zur Verurteilung.

Wichtiger für die Charakterisierung des Beweisverfahrens ist jedoch die eindringliche Anweisung an den Richter, nur dann zu entscheiden, wenn er von der Schuld überzeugt sei. So führt Cicero aus[2]): „Nicht darin besteht die Pflicht des Richters, die abgehörten Zeugenaussagen mechanisch zu zählen und ohne weiteres ihnen zu trauen, sondern darin, dieselben zu prüfen und ihre Glaubwürdigkeit abzuwägen. Wäre jenes die Aufgabe, so würde es einen Unterschied zwischen guten und schlechten Richtern gar nicht geben, und ihre Tätigkeit würde nicht mehr eine Tätigkeit des Verstandes, sondern ein Geschäft der Augen und Ohren sein. Ihre Pflicht aber fordert eine Prüfung der Zeugenaussagen, und so müssen sie denn selbst bei der großen Zahl derselben freisprechen, solange ihnen nur eine wirkliche Überzeugung von der Schuld des Angeklagten noch mangelt."

Die Worte Ciceros sind ein Ausdruck des sich durch das gesamte römische Strafprozeßrecht hindurchziehenden Grundsatzes, daß, solange nicht völlige Gewißheit über die Schuldfrage erreicht ist, der Angeklagte nicht schuldig[3]) gesprochen werden kann: in dubio pro reo. Dieser Grundsatz ist ein Pfeiler unseres abendländischen Rechtsdenkens. Er bedeutet eine unüberwindbare Begrenzung der menschlichen Rechtsfindung in ihrem Bemühen, der Gerechtigkeit zu dienen. Wird diese Schranke überschritten, in der Absicht, der Gerechtigkeit absolut zum Siege zu verhelfen, so wird das Gegenteil des beabsichtigten Erfolges erreicht. Die Gewißheit bzw. Überzeugung als die Form, in der der Mensch die Wahrheit erfassen kann, ist die unerläßliche Voraussetzung für die Durchführung der ins Menschliche projizierten Idee der Gerechtigkeit.

Um ein Bild von der römischen Strafrechtspflege zu bekommen, genügt es nicht, sich auf die „ordentlichen" Verfahren zu beschränken. Vor allem ist die sehr ausgedehnte Strafbefugnis des „pater familias" zu erwähnen. Seine Strafgewalt gegenüber Sklaven, Hauskindern und (bei manus-Ehe) der Ehefrau umfaßte anfänglich auch die Todesstrafe. Obwohl der Umfang der Strafgewalt des pater familias allmählich zurückging, hielt sie sich noch bis in die Kaiserzeit hinein.

---

[1]) Geib „Der römische Kriminalprozeß", S. 299.
[2]) Cicero pro Fontei c. 6 zitiert bei Geib „Der römische Kriminalprozeß", S. 323.
[3]) Geib, a. a. O., S. 323; v. Dohna, a. a. O., S. 94.

Die Gerichtsbarkeit, die durch die pontifices ausgeübt wurde, konnte sich auch auf Laien erstrecken und ließ die Todesstrafe zu.

Die außerstädtische Gerichtsbarkeit bestand in den italienischen Ortspräfekturen in der republikanischen Zeit, sodann in den Statthalterschaften der Provinzen und den Munizipalgerichten der römischen Bürgergemeinden in Italien und den Provinzen. Unter dem Prinzipat wurden die Statthalter zu den eigentlichen Trägern des Reichsrechts. Das Verfahren stellte eine magistratische cognitio dar, bei welcher die Zulassung eines Anklägers nicht ausgeschlossen war. Der anfängliche Unterschied des Vorgehens gegen Bürger und Nichtbürger verlor sich in dem Maße, in dem das Bürgerrecht an Reichsstädte verliehen wurde.

In Rom selbst lebte seit Augustus der magistratisch-comitiale Strafprozeß in dem consulisch-senatorischen Verfahren wieder auf. Gegen Ende des 3. Jahrhunderts wurde dieses Verfahren, das im Gegensatz zu den quaestiones perpetuae wieder über alle Deliktsarten entscheiden konnte, von dem Kaisergericht abgelöst. Nach Mommsen bedeutet es die Wiederaufnahme des nichtgebundenen magistratischen Strafverfahrens. Es habe über dem Gesetz gestanden und sei demnach nicht an die gesetzlichen Deliktskategorien und -begriffe gebunden gewesen. Anfänglich eine Ergänzung des ordentlichen Verfahrens, der questiones perpetuae, sei es erst durch die Ausbildung der Appellation zum ordentlichen Gericht geworden.

Aus dem Kaisergericht bildete sich bald das Hofgericht, das sich aus den Beratern zusammensetzte und zur Zentralstelle für die gesamte Rechtspflege wurde. Obwohl die unbeschränkte Macht den Kaisern die Möglichkeit gab, willkürlich das Gesetz zu durchbrechen, scheint es doch nicht angängig, mehr als eine nur oberflächliche Parallele mit der magistratischen cognitio der frühen Republik zu ziehen. Die sogenannte Formlosigkeit, die Mommsen[1]) zu seinem Urteil veranlaßt, daß es sich hier lediglich um ein Wiederaufleben der magistratischen cognitio handele, wurde im Gegensatz zur früheren Zeit durch entwickeltere, exakt juristische Definitionen eingeschränkt. Zudem war das Kollegium mit Rechtsgelehrten besetzt. Die Parallele zu dem alten magistratischen Verfahren stützt sich vor allem auf das Vorgehen der Richter hinsichtlich der Gewinnung der Urteilsgrundlage. Der Richter griff wieder selbständig in den Gang des Beweisverfahrens ein. Er lud die Zeugen und hatte neben der Partei dem Angeklagten sowie den Zeugen gegenüber ein unumschränktes Fragerecht.

Die förmliche Anklage war zur Einleitung des Verfahrens nicht erforderlich; die Denunziation genügte. Auch wenn das Verfahren durch förmliche Anklage eingeleitet worden war, fand in der Spätzeit das Verhör des Angeklagten durch den Richter statt.

Die Formalprinzipien, die die Prozeßarten der Kaiserzeit kennzeichnen, sind sowohl parteiloser, wie contradiktatorischer Prozeß. Die Offizial-

---

[1]) Mommsen, a. a. O., S. 64.

maxime i.e.S., die Verbrechensverfolgung von Amts wegen, wurde jedoch noch immer nicht konsequent durchgeführt: die staatliche Aufgabe der Verbrechensverfolgung wurde vielmehr bis auf einige Ausnahmen Privaten überlassen. Neben der grundsätzlichen Öffentlichkeit und Mündlichkeit des Verfahrens gewann die Schriftlichkeit an Bedeutung.

Die häufiger werdenden Regeln hinsichtlich der Beweismittel berechtigen, von einer Beweislehre des spätrömischen Rechtes zu sprechen. So gab es zahlreiche Bestimmungen über die Zeugenaussagen, die nach der Person und der Anzahl der Zeugen, sowie dem Inhalt der Aussage zu würdigen waren. Außergerichtliches Zeugnis und die Aussage der Unfreien wurden im allgemeinen als minderwertig erachtet. Infamierte und sonstige unzuverlässige Zeugen sollten möglichst nicht vernommen werden. Das Zeugnis vom Hörensagen sollte nicht beachtet werden, war jedoch nicht gänzlich irrelevant. Ausführlich war die Anwendung der Folter geregelt, die sich schließlich auch, entgegen ihrer Beschränkung auf Unfreie in der Zeit der Republik, auf die Aussagen der Freien ausdehnte. Es gab jedoch Ausnahmen hinsichtlich der Person und der sachlichen Voraussetzungen, die die Anwendung der Folter von vornherein ausschlossen. Im allgemeinen wurde zur Vorsicht gemahnt. Die Folter sollte nur angewendet werden, wenn der Tatbestand feststand, Indizien für die Schuld vorlagen, und die Schuld nicht anders zu beweisen war. Aus diesen Bestimmungen ist zu ersehen, daß die steigende Bedeutung, die dem Geständnis zugemessen wurde, einen Anlaß zur Ausbreitung der Folter gab.

Das Verständnis der letzten Phase des römischen Beweisrechts erfordert eine Besinnung auf die Vorraussetzungen, die dem gesamtrömischen Beweisrecht im Laufe seiner Entwicklung zugrunde lagen. Dabei ist auf einen Umstand hinzuweisen, der trotz seiner Evidenz doch oft genug vernachlässigt wird. Die Gefahr einer Wertung bestimmter Einrichtungen einer früheren Zeit vom Standpunkt einer späteren Kulturstufe liegt in der Einbeziehung des allgemeinen Fortschritts dieser Kulturstufe in die Beurteilung der Bemühungen eines Volkes, mit den ihm möglichen Mitteln und Erkenntnissen das gesetzte Ziel zu erreichen. So rechtfertigt sich ein Werturteil nur, wenn das Verhältnis des Möglichen, auf Grund der Entwicklungsstufe des sozialen, kulturellen und rechtlichen Zustandes des betreffenden Volkes, zu der gesetzten Aufgabe berücksichtigt wird.

In der Literatur wird von der „freien Beweiswürdigung" der Römer gesprochen. Obwohl die Art, in der die Römer die Urteilsgrundlage zu erlangen pflegten, der Beweiswürdigung der gegenwärtigen Zeit zu entsprechen scheint, ergibt eine nähere Betrachtung grundlegende Unterschiede.

Die freie Beweiswürdigung in unserem Sinne kann nicht herausgelöst aus unserer geistesgeschichtlichen Situation betrachtet werden. Sie setzt außer der Beherrschung von Denkgesetzen, psychologischer und anderer natur- sowie geisteswissenschaftlicher Erkenntnisse, die erst im Laufe der Zeit zur allgemeinen Grundlage des geistigen Lebens unserer Kulturstufe geworden sind, den Weg durch eine Periode gesetzlicher Beweisregeln voraus. Die freie Beweiswürdigung in unserem Sinne bedeutet die souveräne Anwendung von unserer Kulturstufe immanenten materiellen und formellen Denkvoraussetzungen.

Im römischen Recht jedoch handelte es sich anfänglich um eine Überzeugungsfindung, die nicht durch geistige Tradition von vornherein in bestimmte Bahnen gewiesen wurde, sondern unbekümmert das bloße Gefühl und seine Erregungen zur Quelle der Urteilsfindung machte.

Mit dieser Feststellung soll der rationalen Begabung der Römer keineswegs die Anerkennung versagt werden. Allein durch die Tatsache, daß die Römer um die Rekonstruierung des historischen Tatverlaufs bemüht waren, lieferten sie den Beweis geistiger Selbständigkeit und ihrer Emanzipation von nicht-rationalen Bindungen. Die Art, wie die Feststellung der materiellen Wahrheit zu ermitteln versucht wurde, war jedoch notgedrungen von der allgemeinen kulturellen Entwicklungsstufe bedingt. So kam man von der Zuhilfenahme des Gemüts, das am schnellsten die Überzeugung von der Wahrheit oder Unwahrheit einer Tatsache vermitteln konnte, erst langsam zu einer kritischen Einstellung. Die anwachsende Bevölkerung und die Einbeziehung immer neuer Menschen in den Verband der römischen civitas trugen zu der Einsicht bei, daß die auf das Gefühl bezogene, ungebundene Überzeugungsfindung ein inadäquates Mittel zur Erreichung der erstrebten Gerechtigkeit darstellt. Die geistige Umgestaltung fand ihren Ausdruck in dem Bestreben, bei weitgehender Zurückdrängung des Gefühls in einer unparteiischen Atmosphäre Klarheit über die wesentlichen Momente, wie die Feststellung der deliktischen Fähigkeit, des deliktischen Willens und der deliktischen Tat, durch sachliche Mittel zu erlangen.

Zu diesem Zeitpunkt nun, als ein Teil der Voraussetzungen für eine „freie Beweiswürdigung" vorlag, bietet sich folgendes Bild: die Beweisregeln zeigen die Tendenz, gesetzlich fixiert auch Anweisungen über die Beweiskraft zu geben. Zudem tritt deutlich eine Abstufung der Beweismittel als solcher zutage, indem das Geständnis immer zentralere Bedeutung gewinnt, und die anderen Beweismittel in zunehmendem Maße nur als Mittel zu seiner Erlangung verwendet werden. In der Folter findet man einen bequemen Weg, das Geständnis zu erhalten, das den rationalen Anforderungen an einen befriedigenden Beweis entsprach. Diese Tendenzen sind mit der Idee einer freien Beweiswürdigung nicht vereinbar. Diese aufs erste befremdliche Entwicklung ist jedoch in der Unfähigkeit der Zeit begründet, zu einer freien Beweiswürdigung in unserem Sinne zu gelangen. Als man sich von der freien Überzeugungsfindung mit Hilfe des Gemüts abwandte und rationale Anforderungen an die Erkenntnismittel stellte, glaubte man, diesen nur dann genügen zu können und nur dann zur Gewißheit über Wahrheit und Unwahrheit einer Tatsache gelangen zu können, wenn sie durch das Geständnis sanktioniert wurde, das man notfalls durch die Folter zu erreichen wußte. Die geistigen Voraussetzungen, deren sich die Menschen bedienen konnten, hätten kaum eine andere Entwicklung ermöglicht.

Von der freien Überzeugungsfindung der frühen Zeit gelangten die Römer also zu den Ansätzen einer gesetzlichen Beweistheorie. Indem sie aus dem Bereich des noch ungestalteten Möglichen die in steigendem Maße rationalen Beweismittel aussonderten, vollbrachten sie eine ungeheure geistige Leistung, die die unentbehrliche Grundlage für unsere heutige freie Beweiswürdigung darstellt.

In der späten Kaiserzeit, in der das Rechtsleben erstarrt und die Volkskraft erschlafft war, wurde das Fehlen einer amtlichen Verbrechensverfolgung, zu der sich das römische Recht nie entschließen konnte, zu einem Problem, das man durch die Erleichterung der Anklage zu lösen suchte. Jedoch nahmen die Denunziationen so überhand, daß man späterhin wieder mehr zu der förmlichen Anklage überging, mit der Folge, daß eine straffe Verbrechensbekämpfung unmöglich gemacht wurde. Die Anforderungen an den Ankläger waren so weitgehend, daß es immer schwerer wurde, private Ankläger zu finden. Die Zeit, in der der Einzelne die öffentlichen Angelegenheiten als seine eigenen betrachtete, hatten einer Zeitsituation Platz gemacht, in der der Abstand zwischen öffentlicher und privater Sphäre immer größer geworden war, und nur noch wenige sich mit den öffentlichen Angelegenheiten beschäftigten. Damit hatte das Prinzip, das die staatlichen Aufgaben der Verbrechensverfolgung auf Private delegierte, die Voraussetzung zu seiner Wirksamkeit verloren. Eine Lösung aus eigener Kraft fand das spätrömische Recht nicht mehr.

Da die „Inquisitionsmaxime" in der Literatur oft mit „amtlicher Verbrechensverfolgung" gleichgesetzt zu werden pflegte, scheint das Fehlen der Offizialmaxime i.e.S. dafür verantwortlich zu sein, daß die sonstigen Züge des römischen Rechts trotz ihrer eindeutig „inquisitorischen" Natur so auffallend selten bei der Frage der Entstehung des geschichtlichen Inquisitionsprozesses herangezogen wurden.

§ 2. Kanonisch-italienischer Strafprozeß

Das ordentliche Verfahren der Kirche entsprach bis ins 13. Jahrhundert hinein dem römischen contradiktorischen Prozeß. Doch hatte die Kirche, der Eigenart ihrer Zwecke entsprechend, seit jeher Verfahrensweisen angewendet, die ohne die umständliche „accusatio" eingeleitet werden konnte. Ihrer außerordentlichen Natur zufolge führten diese aber nur zu Maßnahmen, die nicht als eigentliche Strafen anzusehen sind, wie z. B. die Kirchenbußen. Es waren dies die Verfahrensweisen, die bei Vorliegen einer denunciatio, exeptio, notoria (resp. manifestum) und infamatio (diffamatio, mala fama) zur Anwendung kamen. Das Einschreiten des Richters erfolgte ex officio. Dem Beschuldigten stand das

Recht der Verteidigung in Form des Reinigungseides, auch des Gottesurteils, zu. Die Kirche hatte diese Beweismittel aus dem germanischen Recht übernommen, wie auch die Einrichtung der Sendgerichte, anläßlich derer die außerordentlichen Verfahren vorwiegend Verwendung fanden.

Innozenz III. ist der Urheber der Prozeßform, über deren Ursprung und Wert noch heute keine Einigung erzielt worden ist, trotz der umfangreichen Literatur, die die Diskussion dieser Fragen hervorgerufen hat. Folgende Überlegungen sollen den Anlaß zur Reform verständlich machen: als innerkirchliche Gerichtsbarkeit hat das geistliche Recht unzweifelhaft disziplinarischen Charakter. Ein Vorgehen ex officio entsprach diesem Geist weitgehend. Die Sorge um die Stellung der Kirche mußte zudem eine Möglichkeit der Verfolgung solcher Verbrechen schaffen, die offenkundig oder allgemein berüchtigt waren, ohne auf die accusatio angewiesen zu sein, die eine schwere Last für den Ankläger bedeutete und deshalb nur noch selten erhoben wurde, so daß viele Verbrechen ungeahndet blieben.

Die oben angeführten Offizialvorgehen konnten jedoch wegen des Reinigungseides als Beweismittel und der nur milden Strafen nicht den Anforderungen an eine Verbrechensverfolgung in einer Zeit genügen, in der die Sittenlosigkeit des geistlichen Standes ein straffes Durchgreifen und Bestrafung der verübten und offenkundig gewordenen Verbrechen erforderte.

Doch nicht nur aus diesen die Gerichtsbarkeit gegen die Geistlichkeit betreffenden Erwägungen mußte die neue Verfahrensform der Kirche begrüßenswert erscheinen. Der Totalitätsanspruch der Kirche hatte auch ihrer Gerichtsbarkeit über Laien wachsenden Anwendungsbereich geschaffen. Der neue Prozeß war diesen Tendenzen weit gefügiger als der auf accusatio beruhende.

Der Inquisitionsprozeß Innozenz' III. stellt ein Verfahren dar, welches seine Natur aus dem Bestreben herleitete, den mit Hilfe eines materiellen Beweisrechts einer verbotenen Tat für schuldig Befundenen der Strafe zuzuführen. Der Reinigungseid als formales Beweismittel wurde nur noch subsidiär zugelassen und schließlich ganz verbannt.

Der Begriff der alten inquisitio bekam eine völlig neue Bedeutung. War sie bislang als Frage nach verübten Verbrechen, als allgemeine Instruktion des geistlichen Richters insbesondere bei Abhaltung der Sendgerichte zu verstehen, so bedeutete sie nunmehr das nach dieser Erkundigung einsetzende Verfahren gegen den Beschuldigten selbst.

Der Unterschied zwischen den beiden gleichlautenden Institutionen liegt in der verstärkten Stellung des natürlichen Beweissystems, das auf den materiellen Schuldbeweis abzielt, den der Richter statt eines Anklägers zu führen hat.

Obwohl auch das ältere Verfahren auf denunciatio, mala fama, manifestum usw. keinen Ankläger kannte, war es doch wegen der formalen

Natur des Reinigungseides nicht zur Ermittlung der materiellen Wahrheit geeignet.

Die Voraussetzungen für die Einleitung des neuen Verfahrens waren äußerst streng. Es war ursprünglich nur bei Vorliegen einer mala fama statthaft. Zur Prüfung der erforderlichen Voraussetzungen fand ein Vorverfahren statt, in dem festgestellt wurde, ob eine mala fama vorlag. Diffamierung durch zwei oder drei Leute genügte nicht, auch nicht der Bericht durch Augenzeugen, wenn das Verbrechen nicht als Gerücht verbreitet war. Fand eine denunciatio statt, so übernahm ein promotor fiscal die Rolle des Anklägers, wenn sich nicht der Denunziant dazu bereit erklären sollte. Jedoch war der materielle Prozeßverlauf im wesentlichen der gleiche wie bei dem neuen inquisitorischen Verfahren auf Grund einer diffamatio.

Dem Beschuldigten wurden die capitula (später ein förmlicher libellus inquisitionis) vorgelegt, die die Punkte der Beschuldigung enthielten. Zudem wurde er mit den Dispositionen der Zeugen sowie deren Namen bekannt gemacht. Es bestand volle Freiheit der Verteidigung. Die Verhandlung war öffentlich. Die Inquisition führte nicht zu einer vollen, sondern nur zu außerordentlichen Strafen. Führte sie nicht zur Gewißheit der Schuld, blieb aber der Verdacht bestehen, so war der Reinigungseid zulässig. Die Tortur wurde vom älteren kanonischen Recht verworfen.

Die zulässigen Beweismittel waren:

1. das Geständnis, als wichtigstes Beweismittel. Aber nur das gerichtliche konnte vollen Beweis erbringen.
2. Die Zeugenaussage. Vollwertigen Beweis konnten nur zwei eidesfähige Personen erbringen. Unfähige Zeugen wurden vom Richter nicht zum Zeugnis zugelassen, wie Meineidige, verurteilte Verbrecher, Geisteskranke, Sklaven, Personen mangelnden Alters usw. Verdächtige Zeugen konnten von dem Beschuldigten abgelehnt werden, also Personen üblen Rufs oder solche, die der Parteilichkeit verdächtig waren wegen verwandtschaftlicher Beziehungen oder weil in einem Abhängigkeitsverhältnis stehend, sowie arme oder unbekannte Personen.

   Als voller Beweis konnte nur ein Zeugnis anerkannt werden, das von testes de visu abgelegt wurde. Testes de auditu waren nur in besonderen Fällen zulässig; testes de credulitate konnten in den zugelassenen Fällen nur zur Begründung einer Präsumtion führen.
3. Das Gutachten eines Sachverständigen, der außer der Qualifikation zum Zeugen auch noch bestimmte sachliche Voraussetzungen aufweisen mußte.
4. Augenschein, als unmittelbar sinnliche Wahrnehmung des Richters in bezug auf den zu beweisenden Tatbestand.
5. Urkundenbeweis. Nur die öffentliche Urkunde konnte vollen Beweis erbringen, während die private wie das außergerichtliche Geständnis nur zur Herstellung eines Indizienbeweises geeignet waren.

6. Präsumtionen. Bei der Rechtsvermutung trat Befreiung von der Beweislast ein. Andere Vermutungen hatten die Wirkung des Indizienbeweises, der keinen vollen Beweis erbringen konnte.
7. Parteieid. Er erbrachte vollen Beweis, wenn er von der beweispflichtigen Partei dem Gegner zugeschoben wurde. Als Ergänzungseid bewirkte er halben Beweis. Der Reinigungseid wurde nur in seltenen Fällen zugelassen, desgleichen der Kredulitätseid mit sieben Helfern, der nur noch im Eheprozeß Anwendung fand. Im allgemeinen wurde der Parteieid nur noch bei Mangel an anderen Beweismitteln verwandt[1]).

Bei den im 13. Jahrhundert wieder auflebenden Ketzerverfolgungen bediente sich die Kirche eines Inquisitionsverfahrens, das oft mit dem Innozenz' III. verwechselt wurde, aber grundlegende Abweichungen von letzterem aufweist. Glaser[2]) nennt sie zwei trotz ihrer Ähnlichkeit voneinander ganz unabhängige Gestaltungen. Sie seien jedoch beide aus den Sendgerichten hervorgegangen.

Biener[3]) nun sieht in der inquisitio Innozenz' III. die Umgestaltung des früheren Offizialverfahrens bei infamatio, während er die Ketzerinquisition aus den Sendgerichten entstanden erklärt, bei denen die denunciatio, als Rüge, die überwiegende Rolle spiele. Innozenz III. erkläre ausdrücklich, daß die mala fama als verbreitetes Gerücht die Rolle der Anklage übernehme, während die denunciatio nicht ausreiche, die aber bei der Ketzerinquisition das gängigste Mittel zur Einleitung des Verfahrens bedeutet habe.

Die Abweichungen der Ketzerinquisition von dem Prozeß Innozenz' III. sind:

1. Als Form der Einleitung genügte die denunciatio, wie sie bei den Sendgerichten üblich war.
2. Die Namen der Belastungszeugen wurden nicht angegeben, oft wurden die Zeugenaussagen auch im Inhalt verstümmelt übermittelt.
3. Das Verfahren führte zu ordentlicher Strafe.
4. Die Tortur wurde angewendet.
5. Die Verteidigung im allgemeinen wurde eingeschränkt.

Da die Folterung im kanonischen Recht nicht gestattet war, bediente man sich Laien, die die Folterung vorzunehmen hatten. Als man zum heimlichen Verfahren überging, führten die Geistlichen selbst die Tortur aus und dispensierten sich gegenseitig von den Folgen der Gesetzesübertretung, bis die Anwendung der Folter allgemein gestattet wurde.

Das Inquisitionsverfahren Innozenz' III. fand bald Eingang bei den weltlichen Gerichten Italiens, da es dem Bedürfnis nach wirksamer Verbrechensbekämpfung eher entsprach als das allgemein in Mißkredit ge-

[1]) Haring „Grundzüge des katholischen Kirchenrechts", S. 863.
[2]) Handbuch des Strafprozesses I, S. 73.
[3]) Beiträge zur Geschichte des Inquisitionsprozesses und der Geschworenengerichte, S. 40ff., 54ff., 69ff.

ratene akkusatorische Verfahren. Die italienische Rechtswissenschaft nahm sich des neuen Prozesses an. Die Frage seiner Herkunft, die auch die damalige Zeit beschäftigte, wurde von Rofredus, dem sich auch Durantis anschloß, dahingehend beantwortet, daß es sich um eine Weiterbildung der auch schon im römischen Recht auftauchenden Verfahrensweise handele[1]). Aus dieser „Legitimation" leitete man nun die Befugnis her, in dem inquisitorischen Verfahren die ordentliche Strafe zu verhängen. Folgenschwerer war die Übernahme der Tortur aus dem römischen Recht der Kaiserzeit. Vom Reinigungseid nahm man ganz Abstand und führte an seiner Stelle die absolutio ab instantia ein, unter schwerster Mißachtung des römischen in dubio pro reo, das nur Freispruch oder Verurteilung zuließ und in den Fällen des nicht zur Gewißheit der Schuld verdichteten Verdachts den Freispruch forderte. Bei Indizienbeweis konnte es jetzt entgegen der kanonischen Regelung zur Verurteilung kommen, wenn auch nur zu außerordentlicher Strafe.

Die Verwandtschaft mit dem römischen Recht, die dem Inquisitionsprozeß Innozenz' III. innewohnt, ist in der jüngeren Literatur nicht genügend berücksichtigt worden. Die inquisitorischen Elemente des römischen Kaiserrechts stehen jedoch außer Zweifel[2]); wie sollte sich nicht die nach römischem Recht lebende Kirche ihrer im gegebenen Augenblick bedient haben.

Die weitverbreitete Ansicht, die die Herkunft des Inquisitionsprozesses nur aus dem fränkischen Rügeverfahren auf dem Umweg über die bischöflichen Sendgerichte abgeleitet wissen will[3]), kann nur die Form der Einleitung des Verfahrens erklären, also das Offizialprinzip i. e. S., das überdies schon vor der Entstehung der Sendgerichte bei den oben genannten Verfahren (auf mala fama, exceptio, denunciatio, manifestum, in der ursprünglichen Art) Anwendung fand. Über die grundlegende Wesensänderung kann diese Annahme jedoch keinen befriedigenden Aufschluß geben. Diese wird vielmehr in der schon erwähnten Umstellung in bezug auf die Auffassung der Verbrechensverfolgung und dem Bedürfnis nach gerechter Sühne zu finden sein. Dieser neuen Einstellung suchte man durch die Beweissammlung des Richters nach Maßgabe des römischen materiellen Beweissystems zu genügen.

So ist gerade die Zurückdrängung des germanischen Elementes als Materialprinzip von ausschlaggebender Bedeutung. Sein Einfluß als Formalprinzip wird durch die obige Darstellung nicht berührt, ist jedoch nicht das Wesentliche der neuen Prozeßform.

Das kanonische Recht war im Mittelalter in steigendem Maße von dem germanischen Rechtsdenken beeinflußt worden[4]). Der Reinigungseid hatte eine überragende Bedeutung als praktisch wichtigstes Beweismittel

[1]) Biener, a. a. O., S. 91.
[2]) v. Hippel „Deutsches Strafrecht", S. 88, mit Hinweis auf von Kantorowicz.
[3]) Glaser, a. a. O., S. 73; v. Kries „Lehrbuch d. dtsch. Strafprozeßrechts", S. 23 ff.
[4]) Hinschius „System des katholischen Kirchenrechts" V, S. 338.

gewonnen, dem sich auch nicht die Päpste, trotz ihres Bestrebens, am römischen Prozeß festzuhalten, entziehen konnten. In der kirchlichen Gerichtsbarkeit über Laien war die Herrschaft der germanischen Beweismittel schon bald unumschränkt geworden; am Ende des 11. Jahrhunderts schon war diesen allgemeine Geltung zugekommen. Im Verfahren gegen Geistliche war der Ankläger nur noch formell zu einer Beweisführung nach römischen Beweisrecht verpflichtet gewesen, danach hatte man auch hier den Beschuldigten zum Reinigungseid zugelassen. Der grundlegende Wandel, der durch die Rezeption der germanischen Beweismittel in der Auffassung vom Zweck des Beweisverfahrens eingetreten war, wird in folgenden Worten Hinschius bestätigt: „. . . andererseits aber das Verfahren auf infamia mit Reinigungseid die bedenkliche, dem Ansehen des Klerus schädigende Folge nach sich zog, daß die Wahrheit des bezichtigenden Gerüchts, der den Geistlichen vorgeworfenen strafbaren Handlungen niemals objektiv untersucht wurde, weil der Reinigungseid lediglich wegen der infamia als solcher abgeleistet werden mußte"[1]). Die Rezeption der germanischen Beweismittel hatte notwendigerweise für den Richter die Unfähigkeit im Gefolge gehabt, im Beweisverfahren den historischen Tatverlauf rekonstruieren zu können. Durch die Ableistung des Reinigungseides war der Sachverhalt einer weiteren richterlichen Prüfung entzogen worden. Das Prinzip der materiellen Wahrheitsforschung war damit in den Hintergrund getreten. Mit der Herrschaft des formellen Beweisverfahrens war die Möglichkeit der Parteidisposition über den Streitstoff gegeben gewesen.

Es erscheint somit logisch, den wesentlichen Anstoß zur Bildung des Inquisitionsprozesses Innozenz, III. in der Rückkehr zum römischen Beweisrecht und seiner Instruktionsmaxime zu suchen, die die germanischen Elemente und ihre herrschenden Materialprinzipien zurückdrängten. Der bleibende germanische Einfluß beschränkte sich somit auf die Form der Einleitung des Verfahrens, das Offizialprinzip i. e. S., wobei überdies nicht vergessen werden darf, daß die Kirche das Vorbild für das Einschreiten von Amts wegen nicht nur über das bischöfliche Sendgericht im fränkischen Rügeverfahren, sondern auch in dem eigenständischen kirchlichen Verfahren auf mala fama, denunciatio und notoria vorgefunden hatte.

Kapitel III
Der deutsche Strafprozeß von der Rezeption bis zum Ausgang des 18. Jahrhunderts

§ 1. Carolina

In ausführlicher Darstellung hat Eberhard Schmidt[2]) nachgewiesen, daß vor der Rezeption auf deutschem Boden Verfahrensweisen entstanden waren, die rein inquisitorische Züge trugen; ein Gedanke, der

[1]) Hinschius, a. a. O., S. 350.
[2]) Inquisitionsprozeß und Rezeption.

bereits von den älteren Schriftstellern, wie Köstlin, Biener, v. Zallinger[1]) usw., vertreten worden war.

Wenn von Hippel[2]) nun aber meint, Eberhard Schmidt habe damit beweisen wollen, daß der Inquisitionsprozeß nicht rezipiert worden sei, da er ja in Deutschland schon vollständig ausgebildet gewesen war, so mißversteht er damit Eberhard Schmidt, der die Bedeutung der Rezeption in der Formgebung des mehr oder minder willkürlichen inquisitorischen Verfahrens auf deutschem Boden sieht.

Schwarzenberg, einer der größten deutschen Rechtsdenker, ist der Reformbedürftigkeit des deutschen Straf- und Strafprozeßrechts durch großartige Verschmelzung von deutschem und kanonisch-italienischem Recht nachgekommen. Die deutschrechtlichen Elemente seines Werkes beziehen sich hauptsächlich auf das materielle Strafrecht. In dem formellen Teil der Bambergensis und der auf dieser fußenden Carolina finden wir stärkere Beachtung des kanonisch-italienischen Rechts, das jedoch ebenfalls in selbständiger Weise verarbeitet ist. Von einem mechanischen Nachahmen des fremden Rechts kann auch hier nicht die Rede sein.

In weisem Abwägen hat Schwarzenberg den heimischen Verhältnissen Rechnung getragen und sein Werk so gehalten, daß es auch von ungelehrten Schöffen gehandhabt werden konnte. Als Prozeßformen schildert er einen parteilosen und einen Parteiprozeß. Letzterer nimmt weitaus größeren Raum ein, doch wird durch seine Schilderung offenbar, daß er nur noch selten in Anwendung kam, da die Stellung des Anklägers für diesen große Unannehmlichkeiten und selbst Gefahren mit sich brachte. Aber auch das sogenannte Anklageverfahren der Carolina war materiell von der Offizialmaxime beherrscht, die Anklage trat also nur als Formalprinzip auf.

In dem Verfahren von Amts wegen war die Offizialmaxime noch reiner ausgeprägt. Im Gegensatz zu den auf deutschem Boden entstandenen inquisitorischen Verfahrensweisen stellte es ein rechtlich geordnetes, mit Garantien für den Angeklagten versehenes Verfahren dar. In der Bambergensis war das alte Verfahren auf Leumund und das Übersiebnen außer Kraft gesetzt worden.

Schwarzenberg suchte das Bedürfnis nach wirkungsvoller Verbrechensverfolgung mit dem Erfordernis der Gerechtigkeit zu verquicken und dem Angeklagten ein gesundes Maß rechtlicher Garantien zukommen zu lassen. Sein Ziel war die Verbindung von „gemeinem Nutzen" und „Liebe zur Gerechtigkeit".

Das Offizialverfahren fand statt:

1. bei verbreitetem Gerücht (also mala fama des kanonischen Rechts),
2. bei notorischen Verbrechen,
3. bei Verdacht, der durch glaubwürdige Indizien hervorgerufen worden war.

---

[1]) Köstlin, a. a. O., S. 248ff.; Biener, a. a. O., S. 134ff.; v. Zallinger, a. a. O., S. 202.

[2]) Deutsches Strafrecht, S. 88.

Obwohl die deutschrechtliche Gerichtsverfassung größtenteils beibehalten wurde, so fand doch eine wesentliche Veränderung insofern statt, als den gelehrten Richtern weitgehender Einfluß gewährt wurde. So hatte der Richter bei der Urteilsfindung mitzubestimmen. Das Institut der Aktenversendung bewirkte die Abhängigkeit von dem neuen Recht und denjenigen, die seiner kundig waren. Lezteres bedingte auch die Schriftlichkeit des Verfahrens, für das die Person des Gerichtsschreibers eine wichtige Rolle spielte.

Die Art der Sammlung des Beweismaterials brachte die Heimlichkeit der eigentlichen inquisitorischen Verhandlung mit sich. Öffentlich war nur der endliche Rechtstag, dem aber lediglich formelle Bedeutung zukam.

Der Kernpunkt der neuen Gesetzgebung lag jedoch in der Beweislehre, die darauf abzielte, dem Richter die Hilfsmittel zur Findung der materiellen Wahrheit an Hand zu geben. Schwarzenberg hat hier trotz wesentlicher Angleichung an das römisch-kanonische Recht wiederum eigenschöpferisch gewirkt und eine für die damalige Zeit ausgezeichnete Indizienlehre geschaffen. Unverständlich erscheint es, daß der Widerstand gegen das neue Gesetz sich gerade auf das Beweisrecht bezog, in dem wir den größten Fortschritt des damaligen deutschen Rechtslebens sehen[1]).

Entgegen dem alten germanisch-deutschen Beweisrecht soll nach der neuen Auffassung, die in Art. 22[2]) zusammengefaßt ist, jemand „zu peinlicher straff verurtheylt werden, das muß auss eygen bekennen, oder beweisung geschehen und nit auff Vermutung oder Anzeygung".

Hiermit hat Schwarzenberg entgegen der italienischen Praxis die Verdachtsstrafe nicht anerkannt. Auch die absolutio ab instantia hat er nicht übernommen, und so dem römischen Grundsatz in dubio pro reo wieder in einem Bereich zur Geltung verholfen, in dem sich die italienische Praxis über ihn hinweggesetzt hatte. Die Vorschriften des Beweisrechts zeigen uns als erstes und wichtigstes Beweismittel das Geständnis. Seine überragende Bedeutung erklärt sich aus der Stufe der damaligen geistigen Erkenntnisfähigkeit. Als Übergang von der formalen Beweistheorie, die der Beweiswürdigung fast völlig enthoben war, zu dem materiellen Beweissystem, mußte letzteres in einer Form eingeführt werden, die es ermöglichte, sich des Ergebnisses der neuen Beweisführung, die ungewohnte Anforderungen an die Fähigkeit des Denkens und des psychologischen Verständnisses des damaligen Menschen stellte, durch das Geständnis versichern zu können. Aus dieser Überlegung wird auch der sonst überflüssig scheinende Art. 69 verständlich[3]).

---

1) Schoetensack „Der Strafprozeß der Carolina", S. 42.

2) Zoepfl „Die Peinliche Gerichtsordnung Kaiser Karls V."

3) „So der beclagt nach genugsamer beweysung nit bekennen wollt, soll jme angezeigt werden, das er der Missenthat bewisen sei, ob man dardurch sein Bekanntnus desto eher auch erlangen khönndte; Obe er aber dannocht daruber nochmalls nit bekennen wollte, des er doch, alls obsteet, genugsam bewiesen were, so solle er nicht desto weniger, der bewiesenen Missethat nach, on einich peinlich frage verurtheilt werden".

Eine Verurteilung sollte nur auf freiwilliges gerichtliches Geständnis hin erfolgen. Im Unterschied zu der Verwendung des Geständnisses in der vergangenen formalen Beweisepoche mußte dieses auf seine Glaubwürdigkeit hin geprüft werden. Daraus ergibt sich, daß der Richter auch bei freiwilligem Geständnis nicht zu verurteilen brauchte, wenn er zu der Überzeugung gelangt war, daß das Geständnis nicht glaubwürdig sei. Ihm stand also in diesem Falle die Freiheit der Überzeugungsfindung zu. Stimmt man der von Brunnenmeister[1]) und Hall[2]) im Gegensatz zur allgemeinen Ansicht vertretenen Auffassung zu, daß der Richter beim Geständnis außer der Glaubwürdigkeit das Vorliegen des objektiven Tatbestandes zu prüfen hatte — ein Erfordernis, das Schwarzenberg zwar nicht ausdrücklich erwähnte, aber das als selbstverständlich angesehen werden müsse, und bei den Schwarzenberg als Vorbild dienenden Italienern überall zu finden sei — so wird es um so deutlicher, daß das Geständnis vom Richter frei gewürdigt werden konnte. Große Sorgfalt verwendete Schwarzenberg auf die Bestimmungen, die von dem nach der Folter abgegebenen Geständnis und der Prüfung seiner Glaubwürdigkeit durch den Richter handeln. Er war sich der Gefahr, die die Verhängung der peinlichen Frage in sich barg, wohl bewußt und versuchte, ihre Anwendung so zu regeln, daß mit ihr nicht das Gegenteil von der erstrebten Wahrheitsförderung erreicht wurde. Ungeübt im Gebrauch der Denkgesetze und unfähig, den Kausalitätsvorgängen die uns selbstverständliche Unentrinnbarkeit zuzumessen, mußte dem damaligen Menschen die Folter als das geeignete Mittel erscheinen, den historischen Tatverlauf und die Verursachung ans Tageslicht zu bringen.

Die Garantien, die die eingehende Prüfung des Geständnisses erforderten, bevor es als glaubwürdig angesehen werden durfte, bestanden vor allem in der Bestimmung, daß der Gefolterte seine Aussagen nicht auf der Folter machen durfte, sondern nur, nachdem er einige Zeit aus dem Folterapparat entfernt worden war. Seine Aussagen, die „Urgicht", konnten nur verwendet werden, wenn sie der Gefolterte in schmerzfreiem Zustand bestätigt hatte.

Außerdem hatte der Richter durch Erfragung der „warzeychen vnd vmbstende von dem jhenen der seyn missethat bekennt hat" die Aussage auf ihre Glaubwürdigkeit zu prüfen, die insbesondere anzunehmen war, wenn über Dinge ausgesagt wurde, die „keyn unschuldiger wissen oder sagen kann"[3]).

Wenn sich herausstellte, daß das „bekenntnuss aus irrsal gethan", hatte der Richter dem Angeschuldigten bei der Führung seines Entlastungsbeweises behilflich zu sein[4]), da „mancher auss eynfalt oder

---

[1]) Die Quellen der Bambergensis, S. 214.
[2]) Die Lehre vom Corpus Delicti.
[3]) Art. 53 (Zoepfl „Die Peinliche Gerichtsordnung Kaiser Karls V.").
[4]) Hier noch die aus dem Akkusationsprozeß überkommene Vorstellung der Beweislast!

schrecken nit fürzuschlagen weist, ob er gleich vnschuldig ist, wie er sich des entschuldigen vnd aussfüren soll." Der Wert des außergerichtlichen Geständnisses war gering und wurde nur dann als taugliches Indiz zur Verhängung der peinlichen Frage erachtet, wenn der Verdächtigte „eyn solch person (ist), daß man sich der selben thatt zu jr versehen mag"[1]). Als Urteilsgrundlage ist außer dem „bekenntnuss" in Art. 22 die „beweisung" genannt, die nur durch genugsame Zeugen geführt werden kann. Genugsame Zeugen „seindt die, die vnverleumbdt vnd sunst mit keyner rechtmessigen vrsach zuuerwerffen sein."

„Genugsames Gezeugknuss" nun wurde nur dann angenommen, wenn gem. Art. 67 „Item so eyn missethat zum wenigsten mit zweyen oder dreien glaubhafftigen guten Zeugen, die von eynem waren wissen sagen, bewiesen wirdt, darauff soll, nach gestalt der Verhandlung mit peinlichen rechten volnfarn und geurtheylt werden."

Die Aussage eines genugsamen Zeugen wurde als halber Beweis, wie eine genugsame Anzeigung gewertet, die zur peinlichen Frage des Beschuldigten führte[2]).

Die Bestimmungen über den Zeugenbeweis und der Ausschluß des Indizienbeweises waren der Anlaß, daß die Beweislehre Schwarzenbergs allgemein zu den gesetzlichen Beweistheorien gerechnet wurde, da die Beweiskraft dieser Beweismittel im voraus gesetzlich festgelegt sei. Jedoch war trotz dieser Vorschriften der freien Würdigung des Richters insoweit Spielraum gegeben, als er auch die Zeugenaussage auf ihre Glaubwürdigkeit hin zu untersuchen hatte, selbst wenn sie von einem genugsamen Zeugen gemacht wurde. Art. 71 lautet: „so soll der richter ... mit fleiss verhören, vnd sunderlich eygentlich aufmercken, ob der zeug inn seiner sage wird wanckelmütig vnd vnbestendig erfunden, solche vmbestende, vnd wie er den zeugen inn eusserlichen geberde vermerckt zu dem handel aufschreiben."

Die in Art. 23 erwähnte „genugsame beweysung" bedeutete also nicht nur, daß sie von einem genugsamen Zeugen abgegeben sein mußte, sondern bezog sich auf eine auch materiell auf ihre Glaubwürdigkeit geprüfte Aussage.

Schoetensack[3]) bringt dagegen die herrschende Meinung zum Ausdruck, die sich besonders auf die Regelung des Zeugenbeweises stützt, wenn er sagt, daß „die Beweisung dem Gericht die Wahrheit schon fertig entgegenbringt."

Art. 71 sowie Art. 68[4]) beweisen aber, daß die Regelung des Zeugen-

---

[1]) Schoetensack, a. a. O., S. 56.

[2]) Im kanonisch-italienischen Recht führte dagegen die Addierung der Bruchteile zu vollem Beweise. Das gemeine Recht folgte dem italienischen Vorbild in fortschreitendem Maße und kam so, in Widerspruch zu der Regelung Schwarzenbergs, zu einer mathematischen Auffassung des Beweises.

[3]) Schoetensack, a. a. O., S. 71.

[4]) „Item wo zeugen erfunden vnnd überwunden werden, die durch falsch bosshafftig zeugkschaft jemandt zu peinlicher straff vnschuldiglichen bringen oder zubringen vnderstünden, die haben die straff verwürckt, inn welche sie den vnschuldigen, als obsteht, haben bezeugen völlen".

beweises nicht völlig der richterlichen Beweiswürdigung entzogen war, sondern nur eine Bindung negativer Art hervorrief. War der Richter nicht von der Glaubhaftigkeit der Zeugenaussage überzeugt, so war er nicht zur Verurteilung gezwungen, sondern konnte dem Beschuldigten beim Entlastungsbeweis behilflich sein[1]). Beim Vorliegen einer formellen Beweiskraft hätte er dagegen auch bei gegenteiliger Überzeugung zur Verurteilung schreiten müssen.

Eine andere Frage ist, ob die Praxis die in der Carolina angelegten Möglichkeiten wahrgenommen hat. Bei einer theoretischen Interpretation kann sie nicht zum Gegenbeweis herangezogen werden.

Die näheren Bestimmungen über die Erfordernisse, die einen genugsamen Zeugen ausmachen, richten sich im wesentlichen nach römisch-italienischem Vorbild. Im Gegensatz zum römischen Beweisrecht war der Indizienbeweis nicht als Urteilsgrundlage verwendbar, sondern gab nur Anlaß zur peinlichen Frage.

In aller Breite hat Schwarzenberg die Indizienlehre ausgearbeitet, in dem Bemühen, den ungelehrten Richtern und Schöffen brauchbare Anhaltspunkte zur Anwendung des neuen Beweisrechts, insbesondere der Folter, an Hand zu geben.

Unter die Indizien fallen auch die nach dem kanonisch-italienischen Beweisrecht selbständigen Beweismittel, die dort als Urteilsgrundlage dienen können, wenn auch nur als Summierung von nach Bruchteilen gestaffelter Beweiskraft zu einem „vollen Beweis". Die italienische Lehre hat ein weitaus formelleres Beweisrecht als Schwarzenberg ausgebildet; wurde doch auch der Parteieid trotz seiner formalen Natur als Beweismittel verwandt.

Gerichtlicher Augenschein, Urkunden und Präsumtionen konnten nur als Indizien bedeutend werden[2]).

Obwohl die Beweiskraft der Indizien in gewisser Weise gesetzlich vorbestimmt war, ergaben sie wiederum nur eine negative Bindung des Richters. Sie zerfallen in solche „Anzeigungen", die für sich allein oder deren mehrere zusammen zur Anwendung der Folter führen konnten; sowie in allgemeine Anzeigungen, die bei allen Verbrechensarten vorkommen konnten (Art. 25, 26), und besondere (Art. 29ff.), die nur bestimmten Verbrechen eigentümlich waren und des öfteren Verbrechenstatbeständen entwickelterer materieller Strafrechte entsprechen.

Die Anzeigung, die durch die Aussage einer Person erfolgte, wurde derselben Prüfung wie eine Zeugenaussage unterworfen (vgl. Art. 23, 30).

---

[1]) Art 69 zeigt, daß Schwarzenberg selbst, trotz der Erfüllung aller Anforderungen an den Zeugen und seine Aussage, der Beweiskraft des Zeugnisses nicht ohne weiteres traute.

[2]) Art 19 „Item wo wir nachmals redlich anzeygen melden, da wöllen wir alwegen, redlich warzeychen, arkwon, verdacht vnd vermutung auch gemeynt haben, vnd damit die übrigen wörter abschneiden".

Nur der Indizienbeweis, der allen gesetzlichen Anforderungen entsprach, konnte zur peinlichen Frage führen. Nur bei Notorietät oder handhafter Tat wurde eine Ausnahme von den strengen Voraussetzungen gemacht[1]).

Der vom Richter frei gewürdigte Indizienbeweis führte zu der peinlichen Frage, nachdem der Beschuldigte vorher zur ,,Ausführung der unschuldt" angehalten worden war und bei der Würdigung und Abwägung der be- und entlastenden Momente die belastenden das Übergewicht gewonnen hatten[2]). Gestand der Beschuldigte nicht, so konnte nicht verurteilt werden.

Leugnete er das erfolterte Geständnis, so konnte die Tortur wiederholt werden, aber auch nicht unbeschränkt; trotz nicht ausdrücklicher Regelung der Carolina ging der Gerichtsgebrauch dahin, daß nicht mehr als drei- oder viermalige Wiederholung stattfinden durfte.

Die Carolina, die zur Zeit Schwarzenbergs einen gewaltigen Fortschritt bedeutete, ist von der Dogmatik und Praxis der folgenden drei Jahrhunderte eher in ihren Grundzügen mißverstanden, als in ihren Entwicklungsmöglichkeiten den Erfordernissen der Zeit angepaßt und weiterentwickelt worden. Das weise Bezugnehmen Schwarzenbergs auf die erreichte geistige Entwicklungsstufe derer, die die Gesetze anzuwenden hatten, zeigte sich in den Anordnungen, die insbesondere einer freieren Beweiswürdigung abträglich waren. Die vielfach aus diesen Rücksichtnahmen zu verstehenden Vorschriften hätten der wachsenden geistigen Verselbständigung der Menschen entsprechend weiter entwickelt werden müssen. In Wirklichkeit fand jedoch eine Rückentwicklung statt. Die Juristen verloren in steigendem Maße den Anschluß an das fortschreitende Leben und die geistige Entwicklung des Volkes und trugen so zu der Rechtsfremdheit desselben und den aus der praktischen Rechtsanwendung entstandenen Mißständen auf dem Gebiet des Rechtslebens bei.

§ 2. Gemeines Recht

Mit der Carolina war die Rezeption des fremden Rechts nicht abgeschlossen, obwohl sie als Vorbild der partikularrechtlichen Gesetzgebung allgemein Anerkennung fand. Denn die Doktrin richtete sich bei der näheren Ausgestaltung des von der Carolina nur wenig geregelten Verfahrens von Amts wegen mehr nach dem italienischen Vorbild als nach der Carolina. Zudem machte die Praxis von den ihr von Schwarzenberg zugestandenen Befugnissen sehr unterschiedlichen Gebrauch. So zeigte sich denn schon in Benedikt Carpsovs ,,practica nova imperialis Saxonica rerum criminalium" (1635) die Entfernung von den in der Carolina aufgestellten Grundsätzen, besonders derjenigen, die der italienischen Lehre nicht entsprachen.

---

[1]) Schoetensack, a. a. O., S. 63.
[2]) Schoetensack, a. a. O., S. 66.

Carpsov, der mit seiner Darstellung des an dem Schöppenstuhl zu Leipzig, dem berühmtesten Oberhof Deutschlands, geübten sächsischen Rechts auch den allgemeinen Stand des gemeinen Rechts seiner Zeit angab, schuf damit eine Richtschnur für die Praxis, der ein Jahrhundert lang fast gesetzesgleiche Geltung zugemessen wurde.

Als Abweichungen von der Carolina ergeben sich im besonderen folgende Punkte:

Man schied jetzt wie die italienische Lehre das Verfahren in General- und Spezialinquisition. Erstere bezweckte die Ermittlung verübter Verbrechen, stellte also das corpus delicti fest; zugleich ergab sie aber auch den Verdacht der Täterschaft. Die inquisitio specialis richtete sich gegen den der Tat Verdächtigen. Er wurde an Hand der Inquisitionsartikel verhört, die auf Grund der in der Generalinquisition formlos ermittelten Ergebnisse aufgestellt worden waren. Bei leichten Vergehen war die Anwendung der Folter verboten, da die Verurteilung auf Grund von Indizienbeweisen zu außerordentlicher Strafe vorgenommen werden konnte.

Der Beschuldigte wurde zur Ableistung des Reinigungseides zugelassen, wenn Indizien von nur geringer gesetzlicher Beweiskraft vorlagen. Bei den schweren Verbrechen, die nach der damaligen Verbrechensauffassung und -einteilung also die weitaus größte Zahl der Delikte ausmachte, war die Folter weiterhin in Gebrauch, falls die Indizien dazu nach Maßgabe der Carolina ausreichend waren. Genügten die Indizien zur Anwendung der Folter nicht, so wurde nach der Ableistung des Reinigungseides auf absolutio ab instantia erkannt. Außer der erfreulichen Beschränkung der Folter und der Trennung von General- und Spezialinquisition waren also die Neuerungen recht zweifelhaften Wertes. Auch wurde das Geständnis, das von Schwarzenberg in Erkenntnis der mit der Anwendung der Folter verbundenen Gefahren für die Wahrhaftigkeit einer Aussage mit den gewissenhaftesten Kautelen umgeben worden war, von den strengen Anforderungen der Prüfung seiner Glaubwürdigkeit weitgehend befreit. Die Bestätigung des Geständnisses durch den Gefolterten sank in ihrer Bedeutung immer mehr zu einer bloß formellen Angelegenheit herab.

Waren genügend Indizien vorhanden, konnte aber trotz dreimaliger Folterung kein Geständnis erzielt werden, fand Verurteilung zu außerordentlicher Strafe statt.

Die Summe der Abweichungen des ordentlichen Prozeßrechts der Carpsovschen Periode wies eine bedenkliche Tendenz auf. Insbesondere wurde das Geständnis nicht nur wie bei Schwarzenberg als „regina probationum" betrachtet, sondern erhielt praktisch absolute Beweiskraft: „confessus pro judicato habeto"[1]).

Das Beweisrecht der Carpsovschen Periode steht also der formellen gesetzlichen Beweistheorie näher als die Carolina.

---

[1]) zit. bei Henkel „Das deutsche Strafverfahren", S. 65.

Carpsovs Verdienst besteht darin, daß er als erster den Rechtsstoff systematisch behandelt hat. Die Angriffe, denen er durch die Jahrhunderte hindurch ausgesetzt war, mögen in manchem unberechtigt gewesen sein, gerechtfertigt waren sie jedoch im Hinblick auf die Rolle, die er als Rechtsautorität bei den Hexenprozessen gespielt hat. Bestimmte er doch, daß bei den „delicta exepta" die Vorschriften über die Voraussetzung der Anwendung auf Wiederaufnahme der Folter nicht genau zu nehmen seien. Bei der Prüfung des Geständnisses könne die Vermutung an Stelle der gesetzlichen Erfordernisse treten, denn: „in delictis atrocissimis propter criminis enormitatem jura transgredi licet"[1]).

Mit diesen Bestimmungen sanktionierte er die bis dahin schon erfolgten, ungeheuerlichen Gesetzesverletzungen und gab der Fortsetzung des wütenden Verfolgungswahns die rechtliche Stütze[2]). Der geringste Verdacht genügte zur Folter, die bis zur Erpressung des Geständnisses oder dem Tod des Opfers fortgesetzt wurde.

Die altdeutschen Schöffen wurden zugunsten der Rechtsgelehrten immer mehr in den Hintergrund gedrängt. Nachdem sie nicht mehr zur Urteilsfindung herangezogen worden waren, konnten sie auch ihre Stellung als Beisitzer und Solemnitätszeugen nicht mehr halten und verschwanden schließlich ganz.

Die Unterscheidung des Verfahrens in General- und Spezialinquisition ging mit der Zeit in ihrer Bedeutung zurück. Man pflegte jetzt die Zeugen sogleich eidlich zu vernehmen, schließlich die gesamte Untersuchungstätigkeit in einem formlosen Verfahren, das man summarisches Verhör nannte, zu erledigen und ohne Eröffnung der Spezialinquisition, die noch an gewisse Formerfordernisse gebunden war, zur Urteilsfällung überzugehen. Nur in schweren Fällen fand noch die Spezialinquisition statt.

Die Prozeßordnungen von Preußen und Österreich von 1805 und 1803 kannten schließlich die Scheidung des Verfahrens in General- und Spezialinquisition nicht mehr.

Mit dem Abklingen des Hexenwahns und der fortschreitenden Aufklärung war auch die Folter unhaltbar geworden. Friedrich der Große verfügte ihre Aufhebung wenige Tage nach seinem Regierungsantritt 1740, nur bei wenigen Verbrechen konnte sie noch Anwendung finden[3]).

Als tragende Stütze des gemeinrechtlichen Beweissystems mußte der Wegfall der Folter notwendigerweise zu einschneidenden Änderungen führen. Diese bewirkten jedoch statt einer Besserung die weitere Ent-

---

[1]) Vgl. aber auch Bodin „Démonomanie" 1598, 4. Buch Kap. 4 (zit. bei Kenny „Outlines of Criminal Law", S. 382). „Personen, die der Hexerei angeklagt sind, sollen ohne weiteren Beweis verurteilt werden, wenn sie nicht ihre Unschuld bewiesen hätten, denn die menschlichen und göttlichen Gesetze würden verletzt, wenn in einem solchen Prozeß ordentliche Prozeßregeln angewendet würden".

[2]) Neben dem schon 1489 erschienenen Hexenhammer.

[3]) Erst 1828 hat Gotha als letztes der seltsamerweise nur zögernd Friedrichs Beispiel folgenden Länder die Folter aufgehoben.

artung und Verfälschung der immer noch geltenden reichsrechtlichen Regelung.

Nachdem der physische Zwang zur Geständniserlangung nur noch in Form von Prügelstrafen und hartem Arrest angewendet werden konnte, bildete sich ein System des psychischen Zwanges aus, das sich zu einer wahren Kunst der Überführung steigerte. Die Stellung des Beschuldigten gestaltete sich immer schutzloser, da der geistige Kampf zwischen Inquirenten und Inquisiten zu endlosen Verhören hinter verschlossenen Türen führen konnte. Die Erlangung des Geständnisses war nach wie vor der Hauptzweck des Verfahrens. Der Inquirent war bei seiner Tätigkeit nicht auf die Punkte beschränkt, die die speziell zu erforschende Tat belangten.

Nach Abschluß der Sammlung des belastenden Materials durch den Inquirenten wurde dem Inquisiten ein Verteidiger bestellt, dessen Tätigkeit in diesem Zeitpunkt nur noch von fraglichem Wert sein konnte.

Nach abgeschlossener „Defension" wurden die Akten dem Urteilskollegium übersandt, das nach Lage der Akten entschied bzw. weitere Beweiserhebung verfügte.

Das Urteil konnte lauten auf:

Ordentliche Strafe,
Außerodentliche Strafe,
Absolutio ab instantia,
Freispruch.

Der Freispruch konnte nur gefällt werden, wenn der Unschuldsbeweis erbracht war.

Die Folgen der absolutio ab instantia wurden verschärft; sie führte zu ständiger Polizeiaufsicht, in Bayern sogar zur Stellung einer Sicherheitsleistung. Wurde diese nicht erbracht, konnte bis zu 5 Jahren Arbeitshaus verhängt werden.

In Preußen wurde bei Indizienbeweis nur auf außerordentliche Strafe erkannt, in Bayern und Österreich wurde bereits die ordentliche verhängt.

Die Klagen über dieses Zerrbild einer Prozeßordnung wurden immer allgemeiner. Das Verfahren war wenig geeignet, den geriebenen Verbrecher zu überführen, jedoch konnte es zu einer unerträglichen Belastung für den unschuldig Verdächtigten werden.

Betrachten wir die Kritik des gemeinrechtlichen Verfahrens in der Literatur, so werden wir häufig als Ursache seiner Mißstände die Behauptung vertreten finden, das gemeinrechtliche Verfahren sei ein Beispiel für die Ausbildung des inquisitorischen Gedankens[1]) bis zur letzten Folgerichtigkeit, oder, wie sich Glaser[2]) ausdrückt, der gemeinrechtliche Inquisitionsprozeß stelle die logische Entwicklung aus dem Prozeß der Carolina dar.

---

[1]) Henkel „Das deutsche Strafverfahren", S. 57.

[2]) Handbuch des Strafprozesses, S. 94.

Auch wenn man dem „Inquisitionsprozeß" die von den jeweiligen Schriftstellern verstandenen Vorstellungen zugrunde legt, gehen derartige Folgerungen fehl, da sie nur ein Teilgebiet des Prozesses betreffen.

Allgemein wird mit dem Begriff „Inquisitionsprozeß" der Gedanke der Formlosigkeit verbunden. Für den gemeinrechtlichen Prozeß ist diese Assoziation insoweit berechtigt, als die allgemeinen Prozeßformen fast völlig von staatsabsolutistischem und polizeirechtlichem Denken aufgesogen waren und mehr von einem Verwaltungsgang als von einem Prozeß in rechtsstaatlichem Sinn die Rede sein konnte. Jedoch hatte sich die Form nicht ganz aus diesem Verfahren zurückgezogen. Sie versteifte sich vielmehr auf einem Gebiet, dem Beweisrecht. Je formloser sich das übrige Verfahren gestaltete, desto zahlreicher wurden die Beweisregeln.

Das gemeine Beweisrecht in seiner Formenstarrheit wird also keineswegs von der Formlosigkeit beherrscht, die den Charakter des übrigen Verfahrens kennzeichnet. Bei der Bestimmung des herrschenden Materialprinzips sehen wir uns also einem weitgehend ermessensfreien Verfahren und einem formgebundenen Beweisrecht gegenüber.

Der Umstand, daß nun allgemein die Offizialmaxime als das maßgebende Prinzip bestimmt wird und doch offensichtlich auf dem Gebiet des Beweisrechts nicht durchgreift, ist nun nicht als Beweis für Bindings[1]) Ansicht anzusehen, das das Beweisrecht dem Einfluß der Materialprinzipien überhaupt entzogen sei und nur seinen eigenen Gesetzen folge. Er beweist lediglich, daß es verschiedene Materialprinzipien sein können, die die einzelnen Sphären des Prozesses beherrschen. So behaupten wir, daß die Dispositionsmaxime in dem Beweisrecht in Erscheinung getreten ist. Der Umstand, daß das gemeinrechtliche Verfahren keine Parteien kannte und somit der Voraussetzung ermangelte, durch die Parteien die Möglichkeit der Beeinflussung des Streitstoffes auf Grund der formellen Beweisregeln wahrzunehmen, spricht nicht gegen unsere Behauptung.

Glasers Worte[2]) bezüglich des Zusammenhangs zwischen Form und Dispositionsmaxime scheinen zwar sinngemäß einen Parteiprozeß vorauszusetzen: „denn die Form herrscht nur, hat überhaupt nur Bedeutung, wenn an ihre Nichtbeachtung prozessualische Nachteile geknüpft sind, — wo es einem Verzicht gleichkommt, sie außer Acht zu lassen". Es erhebt sich jedoch die Frage, ob unter Dispositionsmaxime nur die Parteidisposition bzw. die durch das Verhalten der Parteien veranlaßte Disposition des Richters verstanden werden darf. Eine solche Begriffsbestimmung schlösse ein Erscheinen der Dispositionsmaxime in einem parteilosen Verfahren eo ipso aus[3].) Da die Dispositionsmaxime aber jede Verfügung über den Streitstoff betrifft, so wird man auch in einem richterlichen Verhalten auf Grund eines bindenden Formerfordernisses eine Disposition über den Streitstoff zu erblicken haben.

---

[1]) Vgl. oben S. 37ff.

[2]) Handbuch des Strafprozesses I, S. 110.

[3]) Vgl. oben S. 22ff.

Ist z. B. der Inquirent auf Grund der anzuwendenden Beweisvorschrift entgegen seiner Überzeugung zu einer Annahme gezwungen, so nimmt er eine Verfügung über den Streitstoff vor, indem er eine seiner Überzeugung von der Wahrheit widersprechende Entscheidung trifft. Diese würde damit innerhalb des Bereiches der formellen Wahrheit liegen, der sich von der materiellen Wahrheit bis zur Unwahrheit erstreckt.

Ein Urteil von formeller Wahrheit, das nicht von der Überzeugung des Richters getragen wird, setzt also meist eine richterliche Verfügung über den Streitstoff voraus, der nach seinem obersten Grundsatz nur nach der materiellen Wahrheitsforschung ausgerichtet sein darf.

Jede bewußte — wenn auch gesetzlich sanktionierte, sogar gebotene — Abweichung von der materiellen Wahrheit muß als eine Verfügung über den Streitstoff angesehen werden. Wir werden also nicht fehl gehen, auf Grund der gesetzlichen Beweistheorie und der ihr innewohnenden Verknüpfung mit der formellen Wahrheit für den gemeinen Prozeß nicht nur das Auftreten der Offizialmaxime, sondern auch der Dispositionsmaxime anzunehmen.

Eine Ursache für die zunehmende Entartung des gemeinen Inquisitionsprozesses ist in dem Mißverhältnis zu sehen, in dem das Beweisrecht zu dem übrigen Verfahren stand. Es vergrößerte sich fortlaufend, insbesondere nach der Aufhebung der Folter, mit deren Hilfe man trotz der gesetzlichen Beweisregeln eine materielle Wahrheitsforschung erstrebt hatte.[1]) In völliger Mißachtung der in der Carolina angelegten Tendenzen wurde das Ermessen des Richters erweitert oder beschränkt, wo es sich nur zu ungunsten der Rechtspflege auswirken konnte. Die Verfahrensformen, insbesondere die Rechtsschranken zum Schutze der Individualsphäre, wurden zugunsten des freien richterlichen Ermessens abgebaut; im Beweisrecht hingegen wurde das Ermessen des Richters immer weitgehender durch Beweisregeln eingeschränkt. Mißstände eines auf dieser Basis beruhenden Verfahrens sind eine zwangsläufige Folge.

Eine Rechtfertigung der absolutio ab instantia kann in dem Umstand gesehen werden, daß der Richter oft deshalb nicht zur Verurteilung schreiten konnte, weil die formellen Voraussetzungen fehlten, obwohl er von der Schuld überzeugt war. Die absolutio ab instantia und die Verdachtstrafen stellen den schlecht gelungenen Kompromiß zwischen dem Grundsatz der materiellen Wahrheitsforschung und der gesetzlichen Beweistheorie dar. Die dadurch bewirkten Verletzungen des geltenden Rechtes konnten auch nicht durch die scharfsinnig ausgeklügelten Interpretationen der Gesetze verdeckt werden. Das Mißtrauen, das man der Rechtspflege entgegenbrachte, wurde vertieft und wirkte sich in der Forderung aus, das Ermessen des Richters weitgehend zu binden. Man

---

[1]) „Überdies hatte doch auch, das sollte man nicht übersehen, wenn man die Tortur historisch würdigt, letztere der subjektiven Auffassung des Strafrechts, der überwiegenden Berücksichtigung des Willensmomentes, unverkennbar Bahn gebrochen". (Glaser „Handbuch des Strafprozesses I", S. 103).

glaubte, die Mißstände nur dem zu großen Spielraum des richterlichen Ermessens zuschreiben zu müssen. In der Aufklärung meinte man daher, dem Übelstand durch die Anwendung der naturwissenschaftlichen Methode auf die Aufgabe des Inquirenten abhelfen zu können. Für die Notwendigkeit, das richterliche Ermessen auf dem Gebiet des Beweisrechts zu erweitern, trat nur Voltaire[1]) ein, indem er sich für die Einführung einer freien Beweiswürdigung einsetzte.

Bevor sich diese Forderung in die Wirklichkeit umsetzte, bedurfte es noch einiger Voraussetzungen, die als solche ein Gegengewicht zu der freien richterlichen Beweiswürdigung und eine Begrenzung des richterlichen Ermessens darstellen. Als erstes ist hier die staatsrechtliche Umwandlung in Betracht zu ziehen; die rechtsstaatlichen Garantien bedeuteten Schutz vor richterlicher Willkür. Auch die Entwicklung der exakten, systematischen, im eigentlichen Sinne erst wissenschaftlichen Rechtslehre seit Feuerbach ermöglichte es, das formenstrenge Beweisrecht zugunsten des biegsamen neuen Beweisrechts aufzugeben und der richterlichen Überzeugungsfindung nur die unumgänglichsten Einschränkungen aufzuerlegen. Bedeutet doch die Subsumierung des zu beurteilenden Geschehens unter die Erfordernisse eines exakten gesetzlichen Tatbestandes eine Einengung des richterlichen Ermessens, so daß dem Richter bei der Würdigung der Beweise für die gesetzlich erforderlichen Deliktsmerkmale ein größeres Maß an Freiheit zugestanden werden konnte. Die Gefahr, die in dem ungebundenen richterlichen Ermessen liegt, wenn es sich auf die Auslegung eines nur verschwommen definierten deliktischen Tatbestandes und die Würdigung des diesbezüglichen Beweismaterials bezieht, war damit gebannt.

Ohne das Vorbild des Auslandes jedoch hätte sich die freie Beweiswürdigung kaum zu dem erfolgten Zeitpunkt in Deutschland durchgesetzt.

Obwohl das französische Beispiel, chronologisch gesehen, früheren Einfluß auf die Gestaltung des deutschen Rechtslebens nahm als das englische Recht, soll der geschichtliche Überblick über letzteres vorangestellt werden. Glaubte doch die französische Rechtslehre ihrerseits, in Nachahmung des englischen Vorbildes verfahren zu sein.

Kapitel IV

Das englische Recht

§ 1. Die Entwicklung der Jury

Aus der Fülle der englischen Rechtsformen ist es vor allem die Jury, die die Entwicklung des gesamten abendländischen Strafprozeßrechts beeinflußt hat; ihr Vorbild setzte den Durchbruch zu einer natürlichen Beweiswürdigung in Gang.

---

[1]) Zit. bei v. Hippel „Strafrecht I", S. 265.

Der Ursprung der Jury hat die verschiedensten Deutungen erfahren. Jede geschichtliche Möglichkeit hat ihren Verfechter gefunden. So wurden Institutionen des fränkischen, normannischen, römischen oder kanonischen Rechts als jeweils ausschlaggebender Faktor erklärt. Die Engländer huldigen im allgemeinen dem Mythos des angelsächsischen Ursprungs der Jury[1]), doch die Mehrzahl der Erklärungsversuche stimmt darin überein, daß es sich nicht um eine ursprünglich angelsächsische Institution handele, sondern um eine fremde, die sich aber erst auf englischem Boden zu der einmaligen Form der Jury entwickelt habe.

Biener[2]), der auf Reeves fußt, hatte mit seinen Ausführungen dem Meinungsstreit ein vorläufiges Ende gesetzt. Jedoch erst mit Brunners[3]) Werk wurden die Anfänge und die Entwicklung der Jury erhellt. Seine von breitester Basis geschichtlicher Gegebenheiten ausgehende analytische Methode bietet die Gewähr dafür, daß der historischen Wirklichkeit nicht zugunsten einer aufgestellten These Gewalt angetan wird. Dem Gang seiner Untersuchungen soll hier im wesentlichen gefolgt werden.

Danach ist der Keim der Jury im fränkischen Recht zu suchen, von den Normannen und Anglonormannen weiterentwickelt, aber erst von den Engländern zu der Institution ausgebildet worden, die wir unter „Jury" verstehen.

Anstoß zu der Entwicklung dieser einmaligen Rechtsform gab die normannische Eroberung Englands. Zu den „hundreda" und den „shiren", die zweimal im Jahr abgehalten wurden, und in denen, ähnlich wie im fränkischen Rügeverfahren, der sheriff und der Bischof ihre rechtlichen Angelegenheiten regelten, trat nun das Königsgericht. Wenn auch allmählich die Ausübung der Rechtspflege in letzterem weitgehend konzentriert wurde, bestand doch die alte Gerichtsbarkeit daneben weiter. Die Einrichtung der „justitiarii itinerantes", die die curia regis ins Land trugen, setzte aber die Bedeutung der Volksgerichte weiter herab.

Die grundlegenden Beweisregeln der Königs- sowie Volksgerichtsbarkeit waren anfänglich die bei allen germanischen Völkern üblichen. Der Kläger brauchte sein Vorbringen in der Regel nicht zu beweisen; der Beklagte konnte sich durch den Eid reinigen. Diese einfache Grundform wurde allmählich dahingehend differenziert, daß der Kläger seine Behauptungen mit Eideshelfern bekräftigen konnte. In der normannischen Zeit war er sogar dazu verpflichtet. Es stand ihm auch frei, mit dem Zweikampf Beweis für sein Vorbringen anzutreten. Bei Unfähigkeit zum Zweikampf war mit dem Gottesurteil zu beweisen. Das Bestreben, den unbeliebten Zweikampf zu umgehen, der erst durch die Normannen

---

1) Jedoch Pollock und Maitland (zitiert bei Kenny a. a. O., S. 455): Die Grand jury sei erst 1166 von den fränkischen inqueste abgeleitet, in der Form, wie die Normannen sie übernommen hätten!

2) Beiträge zur Geschichte des Inquisitionsprozesses und der Geschworenengerichte.

3) Die Entstehung der Schwurgerichte.

eingeführt worden war, beschleunigte die Einführung und Weiterbildung der normannischen Beweisjury, auf deren Zeugnis man sich statt des Zweikampfes als Beweis berufen konnte. Diese normannische Jury fußt nun ihrerseits auf dem fränkischen Frageverfahren in Zivilsachen. Den Beweis für diese Annahme sieht Brunner[1]) in Spuren eines der normannischen enquête analogen Verfahrens in französischen Landesrechten, die ebenfalls auf die fränkische inquisitio zurückgehen müssen, da bei ihnen nordischer Einfluß völlig unwahrscheinlich ist. Diese Ausprägungen der fränkischen inquisitio konnten sich in den französischen Gebieten gegenüber dem neuen kanonisch-römischen Beweisrecht nicht behaupten, während sie sich in England eigenständig fortentwickelten, ohne dem Inquisitionsprozeß zum Opfer zu fallen.

Die beiden Erscheinungsformen der Jury des heutigen englischen Rechts gehen auf getrennte Wurzeln zurück, die aber im fränkischen Recht ihren Ursprung haben, und zwar die Anklage- oder große Jury auf das fränkische Rügeverfahren, die Urteils- oder kleine Jury auf den fränkischen Inquisitionsbeweis in Zivilsachen. Die inquisitio trat also im fränkischen Strafverfahren nur als Rügeverfahren auf, dem sich ein Beweisverfahren nach germanischen Beweisregeln anschloß, während der fränkische Inquisitionsbeweis des Zivilverfahrens an Stelle der formalen Beweismittel trat. Im Gegensatz dazu kannten jedoch das altfranzösische, normannische und anglonormannische Recht die freiwillige Unterwerfung unter die enquête auch in Kriminalsachen. Damit fand die Beweisjury, die sich im Zivilrecht aus dem fränkischen Inquisitionsbeweis gebildet hatte, Eingang in das Strafverfahren, um dort allmählich die alten Beweismittel zu verdrängen und sich schließlich in England zur Urteilsjury zu entwickeln.

Im folgenden soll als erstes ein kurzer Überblick über die Entstehung der Urteilsjury, sodann der Anklagejury gegeben werden.

Der fränkische Inquisitionsbeweis fand im Rahmen eines außerordentlichen Verfahrens statt, das die Königsgerichtsbarkeit im Gegensatz zu dem formalistischen volksrechtlichen Verfahren ausgebildet hatte. Der mit dem Inquisitionsrecht versehene Richter wählte eine Anzahl glaubwürdiger, angesehener Gemeindegenossen aus, bei denen die Kenntnis der fraglichen Umstände zu vermuten war. Nach der Vereidigung wurden die Geschworenen gefragt, was sie von einer bestimmten Angelegenheit wüßten. Der Wahrspruch konnte zu gesamtem Munde oder einzeln erfolgen. In Gegenden, in denen römisches Recht neben germanischem galt, scheint die einzelne Befragung üblicher gewesen zu sein und sich dem Zeugenverhör des römischen Beweisrechts angepaßt zu haben. Das fränkische Frageverfahren nahm damit mitunter einen vom Geiste des germanischen Rechts sehr abweichenden inquisitorischen Charakter an[2]). Trotz der Verwandtschaft zwischen beiden Beweis-

[1]) Brunner, a. a. O., S. 36, 223, 229, 244.
[2]) Brunner, a. a. O., S. 107.

mitteln bestehen jedoch grundlegende Unterschiede. So wurde bei dem fränkischen Inquisitionsbeweis nicht auf die Erfahrungsmomente zurückgegriffen, aus denen sich die Wahrheit der bezeugten Tatsachen erschließen soll. Es wurde also beim Wahrspruch nicht darauf eingegangen, ob das Zeugnis auf mittelbarer oder unmittelbarer Kenntnis beruhte. In den weitaus häufigsten Fällen wird es sich um mittelbare Kenntnis gehandelt haben. Jedoch muß dabei der Umstand Berücksichtigung finden, daß ein Wissen vom Hörensagen in einem engen Gemeinschaftsleben weitaus mehr Gewicht hat als in einer nur lose verbundenen Gesellschaftsstruktur. Aus der Unmöglichkeit, daß sich unmittelbare Zeugen bei jeder zur Verhandlung kommenden Sache unter den Geschworenen befinden konnten, folgt weiterhin, daß das Verdikt auch oft ein bloßes Urteil über die Persönlichkeit des Beklagten gewesen sein konnte. Die Parallele zu allgemein-germanischen Rechtsinstituten, die sich auf die Bewertung der Persönlichkeit und den Leumund beziehen, ist in diesem Stadium der Entwicklung der Jury unverkennbar, sowie die Spuren des volksrechtlichen formalen Zeugenbeweises nicht zu übersehen sind. Aber auch hier sind die Abweichungen erheblicher als das Übereinstimmende. So wurde der Zeugenbeweis des fränkischen Frageverfahrens nicht mehr dem Gegner erbracht, nachdem der Zeuge von den Parteien ausgewählt worden war, sondern der vom Richter geladene Zeuge hatte den Beweis dem Gericht zu erbringen. Der Eid hatte keine direkte Beziehung zum Beweisthema mehr, er war ein zweiseitiges Beweismittel geworden. Auch die Beweisverteilung wurde durch den fränkischen Inquisitionsbeweis aufgehoben.

Im allgemeinen richtete sich das fränkische Frageverfahren auf Grund mangelnder eigener fester Regeln gewohnheitsrechtlich an den Formen des germanischen Gemeindezeugnisses aus. Obwohl aber zweifellos ein gemeinschaftliches Prinzip zugrunde liegt, ist das Gemeindezeugnis als solches nicht die Grundlage der Jury. Denn der Gerügte verteidigte sich beim Gemeindezeugnis durch formale Beweismittel; das Gemeindezeugnis bedeutete also nur die Einleitung des Beweisverfahrens. Der Inquisitionsbeweis des fränkischen Frageverfahrens ist jedoch ein wahres Beweismittel, auf welches die Streitsache durch Urteil erledigt wurde. Im Laufe der Rezeption des fränkischen Rechts durch die Normannen[1]) wurde der fränkische Inquisitionsbeweis zu einer Beweisjury mit festen gesetzlichen Normen ausgebildet. Neben dieser Jury bestanden nur noch Reste des volksrechtlichen Zeugenbeweises. Das Gemeindezeugnis wurde ganz verdrängt. So unterscheiden normannische und altfranzösische Rechtsquellen des 13. Jahrhunderts bei dem Zustandekommen des Wahrspruchs zwischen „testes de scientia" und „testes de credentia".

Durch Breve der normannischen Könige wurde die normannische Beweisjury als ordentliches Beweismittel in England eingeführt und mit

Anm. 1: Brunner, a. a. O.. S. 128ff.

dem Namen „Assise“ belegt. Die sogenannten „jurata“ dagegen waren gewohnheitsrechtlich aus der normannischen Jury entstanden. In England wurde die inquisitio zur Geltendmachung königlicher Rechte, insbesondere in Fiskalsachen, häufiger und gründlicher als in der Normandie durchgeführt; auch die Kirche bediente sich ihrer als Beweisvorrecht in ihren Besitzangelegenheiten.

Zu bestimmten Zeiten fanden allgemeine Inquisitionen statt, die die justitiarii itinerantes vornahmen. In der Wahl einer größeren Anzahl angesehener Männer zu einem an der Rechtspflege beteiligten Gremium lag aber auch ein Gegengewicht zur königlichen Macht. Aus der anfänglich in England, wie bei allen anderen germanischen Stämmen, unbeliebten Institution entstand dann auch schon im 13. Jahrhundert ein wichtiges Bollwerk der Freiheit, sowie ein Machtmittel gegen die Ansprüche und Übergriffe der Krone.

Nach der Abschaffung der Gottesurteile im Jahre 1219 war die Jury das Mittel, um die dadurch hervorgerufene Lücke im Beweissystem zu schließen. Da die Jury in Strafsachen jedoch nur in Funktion treten konnte, nachdem sich der Beschuldigte ausdrücklich ihrem Spruch unterworfen hatte, ersann man Beugemittel, die „peines fortes et dures“, um mit ihnen die freiwillige Unterwerfung zu erzwingen. Die Torturen wurden gegebenenfalls bis zum Tode des sich Weigernden fortgesetzt (z. B. wurde der Widerspenstige auf die Erde gelegt und mit Steinen beschwert, bis er sich bereit erklärte oder starb, usw.).

Die Brücke des Übergangs von der Beweis- zur Urteilsjury sieht Brunner[1]) in dem Verfahren der Urkundenschelte. Nachdem sich bisher die Urkundszeugen mit den Geschworenen zusammen zurückgezogen hatten und gemeinsam ihr Verdikt abgaben, wurde nun das Zeugnis jener nicht mehr in den Wahrspruch der Geschworenen einbezogen, sondern vor ihnen abgelegt, wie Quellen seit der Mitte des 14. Jahrhunderts berichten. Allmählich wurden Zeugen jeder Art vor den Geschworenen gehört. Erst späterhin wurden auch andere Beweismittel vor der Jury dargebracht, so daß schließlich das gesamte Beweisverfahren sich vor dieser abspielte. Damit erst hatte sich die Jury zu dem spezifisch englischen Prozeßinstitut ausgebildet, das eine wesentliche richterliche Funktion innerhalb des englischen Verfahrens ausübt, indem ihm die Würdigung der vor ihr abgelegten Beweise obliegt. Beweisjury und Urteilsjury bestanden jedoch noch während dreier Jahrhunderte nebeneinander. Dasselbe Gremium entschied als Urteilsjury und konnte gegebenenfalls auch auf Grund eigener direkter oder indirekter Wissenschaft nach Art der Beweisjury entscheiden. Erst durch ein Statut von 1650 fand diese gemischte Jury ihr Ende.

Von dieser Zeit an ist das Verdikt nur noch Urteil und nicht mehr Zeugnis. Zeuge und Geschworener sind damit endgültig getrennt, persönliches Wissen darf nur noch als Zeugnis verwertet werden.

[1]) Brunner, a. a. O., S. 436.

Neben der Urteilsjury ist die Anklagejury ebenfalls aus dem fränkischen Recht hervorgegangen. Es bestanden zwar auch in der Volksgerichtsbarkeit Institutionen, denen dieselben Prinzipien zugrunde lagen, dabei handelte es sich aber in stärkerem Maße als bei der Entstehung der Urteilsjury um allgemein germanische Ansatzpunkte.

Sowohl in den hundreda wie in den shiren war die Rüge als Gemeindezeugnis bekannt. Auch mit der Gesamtbürgschaft ist die Rügejury verwandt. Die Gesamtbürgschaft legte der Gemeinde die Verpflichtung auf, bei begangenen Verbrechen den Täter zur Strafe zu stellen oder den Schaden zu ersetzen. Ihre größere Bedeutung im angelsächsischen gegenüber z. B. dem fränkischen Recht ergibt sich aus dem Umstand, daß die normannischen Eroberer sich dieser Gesamtbürgschaft zu ihrem Schutz bedienten. War nämlich ein Engländer getötet, so trat der Fall der gemeinsamen Haftung nicht ein.

So wurde auch die Rügejury von den Normannen häufiger als in anderen germanischen Stammesrechten gegen die feindlichen Angelsachsen eingesetzt. Die Rügegeschworenen gaben mit der Beantwortung der ihnen gestellten Fragen ihr Verdikt. Die durch das Verdikt Gerügten wurden daraufhin gerichtlich verfolgt. Das sich anschließende Verfahren lief in den alten Beweisformen ab, bis man sich späterhin der Beweisjury bediente. Bei der frühesten quellenmäßig überlieferten Erwähnung einer Jury in Kriminalsachen im Jahre 1164 handelt es sich um eine Rügejury. Die Rügejury des Comitats, die nur aus „knights" bestand und der „grand inquest" genannt wurde, entwickelte sich im Laufe der Zeit zu der einzigen Rügejury. Die Rügejury der hundreda fungierte nur noch als Urteilsjury. Damit war die große und die kleine Jury entstanden und auch äußerlich getrennt.

Die große Jury verlor alsbald den Charakter einer Rügejury, da sie nunmehr auf Grund schriftlich eingebrachter Klagen über deren Zulässigkeit entschied. Der Kläger war jetzt verpflichtet, seine Klage durch die große Jury gehen zu lassen. Nach der Prüfung durch diese wurde die Klage als „indictment" weitergeleitet oder abgewiesen. Die Anklagejury hatte damit die altgermanische Klagegrundlage verändert. Die Schwierigkeit, private Ankläger zu finden, der sich jedes Volk nach der Umwandlung seiner primitiven Gesellschaftsstruktur gegenüber sah, fand damit eine einmalige Lösung. Die Gefahr, die in der Rolle des Anklägers lag, dem der Beschuldigte mit der Aufforderung zum Zweikampf entgegentreten konnte, war ausgeräumt. Die große Jury wurde nunmehr nicht nur auf eigenes Wissen hin tätig, sondern auch auf Angaben von Klägern, Coroners und Friedensrichtern.

Der von Heinrich IV. eingeführte Inquisitionsprozeß konnte sich trotz des anfänglich starken Hervortretens der Offizialmaxime bei der großen und kleinen Jury dieser gegenüber nicht behaupten. Wir sahen als Formalprinzip in der Rügejury die Offizialmaxime; bei der Beweisjury war überdies ein deutlicher Ansatz der Offizialmaxime als Materialprinzip bzw. Instruktionsmaxime bemerkbar.

Auch die Tätigkeit des Coroners verdient in dieser Hinsicht besondere Beachtung. Sein Amt bildete sich im 12. Jahrhundert aus. Bei plötzlichen Todesfällen hatte er auf der Stelle die Rügejury einzuberufen und Nachforschungen anzustellen. Das Protokoll, das die Ergebnisse seiner Untersuchungen enthielt, wurde dann dem reisenden Justitiar vorgelegt. Es hatte insoweit Beweiskraft, als es die Möglichkeit des Reinigungseides beschränkte. Hierzu kam noch die Befugnis des Richters, die Verdikte der Urteilsjury zu überprüfen.

Die Tätigkeit der Urteilsjury wurde „inquisitio patriae" genannt. Im 14. Jahrhundert jedoch klang diese Angleichung an den Inquisitionsprozeß ab. Sie war durch die Berührung des weltlichen mit dem kanonischen Recht in den gemeinsam abgehaltenen „placita comitatus" entstanden.

Mit der Umwandlung von der Beweis- zur Urteilsjury änderte sich auch der Charakter der Grundlagen, auf die das Verdikt gestützt wurde. Nachdem bis zu den Zeiten Eduards I. die Jury „aus Leuten zusammengesetzt wurde, welche Zeugen der bestrittenen Umstände oder doch einigermaßen persönlich mit ihnen bekannt waren, welchen daher in ihrem Verdikt nicht wie jetzt das Resultat ihres Urteils, gebaut auf vor ihnen bewiesene Umstände, sondern ihr Zeugnis von Tatsachen gaben, welche sie vorher wußten"[1]), bildeten sich nun drei Gruppen von Regeln aus. Sie betrafen die Beziehung der angebotenen Beweise zu den Streitpunkten, regelten die Beweislast und waren darauf bedacht, nur das Wesentliche der Streitpunkte zum Beweis zuzulassen.

Die jetzige Gestalt des englischen Beweisrechtes hat sich jedoch erst in der Zeitspanne von der Mitte des 17. Jahrhunderts bis zur Zeit Georgs II. herausgebildet. Doch auch zu jener Zeit waren die Regeln noch nicht bindend, selbst die Beachtung der Bestimmungen über das Hörensagen lagen noch in der Diskretion des Richters. Best sieht den Grund für die Unverbindlichkeit der Regeln in dem Bestreben der Richter, sich weitgehende Einflußnahme auf den Ausgang des Prozesses vorzubehalten. Seine Worte geben Zeugnis von dem Mißtrauen, das den von der Krone abhängigen Richtern entgegengebracht wurde: „Solange als die Richter glaubten, daß es in ihrem Belieben stände, die überkommenen Beweisregeln zu befolgen oder außer Acht zu lassen, ist es bei den hohen Begriffen, welche man damals von der Thronprärogative hatte, und bei der Abhängigkeit, worin jene zu der Krone standen, leicht erklärlich, daß sie ihre Diskretion zu Gunsten der Krone gebrauchten und sich sorgfältig hüteten, allgemeine Regeln aufzustellen, welche das Gouvernement beim Verfahren gegen politisch Angeklagte beengen könnten"[2]). Auch sei in den politischen Prozessen die Folter angewandt worden[2]).

---

[1]) Best-Marquardsen „Grundzüge des englischen Beweisrechts", S. 110.
[2]) Best, a. a. O., S. 107ff.

Mit fortschreitender Einschränkung der königlichen Gewalt nun erstarrten diese zu einem ausgedehnten Beweisrecht angewachsenen Regeln zu allgemein bindenden Rechtsnormen, denen dieselbe Geltung wie den übrigen gewohnheitsrechtlichen oder statuarischen Rechtsbestimmungen zukommt[1]).

§ 2. Grundzüge des geltenden Strafverfahrens

Eine kurze Darstellung der Grundzüge des englischen Strafverfahrens bietet folgendes Bild: Die möglichen Arten, eine gerichtliche Verfolgung in Gang zu setzen, erstrecken sich von rein inquisitorischem Vorgehen von Amtspersonen (z. B. des Kronanwalts und des Coroner) über die Staatsanklage bis zur reinen Privatklage und weisen noch eine Anzahl eigentümlicher Übergangsformen auf.

Aus dem Fehlen eines allgemeinen öffentlichen Anklägers[2]) ergeben sich Bestimmungen wie die der allgemeinen Verpflichtung zur Verbrechensanzeige i. w. S., sowie die Aussetzungen von Belohnungen für deren Anzeige. Auch gibt es Privatvereine, die Belohnungen an diejenigen zahlen, die zur Aufdeckung von an ihren Mitgliedern verübten Verbrechen beitragen. Die Friedensrichter haben das Recht, nach einer vor ihnen stattgefundenen Voruntersuchung den Verletzten oder einen Zeugen unter Androhung einer Geldstrafe zur Durchführung der Anklage vor einer Jury zu verpflichten. Obwohl alle Kriminalsachen im Namen der Krone geführt werden, ist die Durchführung der Offizialmaxime i. e. S. äußerst inkonsequent. Die Möglichkeit der Parteidisposition über den Streitstoff, die darin begründet ist, zeigt sich in den nicht seltenen Fällen, in denen ein als „prosecutor" vor die Jury Gezwungener zugunsten des Angeklagten entgegen seinen früheren Aussagen aussagt. Besonders in den Fällen, in denen der Angeklagte die Todesstrafe erhalten kann, macht sich das Widerstreben der Privatpersonen bemerkbar, die Anklage zu erheben. So ist es vorgekommen, daß lieber die angedrohte Geldstrafe bezahlt wurde, als daß der private Ankläger die Prosekution durchgeführt hätte[3]).

Bei geringeren Vergehen ist sogar die außergerichtliche Verständigung des Anklägers mit dem Beschuldigten gestattet und wird in der Strafverfügung berücksichtigt.

Im Gegensatz dazu ist die Tätigkeit des Coroners, die bei plötzlichen gewaltsamen Todesfällen einsetzt, rein amtliche Verbrechensverfolgung auf diesem engen Gebiet. Sein Beschluß jedoch, d. h. in Verbindung mit der von der besonderen Jury abgegebenen Entscheidung, hat erst von der Grand Jury geprüft zu werden, bevor die Petit Jury, die Urteilsjury, in Tätigkeit tritt.

---

[1]) Best, a. a. O., S. 110.

[2]) abweichend davon gibt es in Amerika den District Attorney.

[3]) Stephen-Muehry „Handbuch des engl. Strafrechts und Strafverfahrens", S. 565.

Das Verfahren vor dem Friedensrichter kann mit einem definitiven Urteil abschließen, falls es sich um leichtere Fälle handelt, die eine solche „summary conviction" zulassen.

Als Voruntersuchung im Gange des Verfahrens bei „indictable offenses" spielt sich eine contradiktorische, öffentliche Verhandlung mit stark gekürzter Beweislegung vor dem Friedensrichter ab. Diese Verhandlung ist nicht unbedingt notwendig, da der Ankläger auch seine Anschuldigung unmittelbar vor die Grand Jury bringen kann. Jedoch ist diese Voruntersuchung praktisch wegen der durch den Friedensrichter getroffenen Maßnahmen, insbesondere wegen seines Entscheides über die Frage, ob der Angeschuldigte bis zur Hauptverhandlung frei zu lassen oder in Haft oder Bürgschaft zu nehmen sei. Zudem verpflichtet der Friedensrichter die Zeugen unter Androhung von Strafe zum Erscheinen vor Gericht. Überdies läuft der Ankläger bei einer Vorprüfung durch den Friedensrichter und dessen Entscheid „committed for trial" kaum Gefahr, mit seiner Anklage vor der Grand Jury zurückgewiesen zu werden. Bei einer Lossprechung, „discharge", durch den Friedensrichter steht es dem Ankläger frei, mit einer besser begründeten Anklage wegen desselben Vergehens den Angeschuldigten erneut gerichtlich zu verfolgen.

Das Hauptverfahren vor einem zuständigen Kriminalgericht spielt sich in drei Abschnitten ab:

Die Prüfung der Anklage durch die Grand Jury,
das Arraignment, die Versetzung in den Anklagestand,
das (Beweis-)Verfahren vor der Petty Jury.

Die Grand Jury besteht aus 12—23 Mitgliedern. Nach ihrer Vereidigung ziehen sie sich in einen besonderen Raum zurück, in dem die Prüfung der vorliegenden Anklagen bzw. Anzeigen vor sich geht, nachdem ihnen vorher der Richter einen allgemeinen Überblick über ihre Aufgabe gegeben und die schwierigen Fälle einer kurzen Erörterung unterzogen hat.

Die Jury hat zu prüfen, ob die vorhandenen Beweise zu einer Versetzung in den Anklagezustand genügen; hier wird die Übertragung zivilprozessualer Anschauungen auf das strafprozessuale Gebiet besonders deutlich. Es handelt sich um eine Art „Schlüssigkeitsprüfung", wie die Beschränkung auf den Belastungsbeweis, nämlich das Verhör des Prosecutors und seiner Zeugen, beweist. Der Beschluß lautet bei begründet gefundener Anklage „a true bill", bei unbegründet gefundener „not found". Ein Beschluß erfordert mindestens 12 Stimmen und wird auf der Anklageakte verzeichnet.

Die Mängel dieser Institution sind offenbar. Eine einseitige Orientierung an Hand der Belastungsbeweise kann nicht das Bild erbringen, auf Grund dessen über eine Strafverfolgung entschieden wird. Die den Laien überlassene, völlig selbständige Entscheidung über Tat- und Rechtsfragen entspricht unserem Rechtsdenken in keiner Weise. So hat die Einrichtung der Grand Jury selbst da, wo man den englischen Institutionen recht unkritisch gegenübersteht, keine dauernde Nachahmung gefunden.

Die auf eine „true bill of indictment" erfolgende Versetzung in den Anklagestand besteht in der Verlesung der Anklage. Die Antwort des Angeklagten auf die Anklage heißt „pleading to the indictment" oder „arraignment". Durch die Antwort „not guilty" unterwirft sich der Angeklagte dem Spruch der Urteilsjury, es sei denn, er macht durch begründete, prozessuale Einreden die weitere Verhandlung hinfällig. Antwortet der Angeklagte mit „guilty", so erübrigt sich bei Vorliegen des corpus delicti eine weitere Beweisaufnahme. Das Gericht hat das Geständnis in den Akten zu verzeichnen und das Urteil zu sprechen. Die Erkenntnis der formalen Natur dieser Urteilsgrundlage trägt wohl dazu bei, daß die Gerichte selbst nach erfolgter „plea of guilty" dem Angeklagten die Zurücknahme der Schuldigerklärung raten und besonders bei kapitalen Fällen abgeneigt sind, diese Schuldigerklärung anzunehmen. Die Rechtsnatur dieser „plea of guilty" erinnert an die rein privatrechtliche Auffassung des Geständnisses, in dem das Geständnis, ohne auf seine Glaubwürdigkeit geprüft zu werden, bewirkte, daß der Streitstoff außer Streit gestellt wurde, also eine Verfügung des Angeklagten über den Streitstoff darstellte, auf den das Gericht keinerlei Einfluß ausüben konnte.

Nach erfolgtem „arraignment" kann der Rechtsbeistand, den ein privater „prosecutor" in den meisten Fällen zuzieht, dem Gericht, also dem vorsitzenden Richter und der Kleinen Jury, einen kurzen Überblick über den Sachverhalt geben. Danach wird er den Prosecutor aufrufen, der auf seine Fragen als Zeuge aussagt und danach dem Gegenverhör durch den Anwalt des Angeklagten unterworfen ist.

Falls der Prosecutor mehrmals ohne Entschuldigung zur Verhandlung nicht erscheint, wird die Jury vom Richter angewiesen, ein Verdikt „nicht schuldig" zu erbringen, da der Beweis der Schuld nicht erbracht sei[1]). Diese Regelung stellt unzweifelhaft eine äußerst unbefriedigende Lösung der Aufgabe der Verbrechensverfolgung dar, selbst wenn sie nur bei minder schweren Fällen Anwendung findet, und läßt sich nur aus privatrechtlichen Gesichtspunkten herleiten.

Das Gegenverhör, dem jeder Zeuge von Seiten des Gegenanwalts unterworfen ist, bildet das Hauptkampfmittel in dem englischen Verfahren. Da der Parteikampf durch die unten ausführlich zu erörternden Beweisregeln in engen Bahnen gehalten wird, hat sich hier, ähnlich der Praxis der Inquirenten im gemeinrechtlichen Inquisitionsprozeß nach Abschaffung der Folter, eine wahre Kunst des Verhörs entwickelt. Durch eine in langer Tradition ausgebildete Taktik der Überlistung und Verwirrung versucht der Gegenanwalt die Glaubwürdigkeit des Zeugen zu erschüttern. Die Meisterschaft in blitzschneller Kombination, im Erfassen der Möglichkeiten der nicht vorausbestimmbaren Aussagen der Zeugen läßt das Kreuzverhör zu dem dramatischen Mittelpunkt des Verfahrens werden.

---

[1]) Vgl. Glaser „Anklage, Wahrspruch und Rechtsmittel", S. 37.

Das oft zu einer seelischen Folter für den Zeugen ausartende Kreuzverhör hat man durch bestimmte Regeln einzuschränken versucht. Diese ermöglichen es dem Gegenanwalt, den verhörenden Anwalt jederzeit mit dem Einwand zu unterbrechen, es sei eine unzulässige Frage gestellt oder eine sonstige Prozeßregel verletzt worden. Der Gegenanwalt wird diese Möglichkeit vor allem dann nicht versäumen, wenn die schnelle Folge zielstrebiger Fragen ein Zugeständnis befürchten läßt. Der Richter entscheidet sodann über den Einwand. Hat der Zeuge bereits seine Antwort auf die einer Beweisregel zuwiderlaufende Frage gegeben, so weist der Richter die Geschworenen in seinem „ruling" an, bei der Bildung ihrer Überzeugung sich nicht von der eben entgegen der Regel vernommenen Aussage beeinflussen zu lassen. Eine Taktik geschickter Anwälte besteht darin, ihre Zeugen durch schnelle Fragen zu der nicht zulässigen Antwort zu veranlassen, bevor noch der Gegenanwalt sein „objection" gerufen und das richterliche „ruling" die Antwort des Zeugen auf die gestellte Frage verhindert hat. Die einmal gegebene Antwort wird in manchen Fällen ihren Einfluß auf die Überzeugungsbildung der Geschworenen trotz der gegenteiligen Anweisung des Richters nicht verfehlen.

Nach erfolgtem Verhör der Be- und Entlastungszeugen durch die beiden Anwälte wird dem Angeklagten anheimgestellt, ob und in welcher Form er sich zu der Anklage äußern wolle, oder ob er es vorziehe, nichts zu sagen. Das fast ängstliche Vermeiden des Anscheins, durch irgendeine Handlung den Angeklagten in seiner Willensfreiheit zu beeinflussen, wird in der eindringlichen Unterweisung in seinen diesbezüglichen Rechten durch den Richter deutlich.

Die formelle Natur der in der richterlichen Unterweisung liegenden Momente wird um so offensichtlicher, als sich aus der Art der Aussage Rückschlüsse auf deren Wahrheitsgehalt oft geradezu aufdrängen. Diese Konzession an die formelle Wahrheit wird jedoch zugunsten der Garantie für die persönliche Freiheitssphäre bereitwilligst in Kauf genommen. Gerade in diesem Abschnitt des Verfahrens fällt die besondere Feierlichkeit auf.

An das abgeschlossene Beweisverfahren schließt sich das Plädoyer der Parteien an. Besonders auffällig erscheint dabei die Regel, daß nicht der Angeklagte, sondern der Ankläger das letzte Wort hat. Nur wenn die Verteidigung keine Beweise vorgeführt hat, hat sie das Recht des letzten Wortes, kann also auf die Ausführungen der Anklage antworten. Darauf folgt das „summing up", die „charge" des Richters. Sie stellt die Zusammenfassung des Tatbestandes unter Anwendung der gesetzlichen Beweisregeln durch den Richter dar. In dieser „charge" liegt die einflußreiche Stellung des englischen Richters. Hier entwickelt er den Fall, wie er sich auf Grund des zulässigen Beweismaterials in Hinblick auf die rechtliche Subsumtion darstellt. Auch seiner eigenen Überzeugung kann der Richter dabei Ausdruck geben[1]). Fernerhin hat er die Geschworenen auf die rechtlichen Schwierigkeiten aufmerksam zu machen und die Fragen zu präzisieren, über die sich die Geschworenen klar zu werden haben. Die „charge" kann den Charakter einer kategorischen bzw. hypothetischen Anweisung annehmen, sobald es die Anwendung des materiellen Rechts auf die Darlegung der Beweisregeln und die Subsumtion des Tatbestandes unter die gesetzlichen Begriffe betrifft. Soweit es sich aber um die Würdigung des zugelassenen Beweismaterials handelt, sind die Ausführungen des Richters lediglich Anleitungen, deren fakultativer Charakter von ihm ausdrücklich herausgehoben werden muß[2]). Nachdem der Richter schon während der Verhandlung unzulässige Beweise ausgeschlossen bzw. unzulässigen Gebrauch gesetzlich erlaubter Mittel verhindert hat, zergliedert er nunmehr in der „charge" den Fall hinsichtlich der Würdigung der als Beweis zulässigen Tatsachen.

Auf die charge des Richters hin erfolgt die Beratung der Geschworenen. Ihr Ausspruch hat einstimmig zu erfolgen; die Beratung ist bis zur Erlangung der Einstimmigkeit fortzusetzen. Nach Coke[3]) sollte die „Jury nach Schluß des Beweisverfahrens an einem geeigneten Ort ohne Speise, Trank, Feuer und Licht gehalten werden, und sie soll mit niemand als dem Gerichtsdiener sprechen, auch mit diesem nur, wenn die Einstimmigkeit vorhanden ist". Wenn die Einstimmigkeit nicht zu erreichen ist, so kann der Angeklagte vor eine neue Jury gestellt werden.

Aufschlußreich sind die Ausführungen Muehrys, daß „erfahrene Verbrecher oft den Wunsch äußern, lieber auf den Tod, als geringer, angeklagt zu werden, weil sie in jenem Fall mehr Aussicht auf Freisprechung zu haben glauben"[4]). Diese Scheu der Jury, das „schuldig" auszusprechen, wenn es die Todesstrafe nach sich ziehen würde, ließe sich durch die Fälle statistisch belegen, in denen die Todesstrafe hätte verhängt werden müssen, jedoch freigesprochen worden war.

In seiner Einleitung zu Bests „Englisches Beweisrecht", meint nun Mittermaier, die deutschen Geschworenen seien im Gegensatz zu der englischen Jury zu oft zu dem Schuldausspruch gekommen. Damit solle jedoch nicht die materielle Gerechtigkeit der deutschen Verdikte in Frage gestellt werden. Hiermit hat sich Mittermaier aber wohl die logische Basis entzogen, der englischen Jury wegen der Scheu, ein verurteilendes Erkenntnis auszusprechen, den Vorzug vor der deutschen zu geben. In den englischen Beweisregeln, die er für die gute Wirksamkeit der englischen Jury anführt, sieht er weiterhin eine bloße Anleitung zur Verwendung und Würdigung des angebotenen Beweismaterials. Ein näheres Eingehen auf

---

[1]) Vgl. Stephen „Digest of the Criminal Law", S. 455.

[2]) Vgl. Glaser „Anklage, Wahrspruch und Rechtsmittel im englischen Schwurgerichtsverfahren", S. 331 ff.

[3]) Zitiert bei Glaser, a. a. O.. S. 144.

[4]) In Stephen-Muehry „Handbuch des englischen Strafrechts und Strafverfahrens".

das englische Beweisrecht wird jedoch ergeben, daß von einer bloßen „Empfehlung" keine Rede sein kann, daß die Beweisregeln gesetzesgleiche Geltung haben und den Rahmen eines der freien Beweiswürdigung entsprechenden Beweisrechts weit überschreiten.

Der englischen Beweistheorie können ähnliche Einwendungen wie der negativen Beweistheorie entgegengesetzt werden, gegen die sich auch Mittermaier selbst ausspricht!

Auch im übrigen scheinen seine Ausführungen, die sich in der Mißbilligung der deutsch-französischen Jury und der Anerkennung der englischen ergehen, auf einer Selbsttäuschung zu beruhen, indem er die englische Jury mit der idealisierten Form der Jury überhaupt gleichsetzt. Aus der zweifellos zufriedenstellenderen Funktion der englischen Jury läßt sich jedenfalls kaum die Überlegenheit der englischen Beweislehre als solcher herleiten, dies umso weniger als in Deutschland die freie Beweiswürdigung nach genugsamer Erörterung des Für und Wider eingeführt worden war.

Lobt Mittermaier ferner die Kürze und Nüchternheit des Vortrages des Anklägers an die Geschworenen, sowie des Ganges der gesamten Verhandlung, bei der alle unnötigen Deklamationen wegfielen, denn „die englischen Advokaten wissen zu gut, daß der praktische Sinn der Engländer auf solche Verteidigungsgründe keinen Wert legt, daß ihr Gebrauch selbst dem Angeklagten, wie dem Ruf des Verteidigers, schaden würde", dann steht dies im Widerspruch zu kritischeren Betrachtungen des englischen Geschworenenprozesses aus derselben Zeit, wie Muehrys Darstellung beweist.

Mittermaier selbst glaubt, seinen Standpunkt insoweit modifizieren zu müssen, als er hinzufügt, daß er mit seiner Anerkennung der englischen Beweislehre keinesfalls der Wiedereinführung der gesetzlichen Beweislehre das Wort reden wolle. Denn die englischen Beweisregeln bedeuteten nur einen „in das Rechtsbewußtsein des Volkes übergegangenen Inbegriff von Rücksichtnahmen"[1]), nach welchen entschieden werden müsse. Daß die Nichtbeachtung dieser „Rücksichtnahmen" durch die Jury jedoch die Wiederholung der ganzen Verhandlung vor einer neuen Jury bewirken kann und damit ihre obligatorische Natur offenbar wird, hat er hierbei anscheinend nicht berücksichtigt. Die „motion for a new trial", das häufigste Rechtsmittel gegen ein Urteil der Jury, ist unter anderem zulässig, wenn das Verdikt gegen die Evidenz entschied, unzulässige Evidenz zugelassen oder zulässige verworfen wurde[2]).

Die Bedeutung der Beweisregeln im englischen Strafverfahren ist eher mit der sogenannten negativen Beweistheorie als mit der freien Beweiswürdigung zu vergleichen, wie unten näher angeführt werden soll. Grundsätzlich läßt sich jedoch sagen, daß auch die besten, durch lange Übung bewährten Regeln, soweit sie, wenn auch nur negativ, bindend sind, nicht

[1]) Best-Marquardsen, a. a. O., S. XVI.
[2]) Best-Marquardsen, a. a. O., S. 490.

verhindern können, daß Urteile gefällt werden, die nur auf formeller Wahrheit beruhen.

Die Kritik an Mittermaiers Ausführungen bezieht sich auf die Jury als rein prozessuales Mittel zu gerechten Entscheidungen. Ihre Bedeutung auf politisch-staatsrechtlichem Gebiet, als „parlamentarisches Element in der Gerichtsverfassung"[1]), als Bollwerk in dem Kampf um die bürgerliche Freiheit, wurde hier bewußt beiseitegelassen. Die Entscheidung über die Nützlichkeit der Jury zu einer bestimmten Zeit und für ein bestimmtes Volk hängt von historisch-rechtspolitischen Erwägungen ab, die die gesamte politische, soziale und kulturelle Struktur der betreffenden Zeit in Erwägung ziehen muß.

Kapitel V

Das französische Recht

§ 1. Der französische Strafprozeß bis zur Revolution

Bis gegen Ende des 12. Jahrhunderts lief die Rechtsentwicklung in Frankreich der deutschen parallel. Während jedoch in Deutschland erst um 1500 der Inquisitionsprozeß italienisch-kanonischer Prägung festen Fuß faßte, fand dieser in Frankreich weit früher Eingang. Nach dem Vorbild der Ketzerinquisition, die entgegen dem Inquisitionsprozeß Innozenz' III. die Folter verwandte, drang er über die Praxis in die französische Rechtspflege ein, wie sein Auftreten in Verbindung mit der Folter beweist. Die „procureurs du roi", die seit dem Anfang des 14. Jahrhunderts anzutreffen sind, entsprachen in mancher Hinsicht dem „promovens inquisitionem", einer Art amtlichen Ankläger, der besonders in der spanischen und auch südfranzösischen Ketzerinquisition auftrat. Während Biener auf den Umstand hinweist, daß ähnliche Bedingungen, die das neue Verfahren auslösten, im alten Recht das Verfahren auf handhafte Tat, Bekenntnis und Notorietät nach sich zogen, glaubt Garraud deshalb kein novum in dem Inquisitionsverfahren Innozenz III. zu sehen[2]), weil die Wurzeln des neuen Verfahrens im römischen Prozeß zu finden seien.

Weiter bemerkt Garraud zutreffend, daß der wesentliche Charakterzug des neuen Prozesses darin bestehe, daß die Wahrheit nunmehr auf Grund eines natürlichen Beweissystems erforscht werde. Wenn er jedoch fortfährt, daß es also das Verfahren per inquisitionem sei, das schon das karolingische Recht gekannt habe, so befindet er sich insoweit im Irrtum, als das Beweisverfahren des karolingischen Rügeverfahrens sich nach

---

[1]) Stephen-Muehry, a. a. O., S. 617.

[2]) Garraud, a. a. O. I, S. 51: „C'est qu'en effet cette procédure avait ses racines dans la poursuite extra-ordinem des derniers temps de l'Empire dont les traditions s'étaient conservées dans les pays plus directement soumis à l'influence romaine".

germanischen Beweisregeln abspielte und lediglich die Rüge, also die amtliche Verbrechensverfolgung, dem Inquisitionsprozeß Innozenz' III. als Vorbild gedient haben kann.

Der „procureur du roi" verleiht dem französischen Inquisitionsprozeß seinen eigenartigen Charakter. Es erscheint jedoch verfehlt, auf Grund dieser Einrichtung den damaligen Prozeß als „Anklageprozeß" zu bezeichnen, da das gleiche Verfahren auch durch eine Denunziation ausgelöst werden konnte. Ursprünglich war der „procureur" dem Prozeß als Vertreter der geldlichen Interessen des Königs zugeordnet, der sich durch den „procureur" die verwirkten Geldstrafen sicherte. Allmählich wurden die Befugnisse des „procureurs" auf dem Gebiet der amtlichen Verbrechensverfolgung erweitert.

Das neue Verfahren wurde anfänglich zumeist auf die sogenannten „schädlichen Leute" als außerordentliches Verfahren angewandt; allgemein fand es nur in den Fällen der freiwilligen Unterwerfung Anwendung[1]). Das akkusatorische Verfahren blieb für die freien Leute in Geltung.

Das Verfahren selbst schied sich in die „informatio" und „inquesta", die der General- und Spezialinquisition entsprechen.

Garraud teilt den Prozeß in drei Abschnitte ein, indem er die Beweissammlung vor Beginn der specialis als selbständige Verfahrensphase auffaßt. Diese „informatio" konnte auf die Initiative des Verletzten, des „procureurs" (durch Denunziation oder sonstige Kenntniserlangung) oder des Richters selbst in Gang gesetzt werden. Nach der Beweissammlung und der Protokollierung der Zeugenaussagen erging bei hinreichendem Grund ein Haftbefehl. Nach abgeschlossener Information wurde überdies die Entscheidung gefällt, ob die Hauptverhandlung akkusatorisch oder inquisitorisch durchgeführt werden sollte.

Wurde das Verfahren inquisitorisch fortgesetzt, was schließlich die Regel wurde, so wurde dem Prokurator das Ergebnis der Information übermittelt; bei der Information selbst wurde er nicht hinzugezogen. Er übergab darauf seine Konklusionen, die sich auf das in dem Beweisverfahren gesammelte Material stützten, an das Gericht; der Charakter jener „conclusions" wird je nach der Stellung des Königs, in dessen Namen der Prokurator handelte, Empfehlung oder Anweisung gewesen sein. Die Konklusionen bezogen sich auf die Frage, ob der Prozeß in das Stadium der „enquête", also dem Hauptverfahren, eintreten bzw. eingestellt werden sollte und wie gegebenenfalls die Vernehmungen weiterhin einzurichten seien.

Das Ergebnis der Hauptverhandlung ging in Form des Protokolls wiederum an den Prokurator, der nach Sichtung Verurteilung oder Freispruch, Tortur oder weitere Beweise, „plus amplement informé", ver-

---

1) Ähnlich der Regelung in England, wo man nur mit seiner Zustimmung durch die Jury abgeurteilt werden konnte.

langte. Das gesamte Material wurde daraufhin einem „rapporteur“ zur Bearbeitung vorgelegt, dessen Bericht von großem Gewicht war. Die Urteilsfällung erfolgte nach Lage der Akten.

Dem Prokurator oblag also eine Art indirekter Leitung und Steuerung des Prozesses, die der Stellung eines Anklägers, außer im Falle der Einleitung des Verfahrens, nicht entspricht. Nur in dem immer seltener werdenden „ordentlichen“ Verfahren trat der „procureur“ als Ankläger ex officio auf.

In der „Ordonnance pour la réformation et abbréviation des procès“ Franz' I. von 1539 traten Änderungen ein, die die Rechtsstellung des Angeschuldigten, die ohnehin schon unbedeutend war, noch empfindlicher schmälerten. So fiel die Mitteilung der Verdachtsgründe bei der Verhaftung, die „facta per inquisitionem reperta“, fort; zudem wurde die Verteidigung stark eingeschränkt. Und doch zeichnete sich das inquisitorische Verfahren in Frankreich insofern von demjenigen anderer Länder, insbesondere Deutschlands, aus, daß es durch ausführliche gesetzliche Verfahrensregeln die prozessualen Formen nicht ganz in richterliche Ermessensfreiheit auflöste, wobei der Dualismus des Einflusses auf das Verfahren, procureur und Richter, zweifellos beigetragen haben wird.

1670 wurde durch eine Ordonnance die Anwendung der Folter erschwert. Der Prokurator konnte für den Beschuldigten eintreten, wenn die Verhängung der Tortur auf fehlerhaften Voraussetzungen beruhte.

Der französische wie der deutsche Inqusitionsprozeß bieten jedoch hinsichtlich der Prozeßmaximen das gleiche Bild. Auch im französischen Prozeß schränkte die gesetzliche Beweistheorie das Durchgreifen der Offizialmaxime durch den gesamten Verlauf des Prozesses ein. Aus den Beweisregeln ergaben sich Folgerungen, die dem Anklageprozeß mit seiner Beweislast entsprachen, die also die materielle Wahrheitsforschung auf das Gebiet der formellen Wahrheit beschränkte, ohne jedoch die positive Seite des Anklageprozesses, nämlich die rechtlichen Garantien für den Angeklagten, die diese Beschränkung auf die formelle Wahrheit nötig machten, durch ähnliche Schutzvorschriften für die Individualsphäre des Angeklagten zu gewährleisten.

Die Unvereinbarkeit der gesetzlichen Beweisregeln mit dem tragenden Prinzip des Prozesses mußte denn auch zwangsläufig zum Gebrauch der Folter führen. Die Tortur bedeutete die Durchdringung des gesetzlichen Beweissystems mit „inquisitorischem Geist“, und machte das Beweissystem erst tragbar für den inquisitorischen Prozeß und seiner Forderung nach materieller Wahrheit.

Auch bei dem französischen Verfahren kann alo keineswegs von einem bis zur letzten Folgerichtigkeit ausgebildeten Inquisitionsverfahren die Rede sein. Im Vergleich mit dem deutschen gemeinrechtlichen Prozeß hatte das französische Verfahren zwar ausgeprägtere prozessuale Formen; wenn sich trotzdem die Rechtspflege in ähnlich beklagenswertem Zustand befand, so wird man nicht fehlgehen, in erster Linie das Beweisrecht dafür verantwortlich zu machen. Die Stellung des Angeschuldigten war übrigens im französischen Verfahren ungünstiger als im gemeinrechtlichen, da er zu der eidlichen Versicherung verpflichtet war, die Wahrheit zu sagen[1]). Zudem war die Vernehmung des Angeschuldigten vor, bei und nach der Folterung üblich.

Ähnlich wie im deutschen Recht führte die Spannung zwischen der Forderung nach materieller Wahrheitsermittlung und der Unmöglichkeit, diese befriedigend mit der gesetzlichen Beweistheorie erfüllen zu können[2]) zu Abstufungen zwischen Verurteilung und Freispruch, die noch um eine Nuance reicher waren als die gemeinrechtliche Regelung. So kannte das französische Recht als Zwischenglieder neben dem „plus amplement informé", das der gemeinrechtlichen „absolutio ab instantia" entspricht, „la mise hors du cour et de procès", die dem Freispruch näher stand, da sie die Folge hatte, daß eine Zivilklage auf Schadensersatz nicht möglich war, während das „plus amplement informé" Haft zur Folge haben konnte. Diese Nichtachtung der Regel „in dubio pro reo" war zwar in manchen Fällen ein Ausweg aus der Konfliktslage, in der sich der Richter befand, wenn er trotz Gewißheit von der Schuld wegen mangelnder gesetzlicher Beweiserfordernisse nicht verurteilen konnte. Sie ergab sich aber auch aus der Auffassung des Beweises als einer mathematischen Berechnung. So glaubte man, den Bereich zwischen Gewißheit und Ungewißheit in Bruchteile unterteilen zu können. Der Freispruch wurde nur noch bei erbrachtem vollen Unschuldsbeweis gefällt, der auf Grund der Beweislast dem Angeschuldigten oblag. Die Nachteile des sogenannten akkusatorischen sowie inquisitorischen Verfahren waren somit in dem späteren französischen und gemeinrechtlichen Inquisitionsprozeß vereinigt.

Garraud behauptet zwar, man sei im 17. Jahrhundert mit der Justiz zufrieden gewesen, und erst die populäre Aufklärung habe eine Änderung hervorgerufen. Diese Ansicht ist aber wohl dahingehend zu berichtigen, daß eine allgemeine Kritik erst in dem Augenblick ermöglicht und verbreitet werden konnte, als man von einer möglichen Verbesserung des Gerichtswesens Kenntnis erlangt hatte.

Der Vergleich mit den englischen Einrichtungen, die schon zu der betreffenden Zeit die Rechte des Individuums in weitaus höherem Maße zu gewährleisten wußten, gab den Anstoß für die Bestrebungen, das Gerichtswesen zu reformieren. Montesquieu's „ésprit des lois" vermittelte die Kenntnisse des englischen Rechts, die die Großen der Aufklärung zur Kritik an dem bestehenden Recht und den diesbezüglichen Reformvorschlägen veranlaßten. Montesquieu selbst sprach sich für die Einführung der Jury aus. Voltaire faßte seine Kritik des französischen Rechts nach

---

[1]) Glaser „Beiträge zur Lehre vom Beweise im Strafprozeß", S. 148.

[2]) Garraud „Traité d'Instruction Criminelle et de Procédure Pénale I", S. 58: „Le juge mesurait la force probante d'après des règles formulées à l'avance et non d'après son rapport avec les faits du procés".

einem Vergleich mit dem englischen dahingehend zusammen: „En France, le code criminel paraît dirigé pour la perte des citoyens, en Angleterre pour leur sauvegarde“[1]).

Jedoch erst im Jahre 1780, unter Ludwig XVI., wurde die Folter abgeschafft, ein Menschenalter später, als Friedrich der Große sie beseitigt hatte.

Am Vorabend der Revolution wurden als Ziele der Reformbestrebungen folgende Forderungen proklamiert:

1. Öffentlichkeit,
2. Selbstgewählte Verteidigung,
3. Wegfall der Vereidigung des Angeklagten,
4. Beschränkung des richterlichen Ermessens,
5. Geschworenengerichte.

§ 2. Grundzüge des geltenden Strafverfahrens

Die konstituierende Nationalversammlung schuf sodann einen Prozeß, in dem die neuen Forderungen Berücksichtigung fanden, der alte Prozeß jedoch nicht vollständig aufgegeben wurde.

Die Einführung der freien Beweiswürdigung brachte neben der Abschaffung der gesetzlichen Beweistheorie die Beseitigung der Verdachtsstrafen und der Instanzentbindung mit sich. Hinsichtlich der Sammlung des Beweismaterials jedoch beließ man es bei der amtlichen Initiative.

Der Dreiteilung der Gesetzesverletzungen in Verbrechen (crimes), Vergehen (délits) und Übertretungen (contraventions) entsprach die Einteilung der Gerichte in „tribunaux de police“, die mit Einzelrichtern besetzt sind, in „tribunaux de police correctionelle“, den reinen Richterkollegien, und den „cours d'assises”, den Schwurgerichten.

Das Verfahren spielte sich in drei Stadien ab. Das erste war der alten schriftlichen Information am ähnlichsten. Der zweite Abschnitt, die Versetzung in den Anklagestand, war am wenigsten präzisiert. Die Hauptverhandlung endlich stellte das nach den neuen Grundsätzen aufgebaute Verfahren dar.

Die nach englischem Muster eingeführte Anklage- und Urteilsjury wirkte sich jedoch in den Jahren der Revolution keineswegs zugunsten der Gerechtigkeitspflege, sondern vielmehr als gefügiges Instrument für die Absichten der politischen Machthaber aus. So waren der Jury zahlreiche Gegner entstanden, die ihre Abschaffung forderten. Napoleon befahl jedoch die Beibehaltung der Urteilsjury. Die Anklagejury hingegen fand keine Aufnahme in den „code d'instruction criminelle“, der die größten Mißstände des Revolutionsverfahrens abstellte.

Statt des Verfahrens vor der Anklagejury konnten nunmehr geringfügigere Sachen direkt vor das Gericht gebracht werden, während es im

[1]) Garraud, a. a. O. I., S. 64.

schwurgerichtlichen Verfahren außer dem Verweisungsbeschluß der Ratskammer, die Hauptverhandlung zu eröffnen, noch eines Beschlusses des Anklagesenats beim Appellationshof bedurfte.

Die Verhandlung vor dem Schwurgericht beginnt mit der Vernehmung des Angeschuldigten zur Person. Nach der Vereidigung der Geschworenen wird der Verweisungsbeschluß der Ratskammer sowie die Anklageschrift verlesen (Art. 310—313)[1]).

Daraufhin wird vom Richter und Staatsanwalt die Anklage näher erörtert (Art. 314, 315). Das Beweisverfahren beginnt mit dem Verhör des Angeklagten durch den Vorsitzenden (Art. 316), dem die Vernehmung der Zeugen folgt. Hier tritt die für das französische Schwurgerichtsverfahren so charakteristische „diskretionäre Gewalt" des Vorsitzenden in Erscheinung, die ihn bereits ermächtigt, den Beschuldigten vor der Hauptverhandlung zu vernehmen und etwa notwendige Zwischenuntersuchungen vorzunehmen. Die „diskretionäre Gewalt" befreit von allen Beweisregeln, von denen ohnehin nur wenige seit der Einführung der freien Beweiswürdigung übrig geblieben sind. So bestimmt der Art. 268, daß der Vorsitzende alles unternehmen kann, was er zur Erforschung der Wahrheit für nützlich hält.

Die Parteien haben das Recht, ergänzende Fragen an Angeklagten und Zeugen zu stellen.

Ein Schwerpunkt des französischen Verfahrens, entgegen dem englischen Gerichtsgebrauch, sind die zusammenhängenden Parteivorträge, in denen Staatsanwalt und Verteidiger die Beweisergebnisse unter dem Gesichtspunkt der Anklage bzw. der Verteidigung zusammenfassen.

Dem Résumé des Vorsitzenden dagegen (Art. 335, 336) wurden im französischen Verfahren solche Beschränkungen auferlegt, die seiner Aufgabe gegenüber der Laienjury abträglich sein mußten. Die reine Begrenzung auf die Rechtsfragen wirkte sich bei dem Fehlen eines Beweisrechts nachteilig auf die Tätigkeit der Jury aus. Das französische Résumé konnte somit nie die Bedeutung der englischen „charge" erlangen und wurde durch Gesetz von 1881 abgeschafft. Weiterhin haben die Änderungen hinsichtlich des Zustandekommens des Verdiktes keine Verbesserung der schwurgerichtlichen Urteilsfindung herbeigeführt.

Den französischen Geschworenen wird es nicht überlassen, ihre Entscheidung nach Art der englischen Jury selbständig zu fällen. Der Vorsitzende bereitet schriftlich detaillierte Fragen vor, die mit ja oder nein beantwortet werden müssen. Dadurch sollen den Laien die zur Urteilsfällung erforderlichen Geistesoperationen erleichtert werden. Die Abfassung der Fragen wird mit Recht als die schwierigste Aufgabe des Vorsitzenden bezeichnet. Er hat Sorge zu tragen, daß die Fragen in ihrer Gesamtheit die Überzeugung der Geschworenen unverfälscht wiederzugeben geeignet sind und eine zufriedenstellende Subsumtion unter das von der Anklage benannte Gesetz gewährleisten.

---

[1]) Art. des Code d' Instruction Criminelle.

Die Einflußnahme, die dem Vorsitzenden mit der Abfassung der Fragen auf die Entscheidung der Tatfrage möglich ist[1]), versucht man dadurch abzuschwächen, daß vor Beginn der Geschworenenberatung die Fragen öffentlich verlesen werden. Die Parteien sind berechtigt, ihre Einwände geltend zu machen. Der Vorsitzende kann daraufhin die Fragen neu formulieren. Ist keine Einigung zu erzielen, so übt der Gerichtshof seine Entscheidungsmacht aus, indem er die Fragen endgültig bestimmt. Das Recht der Parteien zur Kritik an den vom Vorsitzenden formulierten Fragen ist gewohnheitsrechtlich sanktioniert.

Die Fragen haben sich nur auf die Feststellung der Tatsachen zu beziehen, die unter das in der Anklageschrift angegebene Grunddelikt subsumiert werden können. Die sich aus der Verhandlung ergebenden Erschwerungs- oder Milderungsgründe können jedoch Berücksichtigung finden und dadurch die Anklage in gewissen Grenzen abändern.

Da die Fragen mit ja oder nein beantwortet werden müssen, ergibt sich die Forderung, die Fragen dementsprechend zu formulieren. Der Code von 1791 versuchte diese Schwierigkeit mit der analytischen Methode zu lösen. Er zergliederte die Tat in Einzelfragen, deren Anzahl bis zur Unübersichtlichkeit anschwellen konnte. Der Code von 1808 ging deshalb zur komplexen Fragestellung über[2]). Zusatzfragen über mildernde oder erschwerende Umstände waren jedoch zulässig. Doch auch dieses System wurde als ungenügend erkannt. Es erschwerte den Geschworenen den Ausdruck ihrer wahren Überzeugung, indem sie mit der Beantwortung der alternativen Fragestellung teils über ihre wirkliche Absicht hinausgingen, teils hinter ihr zurückbleiben konnten. So hat die Praxis den Art. 337 bald nicht mehr angewandt und die Schuldfrage detailliert gestellt, ohne in die Verzettelung des früheren Systems zurückzufallen.

Die Fragen dürfen sich nur auf die Hauptpunkte der Anklage, Rechtfertigungs-, Entschuldigungs-, Strafaufhebungs- und Ausschließungsgründe sowie mildernde und erschwerende Umstände beziehen. Diese Rechtsübung wurde 1835 und 1836 gesetzlich sanktioniert[3]).

Zu der Beantwortung der einzelnen Fragen genügt die einfache Mehrheit.

Die Entscheidung der Jury wird daraufhin dem Gericht verlesen und von diesem auf seine Ordnungsmäßigkeit überprüft. Im Falle prozessualer Mängel kann der Vorsitzende die Jury zur Richtigstellung in das Beratungszimmer zurücksenden. Das Verdikt wird im Beisein des Ange-

[1]) Kann doch die Jury zu einem ungewollten Spruch gezwungen werden, wenn der Vorsitzende z. B. die Frage nach den Milderungsgründen einfach nicht stellt (Mittermaier „Das deutsche Strafverfahren", S. 545).

[2]) Art. 337, 338: „L'accusé est-il coupable d'avoir commis tel meurtre avec toutes nstances comprises dans l'acte d'accusation ?".

[3]) Das Gesetz von 1836 fordert getrennte Beratung über „le fait principal, sur chacune des circonstances aggravantes, sur chacun des faits d'excuse légale, sur la question de discernement, et enfin sur la question des circonstances atténuantes (Garraud, a. a. O., Bd. IV, S. 361).

klagten in offener Verhandlung verlesen. Wird der Angeklagte von den Geschworenen nicht schuldig gefunden, so spricht der Vorsitzende nun das „acquittement de l'accusation" aus. Bei einem Schuldspruch stellen die Parteien Schlußanträge im Rahmen erneuter Plädoyers; diese dürfen sich jedoch nur auf die Höhe der Strafe beziehen oder die Möglichkeit bestreiten, daß das Verdikt unter ein Strafgesetz subsumiert werden könnte. Der Gerichtshof spricht nach der Beratung die „condamnation", unter Umständen auch eine „absolution" aus (Art. 362ff.).

So wie die französischen Prozeßregeln allgemein einer ständigen Umformung unterlagen und die Praxis neue Formen anwandte, die noch nicht durch das Gesetz kodifiziert waren, so sind auch nach anfänglich fast völliger Regellosigkeit durch Gesetz, Doktrin und Rechtsübung Beweisregeln entwickelt worden, die es nunmehr erst möglich machen, von einem französischen Beweisrecht zu sprechen.

Mit der Einführung der Jury hatte man alle gesetzlichen Beweisregeln fallen lassen. Die freie Beweiswürdigung glaubte man nur dann gewährleistet, wenn man von jeder Beschränkung der Überzeugungsfindung Abstand nahm. Das Fehlen kodifizierter Beweisregeln im englischen Recht gab den Anstoß zu diesem einzigartigen historischen Mißverständnis. Dem Vorbild der englischen Jury wurde somit unter Außerachtlassung eines ihrer wesentlichsten Momente, dem ausgeprägten Beweisrecht, nachgeeifert.

Erst im Laufe des 19. Jahrhunderts bildeten sich Beweisregeln aus, die nur vereinzelt kodifiziert wurden, jedoch im Gerichtsgebrauch Anwendung finden. Die Kritik am französischen Beweisrecht hat diesem Umstand meist nicht Rechnung getragen; und doch ist ihr insofern zuzustimmen, als sie dieses als ungenügend bezeichnete, auch wenn nunmehr die fehlende gesetzliche Regelung nicht mehr dazu ausgelegt wird, jede Erkenntnisquelle zu Beweiszwecken heranzuziehen.

Das deutsche reformierte Recht hingegen bemühte sich, ein Beweisrecht aufzustellen, das mit der freien Beweiswürdigung vereinbar war, indem es zwar die Grenzen der Beweiserhebung aufzeigte, ohne jedoch die Beweiskraft des zulässigen Beweises zu berühren. Es hat es verstanden, weder in das englische, noch in das französische Extrem zu verfallen. Die Gegenüberstellung der drei Beweisrechte wird deren gegenwärtige Ausprägung vor Augen führen.

Kapitel VI

Der deutsche Strafprozeß im 19. Jahrhundert

§ 1. Die Entwicklung bis 1879

Der deutsche Strafprozeß hat im 19. Jahrhundert eine grundlegende Wandlung erfahren. Die Leidenschaftlichkeit, mit der selbst die theoretischen Erörterungen der Prinzipienfragen geführt wurden, erklärt sich aus der engen Verwobenheit der strafprozessualen mit den staatsrechtlichen und politischen Forderungen, die als Anliegen des gesamten Volkes die Gemüter in Spannung hielten.

Der politische, hoch emotionale Hintergrund bewirkte nun einerseits die unermüdliche Inangriffnahme der Problematik, jedoch verleitete er auch zu dem Gebrauch von Schlagworten, deren tiefere Bedeutung nicht genügend untersucht worden war, und über die man sich oft nicht klar werden wollte; ein Umstand, der der wissenschaftlichen Durchdringung der aufgeworfenen Fragen wenig zustatten kam.

Und doch umfaßt diese Periode die Entstehungszeit der systematischen Rechtswissenschaft in Deutschland. Die umwälzenden Neuerungen, die man in unmittelbarer Nähe, im Rheinland sogar auf eigenem Boden, angewandt sehen, bewundern und kritisieren konnte, lösten eine wahre Flut von Meinungsäußerungen aus. Diese bewegten sich zwischen oberflächlichster Polemik, der zum Teil selbst die Großen in der Hitze des Gefechts zum Opfer fielen, und tiefgründigen Untersuchungen über das Wesen des Strafprozesses als solchem, denen zeitlose Gültigkeit zukommt.

Bis zum Jahre 1848 hatte die Reformbewegung nur literarischen Charakter. Auf die blinde Verherrlichung des französischen Strafprozesses, in dem man die Forderungen nach Öffentlichkeit, Mündlichkeit, Akkusationsprozeß und Einführung der Jury verwirklicht sah, folgte die Ernüchterung. Die Anhänger des alten gemeinrechtlichen Prozesses brauchten sich nur auf die Kritik der Opposition in Frankreich zu stützen, um die Mißstände des französischen Prozeßwesens augenfällig zu machen. Insbesondere die Jury als solche, oder die französische Ausprägung derselben, wurde angegriffen und einem mäßig reformierten, von seinen Auswüchsen befreiten, gemeinrechtlichen Prozeß gegenübergestellt. Vor allem löste die Emanzipation von den gemeinrechtlichen Beweisregeln heftige Kritik aus. Die freie Beweiswürdigung, die als Teil des Schwurgerichtswesens aufgefaßt wurde und Beweisregeln als solche wesensnotwendig auszuschließen schien, wurde als Einbruch heilloser Willkür und als Ende jeder gesetzmäßigen Strafrechtspflege hingestellt. Die beste Garantie für die Wahrheitsfindung, behauptete man, sei vielmehr in der sogenannten negativen Beweistheorie zu erblicken, die die Vorzüge der freien Beweiswürdigung mit der Gewähr für eine objektive Entscheidung, nämlich der gesetzlichen Beweistheorie, verbinde. Die Anhänger des gemeinrechtlichen Prozesses schwankten lediglich in der Auffassung, ob die negative Beweistheorie bereits dem gemeinrechtlichen Prozeß zugrunde liege oder ob sie erst eingeführt werden müsse.

Die Unsicherheit in der Beurteilung dieser Frage, zu der selbst Feuerbach widerspruchsvolle Äußerungen abgab, wird verständlich, wenn man sich die Entwicklung der gemeinrechtlichen Beweistheorie vor Augen hält. Wie oben näher ausgeführt wurde, ist aber die anfänglich negative Beweistheorie der Carolina durch Lehre und Gerichtsgebrauch unzweifelhaft zu einer positiven Beweistheorie umgewandelt worden.

Die negative Beweistheorie bedeutet, auf einen kurzen Nenner gebracht, die Aufstellung eines gewissen Maßes von Beweisen, die zur Verurteilung vorhanden sein müssen, aber nicht zur Verurteilung zu führen brauchen, wenn dem Richter die Überzeugung von der Schuld des Angeklagten fehlt. Die württembergische und badische StPO von 1843 und 1845 bekannten sich ausdrücklich zur negativen Beweistheorie.

Dieser Kompromiß bot jedoch keine befriedigende Lösung. In mancher Hinsicht wurden sogar noch die Mängel der positiven Beweistheorie vergrößert. Gesetz und Theorie gingen nämlich von der Annahme aus, daß die Überzeugung von der Schuld schwerer zu erreichen sei als das nötige Maß von Beweisen. Die Praxis erwies aber, daß die gegenteilige Konstellation die weitaus häufigere war: trotz Überzeugung von der Schuld wurde das zur Verurteilung erforderliche Maß an objektiven Beweisen nicht erbracht, da die gesetzlichen Anforderungen zu hoch waren, nachdem das Regulativ der Folter nicht mehr zur Verfügung stand[1]). Die wenigen Fälle nun, in denen formal genügend Beweismaterial zu einer Verurteilung vorlag, bargen die Gefahr, den Richter zu verleiten, die eigene Überzeugung von der Schuld als gegeben anzunehmen oder es mit der Prüfung[2]) seiner Überzeugung nicht genau zu nehmen.

Mit der negativen Beweistheorie war aber der erste Schritt zur freien Beweiswürdigung getan. Die Anhänger der positiven Theorie hatten damit im Grunde zugegeben, daß die Aufstellung gesetzlicher Regeln die objektive Wahrheitsfindung nicht zu garantieren imstande sei. Die Allgemeingültigkeit der objektiven Regeln, die zur Wahrheit führen sollten, wurden von dem Gesetzgeber selbst bezweifelt und die subjektive Überzeugung des Richters als Ausweg herangezogen.

Bis 1848 war die Tätigkeit der Gesetzgebung auf die Verwirklichung einiger der neuen Forderungen beschränkt, ohne einen reformierten Prozeß aus einem Guß hervorzubringen. So bedeutete die Einführung der freien Beweiswürdigung in Sachsen im Jahre 1838 nur deren Aufstockung auf den gemeinrechtlichen Prozeß. Auch das preußische Gesetz von 1846 war kein organisches Ganzes, z. B. konnte nur beim Vorliegen aller Erfordernisse des gemeinen Beweisrechts die ordentliche Strafe verhängt werden.

Die auf das Jahr 1848 folgenden Gesetzgebungen richteten sich fast allgemein nach dem französischen Beispiel[2]). Diese Wendung überrascht, da gegenüber der französischen Prozeßgestaltung bereits allgemeine Skepsis bestand. v. Kries[3] gibt zur Erklärung des Phänomens zu bedenken, daß in der Eile, die geboten war, um die Regierungen unter dem

---

[1]) Nach Schwarze (GS 1858, S. 81ff.) ergab die Praxis aufgrund der negativen Beweistheorie Freisprechungen, die ganz offenbar Schuldige bestrafen und einen Hohn auf die Rechtspflege darstellten.

[2]) Mit Ausnahme Braunschweigs, dessen Prozeßordnung sich für das englische Vorbild entschied.

[3]) Vgl. v. Kries „Lehrbuch des deutschen Strafprozeßrechts“, S. 61ff.

Druck der Ereignisse zum Einlösen ihrer Versprechen zu zwingen, das französische Beispiel in toto übernommen werden mußte. Trotz der Aufklärung über die Beschaffenheit der englischen Jury seitens namhafter Rechtsgelehrter[1]) fehlten konkrete Anhaltspunkte, nach denen man sich bei der Schaffung eines neuen Systems des Strafprozesses hätte richten können. Zur Klärung und eigenschöpferischen Nutzbarmachung der Ergebnisse rechtshistorischer Forschung bedurfte es noch weiterer, gründlicher wissenschaftlicher Arbeit.

Die nachfolgende Unzufriedenheit mit dem Erreichten war unvermeidlich. Die Anhänger des gemeinrechtlichen Prozesses und seiner gesetzlichen Beweistheorie schoben es der Natur der Neuerungen selbst zu; die anderen suchten den Fehler in der falschen Ausprägung, die diese in den übernommenen Prozeßinstituten gefunden hätten.

Die Rechtswissenschaft wandte sich nunmehr in verstärktem Maße der Erforschung des englischen Rechts, insbesondere der englischen Jury und derem Beweisrecht, zu. Die Existenz des gewohnheitsrechtlichen, ausgedehnten Beweisrechts, das ein Wesensmerkmal der englischen Geschworenengerichtsbarkeit ausmacht, ließ den Irrtum der bis dahin vertretenen Alternative, Jury und Freiheit von Beweisregeln einerseits und rechtsgelehrte Richter, die auf Grund gesetzlicher Beweisregeln urteilen, andererseits, deutlich werden.

Erneut schlossen sich ausgedehnte Erörterungen über die Prinzipienfragen im Kampf um ein einheitliches deutsches Strafprozeßrecht an. Nachdem der Bruch mit dem Alten vollzogen war, nahmen diese Diskussionen allgemein einen tieferen, wissenschaftlicheren Charakter an.

Aus der Unzahl der Meinungsäußerungen über die Frage, welchen Prinzipien der neue Prozeß unterzuordnen sei, trat nunmehr Übereinstimmung im Grundsätzlichen zutage. Auch die Gegner des neuen Prozesses wollten die Staatsanwaltschaft beibehalten und die Verteidigung gestärkt sehen, ebenfalls sollte die Hauptverhandlung kontradiktorisch, öffentlich und mündlich durchgeführt werden. Selbst darüber herrschte Einigkeit, daß die positive Beweistheorie in dem zukünftigen Prozeß keine Aufnahme finden sollte.

Die Diskussion bewegte sich um die Fragen, wieweit die alte informatio in das Gesamtverfahren übernommen werden sollte und wie das Verhältnis zwischen Vor- und Hauptverhandlung zu gestalten sei. Nach wie vor stand jedoch das Für und Wider der Jury im Brennpunkt der Erörterungen.

Die eingehenden Untersuchungen über die französische Jury, die nach dem Totaleindruck ihrer „intime conviction" entschied, und die englische Jury, deren Entscheidungen mit Hilfe eines umfangreichen Beweisrechts gefällt wurden, bildeten den Hintergrund für die Erwägungen über Wert, Art und Umfang des zu erstrebenden Beweisrechts. Die gegnerischen

---

[1]) wie Mittermaier, Biener, Feuerbach, Henke, Gneist usw.

Standpunkte bewegten sich jedoch nicht mehr in Extremen, sondern hatten sich weitgehend angenähert. So wiesen die Verfechter der freien Beweiswürdigung, die der Wahrheitsforschung nur ein Minimum von Beschränkungen auferlegt wissen wollten, mahnend darauf hin, daß die in Jahrhunderten ausgebildeten Regeln des gemeinen Rechts als Anleitung auch jetzt noch von unschätzbarem Wert seien[1]). Schwarze[2]) warnte vor der Nachahmung der französischen Jury, ohne dabei die englische als Vorbild anzupreisen: „Die Emanzipation von den Beweisregeln hat weder die Richter noch die Geschworenen von der Pflicht, die Beweise nach den Regeln der Logik und nach den Sätzen der Erfahrung zu prüfen, entbunden, noch ihnen die Befugnis, ohne Prüfung der Beweise nur jenem unsicheren und schwankenden Totaleindrucke die Entscheidung anheimzugeben, eingeräumt".

Andere[3]) stellten das englische Beweisrecht als Vorbild für das neue deutsche Beweisrecht hin. Die Vorschläge variierten von seiner reformierten Übernahme bis zur bloßen Anerkennung des Grundgedankens. Trotz umfangreicher rechtshistorischer Forschungen scheint jedoch von vielen die gesetzesgleiche Geltung der englischen Beweisregeln nicht klar erkannt worden zu sein. Mittermaiers Einführung zu Best's Beweisrecht mag auch hier als Beispiel dienen[4]).

Heinze hingegen hat auch hier in seiner Abhandlung „Zur Physiologie des englischen Beweisrechts"[5]) das Wesen des Beweisrechts der englischen Jury richtig erkannt und dargestellt.

Die teilweise Unvereinbarkeit des englischen Beweisrechts mit der freien Beweiswürdigung ist unverkennbar. Da man den Grundsatz der freien Beweiswürdigung allgemein gewahrt sehen wollte, konnte sich das englische Beispiel im deutschen Beweisrecht auch nicht durchsetzen. War doch mit Glaser's Worten: „Die Anerkennung der freien richterlichen Würdigung des Beweisergebnisses vielleicht die praktisch bedeutsamste Tatsache, welche sich in dem Strafprozeß der Jahre 1848ff. vollzogen hat"[6]).

Nachdem König Wilhelm I. von Preußen zur Schaffung einer einheitlichen deutschen Strafprozeßordnung aufgerufen hatte[7]), wurde der erste Entwurf der StPO im Jahre 1873 vorgelegt. Statt des Schwurgerichts wurde hier die Einführung von Schöffengerichten vorgeschlagen. Mit

---

[1]) Vgl. Planck „Systematische Darstellung des deutschen Strafverfahrens", S. 196.

[2]) In Goltdammers Archiv Jahrgang 1857, S. 726.

[3]) Wie Schaper, GA 1866, S. 180; Geib, „Reform des deutschen Rechtslebens"; v. Tippelskirch, „Von der Beweistheorie in Strafsachen" GA 1857; Glaser „Beiträge zur Lehre vom Beweis im Strafprozeß"; Mittermaier „Die Lehre vom Beweise".

[4]) Siehe oben S. 105ff.

[5]) GS 1863, S. 466.

[6]) Handbuch des Strafprozesses I, S. 340.

[7]) Verfassung des Norddeutschen Bundes Art. 4, 13.

der Bildung von einheitlichen Kollegien aus Laien und Richtern wollte man das Laienelement für die Rechtspflege dienstbar machen, ohne die Nachteile der Geschworenengerichte in Kauf nehmen zu müssen. Die Frage „Schöffen oder Geschworene“ wurde in den folgenden Jahren ausführlich erörtert. Die Strafprozeßordnung 1879 hat sich aber für die Beibehaltung von Geschworenengerichten entschieden.

§ 2. Die RStPO von 1879

Im Gegensatz zu der Gesetzgebung nach 1848 stellt nun der neue deutsche Strafprozeß keine bloße Nachahmung fremder Prozeßrechte dar, sondern ist auf Grund der systematisch-wissenschaftlichen Durchdringung der strafprozessualen Problematik als völlig eigenständiges Werk anzusprechen. Ein kurzer Überblick soll die Grundlage des Verfahrens vor Augen führen:

Im gewöhnlichen Erkenntnisverfahren lassen sich 3 Abschnitte unterscheiden, das Vorverfahren, das Zwischenverfahren und das Hauptverfahren.[1]) Das erstere tritt in der Regel als einfaches, vorbereitendes Verfahren bzw. Ermittlungsverfahren auf und liegt in der Hand des Staatsanwalts. Es kann aber auch in Form der Voruntersuchung durch einen Richter fortgeführt werden. Der Richter hat auch hier im Dienste der Aufklärung des Sachverhalts unparteiisch die Interessen der Anklage und Verteidigung zu berücksichtigen. Bis zum Jahre 1935 war die Voruntersuchung für alle Schwurgerichtssachen zwingend, nach 1935 war sie zwar noch zugelassen, wurde aber praktisch kaum mehr beantragt. Seit 1945 fand die Voruntersuchung als Aufnahmeform des Vorverfahrens auf Antrag der Staatsanwaltschaft oder des Beschuldigten wieder Verwendung, um mit der Novelle vom 12. 9. 1950 ganz in dem Umfang eingesetzt zu werden, der ihr vor 1935 zukam. Das Vorverfahren spielt sich in seinen beiden Formen nicht öffentlich und schriftlich ab und wird mit Recht als die Fortsetzung des alten gemeinrechtlichen Untersuchungsprozesses angesprochen.

Über das Ergebnis des Vorverfahrens entscheidet der Staatsanwalt. Mit der Erhebung der Klage oder der Einstellung endet das Vorverfahren. Nach erfolgter Voruntersuchung kann der Staatsanwalt jedoch nicht von sich aus einstellen, sondern das Gericht entscheidet, ob der Angeschuldigte außer Verfolgung gesetzt oder die Hauptverhandlung anberaumt werden soll.

Das Zwischenverfahren[2]) bedeutet die Vorprüfung der Anklage durch das beschließende Gericht, gibt dem Angeklagten Gelegenheit, gegen die Anordnung der Hauptverhandlung Einwendungen zu erheben und Beweisanträge zu stellen. Liegen gegen die Anordnung der Hauptverhandlung keine Bedenken vor, so wird durch den Vorsitzer der Termin bestimmt.

---

[1]) Eduard Kern „Strafverfahrensrecht“, S. 14ff.
[2]) Kern, a. a. O., S. 133.

Bei Bedenken wird die Entscheidung des Gerichts durch förmlichen Beschluß herbeigeführt[1]).

Der äußere Gang der Hauptverhandlung ähnelt in großen Zügen der französischen Regelung. Sie beginnt mit dem Aufruf der Sache. Nach der Vernehmung des Angeklagten zur Person erfolgt der Vortrag der Anklage durch den Staatsanwalt und die Einlassung des Angeklagten zur Sache. In der sich anschließenden Beweisaufnahme findet die Vorführung der Beweismittel durch den Vorsitzer statt. Er vernimmt die Zeugen und Sachverständigen, hat aber dem Staatsanwalt, dem Angeklagten bzw. Verteidiger, sowie den Beisitzern zu gestatten, unmittelbare Fragen an die Zeugen zu richten. Bei übereinstimmendem Antrag ist auch ein Verhör der Zeugen durch Staatsanwalt und Verteidiger möglich, § 239.

Bis zu der Abschaffung der reinen Schwurgerichte durch die Emmingersche Reform von 1924 erfolgte nach Abschluß des Beweisverfahrens in der Schwurgerichtsverhandlung der Schlußvortrag des Vorsitzers, der sich nur auf Rechtsbelehrungen zu beschränken hatte. Auf die Würdigung der Beweise durfte er nicht eingehen. Die Bedeutung der englischen „charge" konnte diesem Schlußvortrag nicht zukommen. Die deutschen Geschworenen entschieden nicht wie die französische Jury nur über die Klärung der einzelnen Tatsachen, die die Tatbestandsmäßigkeit der Handlung konstituieren, sondern über die Schuldfrage als solche. Man hatte sich hier bewußt dem englischen Beispiel angeschlossen, da die Praxis der französischen Schwurgerichte bewiesen hatte, daß die systematische Scheidung von Tat- und Rechtsfragen undurchführbar sei.

Die Hauptverhandlung verläuft also in den Formen des Anklageprinzips, d. h. mündlich, öffentlich und kontradiktorisch. Der Beschuldigte ist als Prozeßpartei anerkannt und hat das Recht zur Verteidigung.

Im Beweisverfahren herrscht jedoch als Materialprinzip die Offizialmaxime bzw. Instruktionsmaxime vor.

Im Rahmen dieser Arbeit soll uns nun vor allem das Beweisrecht der neuen Strafprozeßordnung beschäftigen. Neben der grundsätzlichen Beibehaltung der freien Beweiswürdigung legte sie den Keim zu einer neuen Art von Beweisrecht, das weder in das französische noch englische Extrem verfiel. In Abwägung der komplexen und oft konträren Belange von Gerechtigkeitspflege und Berücksichtigung der persönlichen Freiheitssphäre des Einzelnen sind die Umrisse eines beweisrechtlichen Systems vorgezeichnet worden, welches die Sichtung des angebotenen Beweismaterials vorsieht, ohne durch Beweisregeln die Beweiskraft im voraus zu bestimmen. Ein Eingehen auf das Wesen der richterlichen Wahrheitsfindung soll die Anforderungen verdeutlichen, die an ein Beweisrecht gestellt werden müssen, um der nun schon selbstverständlich gewordenen Forderung auf freie Beweiswürdigung zu entsprechen und

[1]) Seit der Novelle v. 12. 9. 50 ist der Eröffnungsbeschluß die Regel, § 175.

gleichzeitig bei der Gegenüberstellung des französischen, englischen und deutschen Beweisrechtes deren Wertung zu ermöglichen.

Die Tatsachen, auf die das Gericht seine Entscheidungen stützt, müssen wahr sein und von dem Richter als wahr erkannt werden. Von dieser Grundforderung des Richtens ist wohl noch nie abgesehen worden, wenn auch die unterschiedlichsten Wege zur Erkenntnis der Wahrheit beschritten worden sind. Glaubte man in früheren Kulturstufen, sich durch Beobachtung gewisser Regeln der objektiven Wahrheit versichern zu können, so hat die Einsicht in die Vorgänge der Urteilsbildung ergeben, daß es sich bei den Menschen nur um die Gewinnung einer subjektiven Wahrheit handeln kann. Diese subjektive Wahrheit nun kann sich im Idealfall der menschlichen Erkenntnis als apodiktische Gewißheit manifestieren, was aber nur im Bereich der mathematischen Wissenschaften möglich ist. Der Richtende muß sich jedoch mit einem geringeren Grad an Gewißheit, nämlich der Überzeugung vom Vorliegen oder Nichtvorliegen einer Tatsache, begnügen. Diese Überzeugung darf von geringfügigen Zweifeln absehen, doch niemals in die unendliche Reihe der Schattierungen des Vermutens und des Meinens absinken, welches sich zwischen den Gegenpolen der Überzeugung ausdehnt[1]).

Weiterhin muß in Betracht gezogen werden, daß der seelische Vorgang, der sich bei der Überzeugungsfindung abspielt, notwendig relativ ist. Stoßen doch die Wahrnehmungen, wie Glaser[2]) treffend ausführt, auf die unterschiedlichsten Komplexe von Vorstellungen und Kenntnissen, die durch die Befolgung allgemeiner Denkgesetze allein nicht korrigiert werden können. Denn die Urteilsbildung hängt keineswegs nur von bewußten, durch Anwendung allgemeiner Denkgesetze zu kontrollierenden Faktoren ab, sondern wird auch von unbewußten Einflüssen gesteuert, die sich im allgemeinen einer Überprüfung entziehen. So hat Glaser festgestellt, daß die Auffindung der wirksamsten Garantien für die Wahrheitsfindung nicht ein juristisches oder politisches, sondern ein psychologisches Problem ist, das noch keine Lösung gefunden hat. Die bisher von Theorie und Praxis im Bereich der freien Beweiswürdigung aufgestellten zwei Garantien zur Verhütung subjektiver Willkür seien nicht überzeugend. Einmal würde die Garantie der größeren Anzahl der bei der Überzeugungsbildung beteiligten Totaleindrücke, wie Glaser sehr richtig bemerkt, durch die Ausführungen Gustav Le Bon's über die Psychologie der Massen in Frage gestellt; zum anderen könne die Fixierung der Überzeugungsgrundlage durch den Einzelrichter nur grobem Mißbrauch steuern. Die Suche nach allgemeinen Garantien für die Wahrheitsbildung hat also weiterhin wach zu bleiben.

Der Beweis nun soll dem Richtenden selbst die Versicherung über die Grundlagen seiner Überzeugung vermitteln. Ein juristischer Beweis ist

---

[1]) Glaser, „Handbuch des Strafprozesses" I, S. 340ff.
[2]) Glaser, „Handbuch des Strafprozesses" I, S. 346ff.

dann als gelungen anzusehen, wenn er die Überzeugung von der Wahrheit bestimmter Tatsachen bewirkt hat, und diese Überzeugung auf Gründen beruht, die den allgemeinen Denkgesetzen entsprechen. Beweisgründe, die a priori die Wahrheit verbürgen, existieren nur in der Vorstellung früherer Kulturstufen, die mittels starrer Beweisregeln von absoluter Beweiskraft den Spielraum der subjektiven Überzeugungsbildung auf ein Nichts zusammenschrumpfen ließen. Das in Frankreich praktizierte andere Extrem, welches die subjektive Überzeugungsbildung von jeder Fessel befreit sehen wollte, entspricht weder den Rücksichtnahmen auf die persönliche Freiheit, noch kann es eine gerechte Rechtspflege gewährleisten, da der Willkür keine Schranken gesetzt werden können.

So darf ein Beweisrecht keine Regeln dulden, die die Würdigung des Beweises durch den Richter beeinträchtigen können. Die Regeln haben aber Sorge zu tragen, daß die Gefahrenquellen, die aus der menschlichen Unzulänglichkeit erwachsen, eingedämmt werden.

Im folgenden sollen die verschiedenen Versuche einer Lösung dieser Aufgabe durch das englische, französische und deutsche Recht einander gegenübergestellt werden.

3. Abschnitt

Überblick über das geltende anglo-amerikanische, französische und deutsche Beweisrecht

Kapitel I
Beweismittel

§ 1. Zeugen

I. Begriff; Wahrnehmungen und Schlüsse.

Ein Zeuge hat seine Aussagen, die sich auf rechtlich relevante Tatsachen beziehen sollen, auf Grund seiner sinnlichen Wahrnehmungen zu geben.

Dem Sinne nach stimmen die deutsch-französische und anglo-amerikanische Rechtswissenschaft in dieser Definition überein[1]). Auch die Schlüsse, die sich daraus in bezug auf die Art und Weise des Zeugnisses ergeben, sind einander ähnlich, tragen jedoch den Charakter der beiden Rechtskreise.

So hat der Zeuge im allgemeinen nur über Tatsachen zu berichten, die er wahrgenommen hat; die Schlüsse daraus zu ziehen, ist Sache des Richters. Das deutsche Recht überläßt es dem Ermessen des Richters, den Zeugen darauf hinzuweisen. Im französischen Recht allerdings sind die Zeugen nicht auf die Wiedergabe von Tatsachen beschränkt, sondern können auch ihre Meinungen in vollem Umfange äußern.

Im anglo-amerikanischen Prozeß jedoch wird bei einem Verstoß gegen obigen Grundsatz durch einen Entscheid des Richters die Aussage des Zeugen als unzulässig zurückgewiesen. Einige Ausnahmen von der Regel, die ansonsten streng befolgt wird, betreffen Meinungsäußerungen, die innerhalb des Bereiches der allgemeinen Beobachtung und Erfahrung liegen und gestatten den Zeugen, in diesen Fällen eine Schlußfolgerung aus den einzelnen, ihrem Urteil zugrundeliegenden Tatsachen zu bilden, wie z. B. die Feststellung, daß eine Person betrunken gewesen sei; daß ein Automobil eine bestimmte Geschwindigkeit gehabt habe; daß eine gehörte Stimme eine Männer-, Frauen- oder Kinderstimme gewesen sei, usw.[2])

[1]) Das englische und amerikanische Beweisrecht können zusammenfassend behandelt werden, da das amerikanische Beweisrecht der Teil des englischen Rechts ist, der sich in Amerika bis auf geringe Abweichungen unberührt erhalten hat.

[2]) Wigmore's „Code of Evidence", Rule 100: General Principle: A witness may not in his testimony state an inference (opinion, conclusion) from data observed by him, provided the data on which the inference is based, have been or can be reproduced and communicated to the jury, by the words and gestures of this witness or others, so fully, exactly and adequately, as a basis for the inference is merely superfluous as an assistance to the jurors in the ascertainment of the truth.

II. Unmittelbares Zeugnis; Zeugnis vom Hörensagen.

Weiterhin hat der Zeuge nur über sein eigenes Wissen zu berichten, das heißt über seine eigenen Wahrnehmungen auszusagen. Daraus folgt die grundsätzliche Ablehnung des Zeugnisses vom Hörensagen im englischen Recht. Der Ausschluß der Zeugen vom Hörensagen kann auch auf die Regel des „besten Beweises" bzw. den Grundsatz der Unmittelbarkeit gestützt werden.

Während im französischen Recht das Zeugnis vom Hörensagen ohne Einschränkung erlaubt ist, soll nach deutschem Recht dieses Zeugnis nur dann vorgebracht werden, wenn der Originalzeuge nicht zu erreichen ist. Während sowohl Lehre wie Reichsgericht Zeugnis vom Hörensagen deshalb schlechthin für zulässig erklären, weil die Strafprozeßordnung kein ausdrückliches Verbot ausspricht, wollen von Kries und von Hippel die Unzulässigkeit aus § 250 RStPO ableiten. Der Standpunkt der herrschenden Meinung und des Reichsgerichts verdient jedoch den Vorzug, da hier die gleichen Erwägungen wie bei der Frage der Beweisregeln im allgemeinen angestellt werden müssen. Bemerkenswert sind in dieser Hinsicht die Ausführungen Siegbert Schaefers[1]), der das Zeugnis vom Hörensagen nur für den Fall zulassen will, daß der Zeuge Gewährszeuge sein kann, d. h. im Stande ist, Einzelheiten über die Glaubwürdigkeit, den Stand usw. des Äußernden auszusagen.

Das englische Recht dagegen schließt das Zeugnis vom Hörensagen als eine der striktest beachteten Regeln aus[2]). Die wichtigsten Ausnahmen, durch die man in gewissen Fällen seinen möglichen Beweiswert zu erhalten versucht, sind folgende:

Die Aussagen Sterbender sind insoweit zulässig, als der Sterbende das Opfer eines Mordes oder Totschlags ist, die Aussagen sich auf die näheren Umstände der Tat beziehen und in der Erwartung des nahen Todes abgegeben worden sind. Diese Ausnahme erklärt sich aus der Ansicht, daß die Aussage eines Menschen, die unter dem Eindruck des nahenden Todes abgegeben wurde, mit einer Wahrheitsgarantie versehen ist, die die fehlende Vereidigung sowie den Mangel des Gegenverhörs auszugleichen geeignet ist[3]).

---

[1]) Das Zeugnis vom Hörensagen und freie Beweiswürdigung im Strafprozeß. Berliner Dissertation 1932.

[2]) Vgl. Kenny, „Outlines of Criminal Law" p. 363; Stephen, „Digest of the Criminal Law" p. 26; Wigmore a. a. O., Rule 147, Art. 2 Par. (2): An extra-judicial assertion, i. e. uttered otherwise than as provided in Rules 148 (Cross-Examination) and 149 (Confrontation) is not admissible for the purpose of giving credit to it as testimony to the fact asserted in it, whether it be (1) oral or written (2) sworn or unsworn.

[3]) Kenny a. a. O., p. 388; Stephen, a. a. O. p. 31ff.; Wigmore, a. a. O., Rule 151: Dying declarations: A statement made by a person who is near to death and concious thereof is admissible, after his death.

Das Zeugnis ist selbst dann zulässig, wenn es von dem Sterbenden auf Suggestivfragen hin abgegeben wurde[1]). Jedoch wird trotz der Ausnahmestellung, die diese Aussage genießt, nicht versäumt, auf die Vorsicht hinzuweisen, mit der dieser Beweis gewürdigt werden soll, da die geistigen und körperlichen Fähigkeiten des Sterbenden bereits stark gelitten haben können. Außerdem ist die Aussage nur insoweit zulässig, als sie sich auf die Wahrnehmungen von Tatsachen bezieht, und es sich nicht um Meinungen oder Schlußfolgerungen handelt[2]).

Eine weitere Ausnahme besteht hinsichtlich des Zeugnisses über solche Aussagen Dritter, die gleichzeitig mit der Tat gefallen sind und in enger Verbindung mit dem Tatverlauf stehen. Die Aussage über die „res gestae" ist immer zulässig und wird als reine Feststellung der Tatsache, daß z. B. ein Ausruf eines Dritten einen bestimmten Inhalt hatte, ohne damit dessen Wahrheit zu beweisen, nicht als Ausnahme der „hearsay rule" angesehen[3]).

Jedoch gibt es auch hier eine echte Ausnahme von der „hearsay rule". Eine genügende Garantie für die Wahrheit des Inhalts der Aussage wird dann für vorliegend erachtet, wenn der Äußernde sich in einem solchen Schockzustand befand, daß ihm keine falsche Aussage zugetraut werden kann[4]).

Die letzte der wichtigsten Ausnahmen von der „hearsay rule" ist die Zulässigkeit der Aussage der vom Angeklagten gemachten Angaben gegenüber einem Zeugen, beziehungsweise von in der Gegenwart des Angeklagten und Zeugen gemachten Äußerungen Dritter, deren Wahrheit durch das Verhalten des Angeklagten verbürgt wird. Insbesondere handelt es sich hier um das Zeugnis über ein vollständiges oder teilweises direktes

---

Art. 1 Issue: The issue may be:
Par (a) (1) a criminal charge
(2) in which death is involved
(3) as an essential element of the charge
(4) and the death is that of the declarent.

Art. 2 The statement must concern the circumstances of the act causing the declarents injury.

[1]) Stephen, a. a. O., p. 31; Wigmore, a. a. O., Rule 151, Art. 4 P. (a).

[2]) Stephen, a. a. O., p. 31; Manual for Courts-Martial US Army, 1949. p. 164; Best-Marquardsen, „Grundzüge des englischen Beweisrechts", p. 153, 327. Wigmore, a. a. O., Rule 151, Art. 4: The statement is not admissible as to any facts upon which the declarent would not have been qualified as a witness.

[3]) Manual, a. a. O., p. 118; Stephen, a. a. O., p. 26; Wigmore Rule 147: Art. 2 Par. (c): But an utterance not offered as a testimonial assertion, i. e. offered for some other purpose than to be credited as evidence of the fact asserted in it, is not forbidden by the present rule, the various classes of utterances thus falling without the scope of the rule are enumerated in Rule 171. (Rule 171, Art. 1: Utterances forming a part of the issue, Art. 2: Utterances forming a verbal part of the act).

[4]) Manual a. a. O., p. 118; Wigmore, a. a. O., Rule 170: Spontaneous exclamations; insbesondere der sogenannte „Fresh complaint" der Rule 170 nach Vergewaltigung oder Raub; Stephen, a. a. O., p. 27: early complaint by females in sexual cases.

oder indirektes Geständnis des Angeklagten dem Zeugen gegenüber. Das Zeugnis ist zulässig, wenn zuvor festgestellt wurde, daß die Äußerungen des Angeklagten freiwillig abgegeben wurden.

III. Zeugnisfähigkeit, Zeugnisverweigerungsrecht und Zeugnisverbot.

Über die Zeugnisfähigkeit als solche bestimmt das deutsche Recht, daß grundsätzlich jedermann zeugnisfähig ist; über die konkrete Fähigkeit entscheidet der Richter bzw. Sachverständige von Fall zu Fall. So können auch Kinder und Geisteskranke zum Zeugnis zugelassen werden. Ergänzend hierzu tritt die Bestimmung, daß die Vereidigung bei Personen unter 16 Jahren zu unterbleiben hat (§ 60 Abs. 1 RStPO), ebenso bei Personen von mangelnder Verstandesreife sowie Verstandesschwäche.

Da das englische Recht einen unvereidigten Zeugen nicht zuläßt, sind die Grenzen, innerhalb derer Beweis von Kindern und Geisteskranken möglich ist, von vornherein enger, obwohl auch hier das Zegunis von Kindern einer bestimmten Altersstufe und Geisteskranker nicht mehr grundsätzlich ausgeschlossen wird[1]). Die Beweislast, daß der Zeuge nicht zeugnisfähig ist, obliegt dem Gegner; (Wigmore, a. a. O. Rule 84, Art. 2). Bei Kindern unter 14 Jahren hat jedoch die Partei die Beweislast, für die das Kind als Zeuge auftreten soll[2]).

Eine Disqualifizierung derer, die der Begehung eines bestimmten Verbrechens überführt worden sind, ist grundsätzlich aufgehoben. Jedoch gibt es Staaten in den USA, deren Statute den wegen Meineides Verurteilten die Zeugnisfähigkeit absprechen (Anm. 1 zu Rule 86 Art. 2).

Die Zulässigkeit unbeeidigter Zeugen bildet einen der hauptsächlichsten Unterschiede der deutsch-französischen Regelung der Zeugenaussage zu der des anglo-amerikanischen Rechts. Der anglo-amerikanische Grundsatz der Beeidigung der Zeugen ist ohne Ausnahme[3]). Die in Rule 173 Art. 6 aufgezählten angeblichen Ausnahmen sind nicht Ausnahmen von der Verpflichtung zur Ableistung des Eides, sondern sie dispensieren nur von der Ableistung des religiösen Eides. Statt des Eides muß gemäß Art. 7 die „affirmation“ abgegeben werden, die Wahrheit sagen zu wollen.

---

[1]) Stephen, a. a. O,. p. 133ff.; vgl. Gesetz über Zulässigkeit des Zeugnisses von Kindern ohne Vereidigung in England, 1904; Wigmore, a. a. O., Rule 84: No person is disqualified as a witness by reasom of insanity, imbecility, disease, intoxication, or any other form of mental derangement or defect, except in so far as his condition precludes substantially all trustworthiness in his powers of observation, recollection, or narration, on the specific matter to be testified.

[2]) Wigmore, a. a. O., Rule 85: No person is disqualified as a witness by reason of mental immaturity or at any particular age, except in so far as he lacks substantially all trustworthiness in his powers of observation, recollection or narration, on the specific matter to be testified; in Verbindung mit Art. 2 Par. (a): A person under the age of 14 is presumed to lack capacity.

[3]) Wigmore, a. a. O., Rule 173: Every person giving testimony in court or by deposition must publicly make oath or affirmation that he will in that testimony speak truth. Stephen, a. a. O., p. 136: Bei Nichtvereidigung eines Zeugen neue Verhandlung!

Im deutschen Recht erfährt der Grundsatz zahlreiche Ausnahmen. So dürfen z. B. gemäß § 60 Ziff. 1—3 StPO Personen unter 16 Jahren, solche denen die Zeugnisfähigkeit auf Grund einer Bestimmung des Strafgesetzbuches abgesprochen worden ist und solche, die der Tat oder der Beteiligung an ihr verdächtig sind, nicht vereidigt werden. Gemäß § 63 in Verbindung mit § 52 Abs. 1 StPO können Verwandte, Verlobte und Verschwägerte die Beeidigung des Zeugnisses verweigern[1]; sie haben auch das Recht, die Aussage selbst zu verweigern.

Die Beantwortung einzelner Fragen kann von jedem Zeugen verweigert werden, falls er durch die Aussage sich selbst oder nahe Angehörige der Gefahr strafgerichtlicher Verfolgung aussetzen könnte, § 55 StPO.

Verteidiger, Rechtsanwälte und Ärzte können gemäß § 53, I Ziff. 2, 3 in Verbindung mit § 53, II StPO ihr Zeugnis verweigern, wenn sie von ihrer beruflichen Schweigepflicht nicht entbunden worden sind. Geistlichen steht dagegen ein unbeschränktes Zeugnisverweigerungsrecht zu, § 53, I Ziff. 1 StPO[2]. Auch öffentliche Beamte dürfen ohne behördliche Aussagegenehmigung nicht über solche Umstände vernommen werden, auf die sich ihre Pflicht zur Amtsverschwiegenheit bezieht, § 54 StPO.

Eine Eigentümlichkeit des französischen Beweisrechts ist die Einteilung in Personen, die Zeugnis geben dürfen, und unter Eid auszusagen haben, und solchen, die bloße Auskünfte (renseignements) liefern und nicht unter Eid aussagen dürfen. Diese Einteilung ist mit der Herrschaft der freien Beweiswürdigung nicht zu vereinen. So sehr diese Regelung aber zu einer vorherigen Abwägung der Beweiskraft der beiden Arten von Aussagen verleiten kann, hat der Gerichtsgebrauch doch keine Ausnahme von der freien Überzeugungsbildung daraus entstehen lassen. Die Nachteile einer solchen Einteilung sind offenbar, die Wahrheitsgarantie wird dadurch eher verringert.

Die gesetzlich vom Zeugnis ausgeschlossenen Personen sind: 1. die unwürdigen, vom Zeugnis durch Verlust der bürgerlichen Ehrenrechte ausgeschlossenen Personen (Code pénal, Art. 34 Nr. 3; Art. 42 Nr. 8); 2. Kinder unter 15 Jahren (Art. 79)[3]; Personen, die nach Maßgabe der Art. 156 und 322 der Parteilichkeit verdächtig sind; 4. Suspekte; 5. Personen, die nicht ordnungsgemäß zitiert worden sind (Art. 315) und die die Parteien nicht als Zeugen zulassen wollen.

Alle diese Personen können aber im Rahmen der diskretionären Gewalt des Vorsitzenden „renseignements" abgeben (Art. 269).

Ein Zeugnisverweigerungsrecht besteht nur in beschränktem Maße. So befreit man den Zeugen nicht von der Pflicht, auf Fragen zu antworten, deren Beantwortung ihn der Gefahr einer strafgerichtlichen

---

[1]) Eingeschränkt gegenüber der nationalsozialistischen Gesetzgebung, siehe das Gesetz zur Einschränkung der Eide vom 24. Nov. 1933.

[2]) Seit 12. 9. 1950 auch Redakteuren, Verlegern und Druckern nach Maßgabe des § 53, I 4.

[3]) Die Artikel sind die des code d'instruction criminelle.

Verfolgung aussetzen würde. Darüber hinaus wird er bei Aussageverweigerung noch nach Art. 80, 157, 189, 355 des code d'instruction criminelle bestraft. Auch läßt das aus der Notlage des Zeugen entsprungene falsche Zeugnis nicht eine mildere Bestrafung zu.

Der Gerichtsgebrauch kennt das Zeugnisverweigerungsrecht für Personen, die gesetzlich zur Wahrnehmung der ihnen beruflich anvertrauten Mitteilungen verpflichtet sind. Man stützt sich dabei auf den Art. 378 des code pénal, den einzigen Paragraphen des französischen Rechts, der sich über den Schutz beruflicher Geheimnisse ausspricht. Da hier die Preisgabe derartiger Geheimnisse unter Strafe gestellt wird, schließt man auf ein Zeugnisverbot. Die Rechtsprechung verhielt sich jedoch schwankend, da dem Verbot im code pénal ein allgemeines Zeugnisverbot im code d'instruction criminelle gegenübersteht. Seit 1899 steht jedoch die Rechtsprechung insoweit fest, als man ein Zeugnisverbot für alle die Personen annimmt, die gesetzlich zur Wahrung der ihnen im Beruf anvertrauten Geheimnisse verpflichtet sind. Art. 378 code pénal wurde sehr weitgehend ausgelegt, z. B. fallen auch Apotheker und Hebammen darunter. Wenn dem Verbot zuwider eine Aussage gemacht wurde, darf diese bei der Überzeugungsbildung nicht verwertet werden.

Der Eid wird auch schon im Ermittlungsverfahren bzw. der Voruntersuchung geleistet, und in der Hauptverhandlung wiederholt.

Das Gesetz schweigt über den Ausschluß von Zeugen, die nicht die geistige Befähigung zum Zeugnis haben, und überläßt die Regelung dem Ermessen des Richters mit Ausnahme des Art. 79 code d'instruction criminelle, der die Altersgrenze bestimmt.

Der code d'instruction criminelle schließt Aszendenten und Deszendenten, Geschwister, Mitbeschuldigte, Ehegatten (selbst Geschiedene) vom Zeugnis aus, wenn die Parteien dies fordern. Der Vorsitzende kann darauf jedoch bestimmen, daß diese Personen zu „renseignements" zugelassen werden.

Der Ausschluß des Angeklagten vom Eide ist zwar nicht ausdrücklich vom Gesetz bestimmt, aber selbstverständlicher Ausfluß des Satzes, daß keiner gehalten sein darf, in eigener Sache aussagen zu müssen[1]). Die Ausschlußregeln werden vor den tribuneaux de police und den tribuneaux correctionnels streng eingehalten, da die diskretionäre Gewalt des Vorsitzenden nur im Schwurgerichtsverfahren besteht. Dort kann der Vorsitzende alle Regeln durch die Möglichkeit, von den ausgeschlossenen Personen „renseignements" einzuholen, umgehen. Gemäß Art 269 code d'instruction criminelle ist ihm jedes Mittel zur Ergründung der Wahrheit erlaubt.

Darüber hinaus gelten die Ausschlußgründe der Artikel 156 und 322 code d'instruction criminelle nur für die Hauptverhandlung und nicht für die Voruntersuchung bzw. das Ermittlungsverfahren.

---

[1]) Garraud, „Traité d'Instruction Criminelle et de Procédure Pénale" II, S. 104.

Das anglo-amerikanische Recht der Zeugnisverweigerung bietet ein ähnliches Bild. So sind gewisse Vertrauensverhältnisse geschützt:

Rule 217: Beichtkinder und Priester.

Rule 210: Anwalt und Klient.

Rule 216: Patient und Arzt, jedoch mit Ausnahme des Art. 5: bei Verbrechen und Vergehen findet die Vorschrift keine Anwendung[1]).

Außerdem sind Staatsgeheimnisse und Auskünfte, die die Verbrechensverfolgung betreffen, von der Aussage ausgeschlossen. Ferner alle amtlichen und diplomatischen Mitteilungen, deren Veröffentlichung dem öffentlichen Interesse abträglich sein würde; außerdem die Beratungen der Geschworenen und Richter[2]).

Ehemann und Ehefrau können nur dann über vertrauliche Mitteilungen untereinander aussagen, wenn beide ihre ausdrückliche Zustimmung zu der Aussage geben, Rule 89, Art. 1. Grundsätzlich sind diese Mitteilungen vom Zeugnis ausgenommen, Rule 211. Nur dann wird einer der Ehegatten als Zeugen gegen den anderen zugelassen, wenn jener das Opfer eines Vergehens des anderen war, Rule 211, Art. 1 Par (d). Aber auch in diesem Falle kann der betreffende Ehegatte nicht zur Aussage gezwungen werden. Die weitgehende Vorschrift des Par. 62 Ziff. 1 und 3 StPO besteht im anglo-amerikanischen Recht nicht. Auch die Mitteilungen an Ärzte sind im Strafverfahren nicht geschützt.

Die durch das Gesetz zur Einschränkung der Eide im Strafverfahren eingeführte Regelung des Nacheides, § 59 StPO, ist auch heute geltendes Recht. Unter anderem soll der Nacheid verhindern, daß Eide abgenommen werden, deren Unzulässigkeit sich erst im Laufe der Vernehmung herausstellt.

Während im anglo-amerikanischen Recht bei jeder Aussage, auch vor der Hauptverhandlung, vom Eide Gebrauch gemacht wird, beschränkt ihn das deutsche Recht mit Ausnahme der §§ 65, 66, 66b StPO auf die Hauptverhandlung.

Zusammenfassend läßt sich sagen, daß die deutsche Regelung des Zeugnis- und Eidverweigerungsrechts für den Zeugen als solchen günstiger als die trotz zahlreicherer Bestimmungen engere Fassung des anglo-amerikanischen Rechts ist, vgl. §§ 52, 53, 60, 63 StPO! Auch der Nacheid, der die Gefahr der Straffälligkeit wegen falscher Aussagen bzw. Meineides herabsetzt, bedeutet einen gewissen Schutz für den Zeugen.

IV. Erschütterung der Glaubwürdigkeit des Zeugen im anglo-amerikanischen Verfahren.

Da die Vernehmung der Zeugen im anglo-amerikanischen Verfahren strengeren Regeln, als sie das deutsche Recht kennt, folgt, ist auch der

---

[1]) Dagegen im englischen Recht (Stephen, a. a. O., S. 177): Other professional persons, whether physicians, surgeons or clergymen have no such privilege. So auch Kenny, a. a. O., S. 377.

[2]) Stephen, a. a. O., S. 183, 179, 175ff. Kenny, a. a. O., S. 376.

Angriff der Gegenpartei auf die Glaubwürdigkeit des Zeugnisses besonders ausgebildet[1]).

Die Ansatzpunkte, die dazu geeignet sind, die Glaubwürdigkeit zu erschüttern, können aus den allgemeinen geistigen Fähigkeiten des Zeugen hergeleitet werden; insbesondere aus der Beschaffenheit seines Gedächtnisses, ferner aus dem allgemeinen Eindruck, den sein Betragen vor Gericht vermittelte, aus seiner Freundschaft oder Feindschaft gegenüber den Parteien. Endlich darf auf den Leumund des Zeugen zurückgegriffen werden, den er bezüglich seiner Glaubwürdigkeit genießt. Der Leumund, der sonstige Charaktereigenschaften des Zeugen betrifft, darf nicht angeführt werden, er darf sich lediglich auf den etwaigen Mangel an Wahrheitsliebe beschränken. In dieser Absicht ist auch der Beweis zulässig, daß der Zeuge der Begehung eines Delikts überführt wurde, welches geeignet ist, seine Glaubwürdigkeit in Frage zu stellen bzw. ganz allgemein sittliche Verwerflichkeit offenbart (moral turpitude). Es ist unzulässig, die Verurteilung wegen anderer Delikte zu erwähnen.

Außerdem darf darauf hingewiesen werden, daß der Zeuge vor der Verhandlung abweichende Aussagen gemacht hat. Bestreitet dies der Zeuge, so ist eine etwaige Urkunde über die strittige Aussage als Beweis zulässig[2]). Vorurteil, Parteilichkeit, Freundschaft, Streit, Verwandtschaft können gleichfalls zur Erschütterung der Glaubwürdigkeit herangezogen werden[3]).

V. Zeuge nur dritte Personen; Partei als Zeuge.

Zeuge kann nach deutschem wie französischem Recht nur ein „Dritter", also nicht ein Prozeßsubjekt sein; er darf also weder zum Gericht gehören noch Partei sein, §§ 22 Ziff. 5, 31 in Verbindung mit § 22 Ziff. 5 StPO. Auch auf die Parteivertreter erstreckt sich das Verbot. Die Regelung ist jedoch im einzelnen strittig. Während die Stellung des Zeugen mit der des Richters unvereinbar ist, kann der Staatsanwalt, sollte er als Zeuge vernommen werden, danach weiter amtieren. Dasselbe soll hinsichtlich der Verteidiger[4]) gelten, während von Hippel[5]) auch den Staatsanwalt wie den Verteidiger von der weiteren Ausübung seiner Funktionen ausschließen will, nachdem er als Belastungszeuge vernommen worden ist.

Die Partei kann niemals Zeuge sein[6]).

---

[1]) Stephen, a. a. O., S. 117; Wigmore, a. a. O., Rule 109: The process of introducing evidence tending to diminish the credibility of a person whose testimonial statement has been already admitted as evidence is termed impeachment.

[2]) Kenny, a. a. O., S. 349; Manual, a. a. O., S. 134.

[3]) Wigmore, a. a. O., Rule 109—121 (laufende Nummern der Einzelbestimmungen: 820—933!).

[4]) Behling, „Deutsches Reichsstrafprozeßrecht", S. 296.

[5]) v. Hippel, „Der deutsche Strafprozeß", S. 396.

[6]) Behling, a. a. O., S. 295; Hippel, a. a. O., S. 396; E 52. 289; Zeuge ist, wer „ohne Partei zu sein, seine Wahrnehmungen über Tatsachen durch Aussage kundgeben soll", zitiert bei Hippel, S. 396, Anm. 2.

Die Zulässigkeit des Nebenklägers zum Zeugnis ist jedoch nicht eindeutig geklärt. Während ein Teil der Lehre diese auf Grund des starken Parteiinteresses nicht zulassen will[1]), steht das Reichsgericht[2]) auf dem Standpunkt, beim Nebenkläger im Gegensatz zum Privatkläger die eidliche Vernehmung zu gestatten.

Auch nach französischem Recht sind Richter, Dolmetscher, Gerichtsschreiber, Staatsanwalt und Geschworene sowie der Angeklagte nicht als Zeugen zulässig. Dies wird aus Art. 332, 392 code d'instruction criminelle entnommen. Aber gegebenenfalls sind diese Personen zum „renseignement" zugelassen.

Das anglo-amerikanische Recht dagegen bestimmt, daß auch die Parteien selbst Zeuge sein können[3]).

Den in der Sache selbst tätigen Anwälten wird die Zulassung zum Zeugnis nur zögernd gestattet; im allgemeinen wird kein Anwalt mit Rücksicht auf die Berufsethik von dieser Befugnis Gebrauch machen (Rule 180, Art. 4)[4]).

Ein Geschworener kann selbstverständlich als Zeuge auftreten, doch wird von ihm erwartet, daß er sich für diesen Fall von seiner Amtspflicht als Geschworener dispensieren läßt. (Rule 180, Art. 3.) Dasselbe gilt für den Richter (Rule 180, Art. 2), obwohl es auch hier nicht gegen das Gesetz verstößt, wenn er nach seiner Zeugenaussage wieder sein Richteramt aufnimmt[5]).

§ 2. Aussage der Partei

I. Deutsch-französisches Recht.

Die charakteristischen Unterschiede zwischen den beiden Rechtskreisen werden besonders in den Bestimmungen deutlich, die die Aussagen der Parteien betreffen.

Auch im deutschen Recht besteht für den Angeklagten keine Pflicht zur Aussage. Die einmal gemachte Aussage unterliegt jedoch der freien richterlichen Beweiswürdigung. Der Angeklagte ist auch im deutschen Strafprozeß in erster Linie Partei; Beweismittel insoweit[6]), als er selbst zur Aussage bereit ist. (Abgesehen von der auch unfreiwilligen Eigenschaft als Beweismittel des Augenscheins, das der Angeklagte durch seine Gegenwart und wahrzunehmenden Reaktionen darstellt); im Gegensatz zum gemeinrechtlichen Inquisitionsprozeß, in dem der Beschuldigte hauptsächlich Beweismittel war.

---

[1]) Behling, a. a. O., S. 295.

[2]) Zustimmend von Hippel, a. a. O., S. 272.

[3]) Wigmore, Rule 88 Art. 1: No person in a criminal case is disqualified as a witness by reason of being a party ... Stephen, a. a. O., S. 77.

[4]) Best, a. a. O., S. 181ff.

[5]) Best, a. a. O., S. 186.

[6]) Kern, „Strafverfahrensrecht", S. 84, von Hippel, a. a. O., S. 276, 417ff. Beling, a. a. O., S. 308ff. Glaser, „Beiträge zur Lehre vom Beweise", S. 312.

Der Beschuldigte ist gemäß § 136, I, S. 2 für die Voruntersuchung, gemäß § 243 III in Verbindung mit § 136 I StPO für die Hauptverhandlung zu befragen, „ob" er etwas auf die Beschuldigung erwidern wolle. Daraus ergibt sich die Freiwilligkeit der Aussage.

Die Vernehmung des Beschuldigten ist in allen Stadien des Prozesses zulässig. Sie soll dem Beschuldigten insbesondere Gelegenheit geben, die gegen ihn vorliegenden Verdachtsgründe zu beseitigen, § 136 III StPO. Dabei ist die vorgeworfene strafbare Handlung klar und allgemein verständlich zu bezeichnen.

Weiterhin muß dem Beschuldigten Gelegenheit zu vollständiger, zusammenhängender Aussage gegeben werden[1]), gegebenenfalls ist durch Fragen wie bei der Zeugenvernehmung darauf hinzuwirken. Ein Verstoß gegen die erwähnten Bestimmungen bedeutet eine Gesetzesverletzung; falls das Urteil darauf beruht, liegt ein Revisionsgrund vor[2]).

Über die Art und Weise der Vernehmung geben schon die Motive eindringliche Anweisungen. Insbesondere ist jeder Zwang und jede Täuschung zwecks Erlangung von Aussagen unzulässig[3]). Die Ausübung von Zwang war jedoch nur strafbar nach den allgemeinen Bestimmungen des StGB über Nötigung usw., bis seit 12. 9. 1950 die Freiheit der Willensentschließung des Beschuldigten durch den neuen § 136a StPO direkten Schutz findet.

In der Hauptverhandlung wird die Beweisaufnahme mit der Vernehmung des Angeklagten eröffnet. Zudem soll er nach jedem Akt der Beweisaufnahme gefragt werden, ob er dazu etwas zu erklären habe, § 257 StPO.

Eine Rechtspflicht, die Wahrheit zu sagen, besteht für den Angeklagten nicht. Für den Privat- und Nebenkläger ergibt sich jedoch aus § 164 StGB, den Beschuldigten nicht wahrheitswidrig zu belasten. Der Angeklagte darf nicht vereidigt werden, da seine besondere Lage ihn leicht zum Meineid verleiten könnte, und der Gesetzgeber den Angeklagten nicht durch eine zusätzliche Konfliktslage zur Begehung einer Straftat veranlassen will.

Das Geständnis unterliegt wie jede andere Aussage der kritischen Beurteilung durch den Richter. So kann es nicht die Folge haben, daß dadurch die Beweisaufnahme automatisch überflüssig wird, insbesondere nicht, wenn ein bloßes Schuldbekenntnis abgelegt wird; obgleich auch ein solches natürlich für den Gesamteindruck von Bedeutung sein wird.

Die Vernehmung des Beschuldigten erstreckt sich außer auf die allgemeinen Personalfragen, die auch an die Zeugen gerichtet werden, auch auf die allgemeinen Lebens- und Familienverhältnisse; desgleichen auf

---

[1]) von Hippel, a. a. O., S. 420,

[2]) von Hippel, a. a. O., S. 421.

[3]) von Hippel, a. a. O., S. 422, Anm. 2; Hahn, Mot. I 138, S. 79: Ausgeschlossen sei auch „namentlich die Vorlegung von Fragen, deren Tragweite und Zusammenhang mit dem Belastungsbeweis der Beschuldigte nicht übersieht".

die Feststellung etwaiger Vorstrafen. Jedoch soll letzteres im notwendigen Rahmen gehalten werden.

Dem Angeklagten steht es frei, auch auf einzelne Fragen zu schweigen.

Der Beschuldigte kann im Ermittlungsverfahren von der Staatsanwaltschaft bzw. der Polizei vernommen werden. Im Vorverfahren erfolgt die richterliche Vernehmung in Abwesenheit des Staatsanwalts und des Verteidigers. Eine Gegenüberstellung mit den Zeugen soll erst in der Hauptverhandlung erfolgen.

Die Verlesung von Protokollen etwaiger früherer Aussagen ist nur gestattet, wenn es sich um die Protokollierung richterlicher Vernehmungen handelt, § 254 StPO. Da die Verlesung von Protokollen der Staatsanwaltschaft bzw. Polizei im allgemeinen unzulässig ist, wird statt dessen der vernehmende Beamte gehört.

Nach französischer Auffassung, der es um die Beurteilung des Täters und nicht nur der Tat geht, kann die Vernehmung des Angeklagten sich auch auf Gebiete erstrecken, die nicht unmittelbar mit der Tat im Zusammenhang stehen. So sind unbeschränkt Fragen gestattet, die sich auf das Vorleben des Angeklagten beziehen. Die Scheu des englischen Rechts, den Angeklagten zu Wort kommen zu lassen, es sei denn auf seinen ausdrücklichen Wunsch, ist dem französischen Rechtsdenken noch fremder als dem deutschen. Mit Recht sieht man es als unvereinbar mit der Natur des Strafprozesses an, den Angeklagten unbeteiligt der Verhandlung beiwohnen zu lassen. So erklärt Garraud, daß es im Gegensatz zu der englischen Regelung ein Prinzip des französischen Strafprozeßrechts sei, den Angeklagten zu mündlicher Erklärung über an ihn gestellte Fragen aufzufordern[1]).

Gesetzliche Regelungen über das Geständnis finden sich weder im code d'instruction criminelle noch im code pénal. Jedoch hat das Gesetz von 1897 im Zuge der Umgestaltung der Voruntersuchung eine grundlegende Neuerung gebracht, in dem der Verteidiger in allen Stadien der Voruntersuchung nunmehr anwesend sein kann und dadurch auch die Möglichkeit hat, die Art der Vernehmung des Beschuldigten zu beeinflussen. Durch Überraschungstaktik ist ein Geständnis nicht mehr zu erlangen. Am Vorabend vor der Vernehmung ist dem Beschuldigten Akteneinsicht zu gewähren; die Vernehmung findet im Beisein des Anwalts statt; beim ersten Erscheinen des Vernehmenden braucht der Beschuldigte nicht zu antworten, wenn er noch keinen Anwalt hat.

Das außergerichtliche Geständnis unterliegt wie jeder andere Beweis der freien Beweiswürdigung. Entgegen dem englischen Recht wird die Absicht, ein Geständnis zu erreichen, offen erklärt. Ist das Geständnis abgelegt, so hat es jedoch keine bindende Beweiskraft, sondern wird nach allgemeinen Regeln auf seine Beweiskraft untersucht.

---

[1]) Garraud, a. a. O., S. 230: „C'est en effet un principe de notre procédure pénale d'inviter le prévenu ou l'accusé à donner verbalement, à l'audience, les explications qui lui sont demandées".

II. Anglo-amerikanisches Recht.

Die Verhandlung vor dem Friedensrichter, die meist der Verhandlung vor der Jury vorangeht, ist öffentlich und untersteht der Verhandlungsmaxime. Der Beschuldigte bzw. sein Anwalt hat schon hier die Möglichkeit, die beeideten Belastungszeugen ins Kreuzverhör zu nehmen. Er kann nach seinem Belieben selbst als Zeuge in eigener Sache verhört werden. Während im deutschen Verfahren der Beschuldigte zwar nicht gezwungen werden kann, sich zur Sache zu äußern, andererseits aber ein großes Interesse an der Aussage im Dienste der Wahrheitsforschung nicht verhehlt wird, macht der englische Richter den Beschuldigten ausführlich mit seinem Zeugnisverweigerungsrecht bekannt und weist ihn eher auf die Gefahren und Konsequenzen der Aussage hin, als ihn dazu zu ermuntern.

1. Die drei Verhaltensweisen des Angeklagten:

Die Aufklärung des Beschuldigten über seine Rechte ist ein überaus charakteristischer Zug des anglo-amerikanischen Verfahrens. Auch bei der Frage der Freiwilligkeit einer vom Beschuldigten gemachten außergerichtlichen Äußerung wird besonderes Gewicht auf die Tatsache gelegt, daß der Beschuldigte in unmißverständlicher Weise über seine Rechte aufgeklärt wurde und er die Aufklärung auch verstanden hat. Eine weite Auslegung des verfassungsrechtlichen Grundsatzes, daß niemand gezwungen werden kann, gegen sich selbst auszusagen, wird als vornehme Aufgabe empfunden. Die Unterweisung, die dem Angeklagten im Kriegsgerichtsverfahren gegeben wird, ist besonders dazu geeignet, diese Ausführungen zu verdeutlichen:

„As the accused in this case you have these rights: First, you may be sworn and take the stand as a witness. If you do that, whatever you say will be considered and weighed as evidence by the court just like the testimony of other witnesses, and you can be cross-examined on your testimony by the trial judge advocate and the court.

Second, if you do not want to testify under oath you may, without being sworn, say anything you desire to the court as an unsworn statement, denying, explaining or excusing any of the acts charged against you here. This statement can be oral or written, and can be made either by yourself, by your counsel, or by both of you. Since such a statement is not given under oath and since you cannot be crossexamined upon it, it cannot be given the same weight by the court as sworn testimony, but it will be considered by the court and given such weight as it may seem to deserve. However, any admission or confession which you may make in your unsworn statement can be considered by the court against you. Furthermore, even though you may be sworn as a witness, you can afterwards, if you wish, also make a statement of this kind, not under oath.

Third, you may remain silent, that is, say nothing at all. You have a right to do this if you wish, and if you do so the fact that you do not take the witness stand yourself, or make any statement, will not count against you in any way with the court. It will not be considered as an admission that you are guilty, nor can it be commented on in any way by the trial judge advocate in addressing the court.

Knowing these various rights, take time to consult with your counsel and then state to the court which you will do"[1]).

Der Angeklagte kann also als Zeuge vereidigt und im Verhör und Gegenverhör vernommen werden[2]); er oder sein Anwalt können schriftliche oder mündliche unvereidigte Aussagen machen, über die der Angeklagte nicht im Kreuzverhör vernommen werden kann; fernerhin hat er das Recht, sich nicht zu erklären, ohne daß diese Tatsache bei der Beweiswürdigung gegen ihn verwendet werden dürfte[3]).

2. Das Geständnis.

Die Zulassung des Geständnisses als schlüssigen Beweis unterliegt folgenden Bedingungen:

Als reines Schuldbekenntnis auf die Frage: Bekennen Sie sich für schuldig? — nach der Verlesung der Anklage — führt es zur Verkündung des Schuldspruchs, ohne daß es eines Beweisverfahrens bedürfte. Dies allerdings unter der Voraussetzung, daß das corpus delicti feststeht.

In der Mehrzahl der Fälle handelt es sich jedoch bei den Geständnissen um außergerichtliche. Die nähere Regelung für die Verwertung solcher Geständnisse trägt den Gefahren Rechnung, die hinsichtlich der Freiwilligkeit solcher Geständnisse bestehen. So kann ein Dritter erst über ein solches Geständnis Zeugnis ablegen, wenn zuvor festgestellt wird, daß damals die Aussage des Beschuldigten freiwillig erfolgte. Kann das nicht bewiesen werden, so kann der Zeuge nicht über das angebliche Geständnis aussagen bzw. ist die betreffende Aussage nicht als Beweis zulässig[4]).

Hat das unfreiwillig erreichte Geständnis jedoch zur Entdeckung wichtiger Beweise geführt, so kann auf das Geständnis als Bindeglied hingewiesen werden, ohne daß damit das Geständnis als Beweis zugelassen würde[5]).

Ist das Geständnis des Beschuldigten während der Ermittlungstätigkeit von einer der hierzu befugten Personen erlangt, so kann es nur dann als Beweis zugelassen werden, wenn feststeht, daß der Beschuldigte freiwillig, unter Hinweis auf seine Rechte und auf die Tragweite der Verwendbarkeit seiner Aussage, das Geständnis abgab.

---

[1]) Manual, a. a. O., S. 343. Vgl. Stephen, a. a. O., S. 717f., die „caution" des Richters.

[2]) in England seit 1898, durch den „Criminal Evidence Act".

[3]) in England darf lediglich der Ankläger nicht darauf hinweisen, Stephen, a. a. O., S. 78; Kenny, a. a. O., S. 402.

[4]) Wigmore, a. a. O., Rule 135 Par (a) When not made in open court, it is inadmissible if it was made under circumstances producing in his mind at that time such a hope of benefit or fear of harm as was likely to induce a false confession . . .;

[5]) Wigmore, a. a. O., Rule 135, Art. 8: Confirmation by discovered facts.

Bei Geständnissen, die gegenüber unbeteiligten Dritten gemacht worden sind, kann sich das Erfordernis der Freiwilligkeit aber schon durch die näheren Umstände ergeben. Der Terminus „Freiwilligkeit" ist ansonsten sehr eng gefaßt; schon Aussagen, die auf den Rat hin abgegeben wurden, daß es besser sei, die Wahrheit zu sagen, werden als unfreiwillig und damit unzulässig angesehen[1]). Ein durch eine Überlistung abgewonnenes Geständnis ist jedoch zulässig[2]).

Es steht dem Angeklagten frei, gegen die Freiwilligkeit der von ihm gemachten Aussage als Zeuge Beweis anzutreten. Das anschließende Verhör und Gegenverhör hat sich dann nur auf diesen Punkt zu beschränken, ohne daß es der Gegenpartei erlaubt wäre, die Frage der Wahrheit oder Unwahrheit der Aussage selbst anzuschneiden. Ist die Aussage schriftlich niedergelegt und vom Beschuldigten unterschrieben worden, so stellt diese Urkunde den „besten Beweis" für die Freiwilligkeit ihrer Aufnahme dar.

Die Jury ist übrigens nicht gebunden, die Freiwilligkeit des Geständnisses als Tatsache anzusehen, auch wenn der Richter den Beweis hierfür als genügend zur Klärung der Frage der Zulässigkeit erachtet hat.

Ein Eingehen auf die persönlichen Verhältnisse wird weitgehend eingeschränkt. Es liegt beim Beschuldigten, ob er selbst darüber berichten will. Sagt er darüber unter Eid aus, so ist die Gegenpartei berechtigt, ihn auch insoweit über sein Vorleben und seine persönlichen Verhältnisse ins Verhör zu nehmen. Um dies zu vermeiden, wird der Angeklagte meist die Form der unvereidigten Aussage wählen.

Etwaige Vorstrafen des Angeklagten werden erst nach dem Wahrspruch der Jury und vor der Strafzumessung durch den Richter erfragt.

III. Zeugnis Mitbeschuldigter.

Über das Verhältnis Mitbeschuldigter zueinander bestimmt das deutsche Recht, daß in dem Fall getrennt geführter Prozesse der Mitbeschuldigte als Zeuge vernommen werden kann. Die Vernehmung muß jedoch uneidlich erfolgen, § 60 Ziff. 3 StPO, wenn der Zeuge nicht schon auf sein Zeugnisverweigerungsrecht nach § 55 StPO zurückgreift. Nach Maßgabe des § 251 StPO kann die Niederschrift einer früheren richterlichen Vernehmung verlesen werden.

Bei gemeinsamer Verhandlung können Mitangeklagte nur als Partei und nicht als Zeugen gehört werden.

Nach französischem Recht kann der mitbeschuldigte Denunziant als Zeuge gehört werden; der in demselben Verfahren Mitangeklagte kann jedoch nur „renseignements" geben.

---

[1]) Wigmore, a. a. O., Rule 135, Art. 4: Par (a) A confession influenced by the advice that it would be better to tell the truth is not admissible. Kenny, a. a. O., S. 393.

[2]) Wigmore, a. a. O., Rule 135, Art. 4: Par (h) A confession influenced by a trick or fraud is admissible. Kenny, a. a. O., S. 397.

Im englischen Recht ist der Mitbeschuldigte bei getrennten Verhandlungen Zeuge wie jeder andere, wenn er nicht von seinem Zeugnisverweigerungsrecht Gebrauch macht. Der Mitbeschuldigte kann aber auch, wenn außer seinem Zeugnis nicht genügend Beweismaterial zur Verurteilung vorhanden ist, von der Anklage ganz ausgenommen werden, damit sein Zeugnis zur Verurteilung der nichtgeständigen Mitbeschuldigten verwertet werden kann; oft wird dem „Kronzeugen" dann Straflosigkeit zugesichert. Diese Maßnahme findet auch heute noch Anwendung[1]).

Das Zeugnis des Mitbeschuldigten ist jedoch nur zulässig, wenn es sich auf die Tatumstände bezieht, die zu dem gemeinsam verübten Deliktstatbestand gehören; dabei ist es gleichgültig, ob die Tathandlungen, auf die sich das Zeugnis bezieht, in An- oder Abwesenheit der anderen Mitbeschuldigten ausgeführt wurden. Es muß jedoch feststehen, daß die bestimmte Tat — in der angenäherten Form ihrer Ausführung — von dem oder den durch die Aussage belasteten Mitbeschuldigten gewollt wurde[2]). Aussagen über die nicht zur gemeinsamen Tat gehörigen Umstände sind in keiner Form zulässig, selbst nicht als Unterstützung der eigenen Angaben des Angeklagten[3]).

Bei gemeinsamer Verhandlung kann eine als Beweis zugelassene Aussage, die sich nicht auf die Begehung der gemeinsamen Tat erstreckt, nur gegen den aussagenden Mitangeklagten selbst verwendet werden. Desgleichen kann eine unvereidigte Aussage in der Hauptverhandlung nur in bezug auf den Äußernden selbst gewürdigt werden.

Bevor das Zeugnis eines Mitangeklagten über eine gemeinsam verübte Tat angenommen werden kann, muß prima facie die Gemeinsamkeit der Begehung nachgewiesen worden sein.

Die Verurteilung eines der Mitbeschuldigten in einer früheren Verhandlung wegen der gemeinsam begangenen Tat ist nicht als Beweis für die Begehung der Tat durch den Angeklagten bzw. seiner Teilnahme an derselben zulässig.

§ 3. Sachverständige

I. Deutsches Recht, französisches Recht.

Im Gegensatz zum englischen Recht, das neben dem Zeugen nur den Begriff des „sachverständigen Zeugen" kennt, für den dieselben Bestimmungen wie für den Zeugen gelten, hat die deutsche Lehre den Begriff des „Sachverständigen" herausgearbeitet. Der Gesetzgeber hat besondere Bestimmungen für den Sachverständigenbeweis aufgestellt, deren Systematik jedoch noch unbefriedigend ist.

---

[1]) trotz der Bestimmungen, daß das Geständnis eines Beschuldigten ungültig ist, wenn es durch Versprechungen, Drohungen usw. beeinflußt wurde! Kenny, a. a. O., S. 403; Stephen, a. a. O., S. 155.

[2]) Manual, a. a. O., S. 160.

[3]) Manual, a. a. O., S. 160.

Ähnlich wie der Zeuge ist auch der Sachverständige ein Beweismittel. Jedoch ist er nicht wie der Zeuge auf die Wiedergabe seiner sinnlichen Wahrnehmungen beschränkt. Seine Aufgabe besteht vielmehr darin, auf Grund seines Spezialwissens auf einem bestimmten Gebiet logische Schlußfolgerungen in bezug auf einen beweisrechtlich relevanten Umstand zu ziehen. Damit nimmt der Sachverständige im eigentlichen Sinne eine Aufgabe des Richters wahr, die dieser wegen mangelnder Sachkenntnis nicht erfüllen kann. Hat der Richter jedoch die erforderlichen Spezialkenntnisse auf dem betreffenden Gebiet, so kann er seine Schlüsse ohne die Hilfe der Sachverständigen ziehen. Einen Zeugen kann der Richter jedoch nicht ersetzen.

Dem Sachverständigen müssen deshalb erforderlichenfalls ähnliche Befugnisse wie dem Richter zustehen, soweit es zur Vorbereitung seines Gutachtens nötig ist, wie z. B. Einsicht in die Akten, Gegenwart bei der Vernehmung von Zeugen vor der Hauptverhandlung. Auf seinen Vorschlag kann der Beschuldigte bis zu sechs Wochen in einer Heilanstalt untergebracht werden, falls dies für das Gutachten über den Geisteszustand des Beschuldigten notwendig erachtet wird, § 81 IV StPO.

Die Vereidigung des Sachverständigen steht im Ermessen des Gerichts, § 79 StPO. Der Nacheid ist auch hier beibehalten worden. Auf Antrag ist der Sachverständige zu vereidigen.

Der Sachverständige kann nur in den Fällen, die in § 75 StPO aufgeführt sind, zur Tätigkeit gezwungen werden.

Die im Gesetz zum Teil gleiche Regelung des Sachverständigen- und Zeugenbeweises ergibt sich aus dem Umstand, daß der Sachverständige sein Urteil an eine für den Prozeß relevante Tatsache anknüpft und mit seinem Gutachten eine beweiserhebliche Aussage macht — in dieser Hinsicht ist der Sachverständige dem Zeugen ähnlich.

Der „sachverständige Zeuge" ist begrifflich nach v. Hippel[1]) teils Sachverständiger, teils Zeuge. Zeuge sei er insoweit, als er über Wahrnehmungen zu berichten habe; Sachverständiger sei er in bezug auf das an diese Wahrnehmungen angeknüpfte Gutachten. Auf letzteres seien denn auch die besonderen Bestimmungen über den Sachverständigenbeweis anzuwenden.

Nach Beling[2]) ist der „sachverständige Zeuge" nur Zeuge, da er über die Wahrnehmung von Tatsachen berichtet, die er auf Grund seines Fachwissens wahrzunehmen befähigt war.

Obwohl die Definition v. Hippels vielleicht dogmatisch den Vorzug verdient, erscheint die gesetzliche Regelung des § 85 StPO mehr für Belings Ansicht zu sprechen, da die nähere Erläuterung des die Wahrnehmung ermöglichenden Fachwissens zu der Schilderung der wahrgenommenen Tatsache zu rechnen ist, und eine Trennung beider Funktionen der Exaktheit des betreffenden Beweises abträglich sein würde.

---

1) v. Hippel, a. a. O., S. 415.

2) Beling, a. a. O., S. 300.

In Frankreich leistet der Sachverständige als Richtergehilfe einen anderen Eid als der Zeuge, Art. 44, 189, 317 code d'instruction criminelle.

Darüber hinaus sind die gesetzlichen Bestimmungen über den Sachverständigenbeweis wiederum äußerst ungenügend. Nur in den Art. 43 und 44 wird ein Sachverständigengutachten erwähnt, allerdings nur für die Voruntersuchung. Dieses Schweigen des code d'instruction criminelle versuchte die Rechtswissenschaft zu überbrücken.

In Besinnung auf die Natur des Strafverfahrens stellte man als erste Forderung auf, daß die Wahl des Sachverständigen nicht von den Parteien, sondern von dem Gericht auszugehen habe. Über weitere Fragen, ob das Gutachten kontradiktatorischen Charakter haben solle, oder ob ein durch Fachkollegien zu kontrollierender Gutachter genüge, sind zwar Reformvorschläge unterbreitet worden; aber eine einheitliche Regelung konnte nicht erzielt werden. Abgesehen von der Anfertigung und der Kontrolle des Gutachtens durch Sachverständige wird aber auch das Gutachten der richterlichen Beweiswürdigung unterworfen. In der Lehre wird ausdrücklich darauf hingewiesen, daß die Gefahren der Fehlbeurteilung eines Beweismittels mit seiner Differenziertheit und Verfeinerung steigen, und daß auch in den Fällen, in denen sich aus der Art des Beweismittels seine Anwendung und Beweiskraft von selbst zu ergeben scheint, die richterliche Kontrolle nicht überflüssig werde.

II. Das anglo-amerikanische Recht.

Im anglo-amerikanischen Recht finden wir keine strenge begriffliche Scheidung zwischen Sachverständigen und Zeugen. Sachlich ist die Regelung der deutschen ähnlich. Insbesondere findet auch im anglo-amerikanischen Recht der „qualified or expert witness" immer häufiger Verwendung.

Die Bestimmungen über den Zeugenbeweis werden auf den Sachverständigenbeweis in allen Punkten angewendet. Allerdings kann ein sachverständiger Zeuge nicht wegen Meineids angeklagt werden; deshalb wird dem Sachverständigenbeweis gewöhnlich auch nur geringe Beweiskraft zugemessen[1]).

Begrifflich sieht man in dem Sachverständigen einen Zeugen, der auf einem bestimmten Gebiet Kenntnisse hat, die über das Allgemeinwissen oder die durchschnittliche Befähigung hinausgehen, wohingegen der gewöhnliche Zeuge auf Grund normaler Kenntnisse und Befähigungen zu seiner Aussage gelangt[2]).

---

[1]) Stephen, a. a. O., S. 169.

[2]) Wigmore, Rule 87 Art. 1: General and special experience. Subjects of testimony are divided into two classes: those on which a sufficient experience is possessed by the normal adult person in the community (General Experience); and those on which a sufficient experience is possessed only by those who have followed some special occupation, trade, art, science, or other distinct mode of acquiring experience (Special experience expert).

Bests Beispiele[1]) geben ein beredtes Zeugnis über die vergangene englische Praxis: nicht nur Ärzte, sondern Spitalwärter, Studenten und Quacksalber habe man als ärztliche Sachverständige vernommen. Auch heute ist in dieser Hinsicht im anglo-amerikanischen Prozeß noch nicht die Garantie der unbedingten Objektivität und Befähigung erreicht worden, wie im deutschen Verfahren, da ja auch die Sachverständigen Zeugen sind und von den Parteien vorgeführt werden[2]).

In den Vereinigten Staaten kann der Richter allerdings ex officio einem Sachverständigen zu den von den Parteien benannten hinzuziehen, er ist hierzu jedoch nicht verpflichtet[3]).

Die Eigenschaft als Sachverständiger muß von der Partei bewiesen werden, die sich auf sein Zeugnis beruft[4]). Jedoch kann auf den Beweis der Qualifikation von der Gegenpartei verzichtet werden.

Dem Sachverständigen ist es gestattet, ein Urteil auszusprechen, ohne die dem Urteil zugrundeliegenden Fakten und die Methode ihrer Verknüpfung darlegen zu müssen; jedoch kann er im Gegenverhör dazu aufgefordert werden[5]).

§ 4. Wahrnehmungsobjekte als Beweismittel. (Augenschein)

I. Abgrenzung der persönlichen von den sachlichen Beweismitteln.

Im Gegensatz zum Zeugen, Sachverständigen und der Parteiaussage, die als „persönliche Beweismittel“ bezeichnet werden, handelt es sich hier um „sachliche Beweismittel“: Gegenstände aus der Sinnenwelt, die hinsichtlich ihrer Beschaffenheit, ihrer Existenz oder ihres Aufenthaltsortes zu einem bestimmten Zeitpunkt für die zu beweisenden Umstände relevant sind[6]). Der Ausdruck „Augenschein“ ist zwar üblich, aber zu eng, da es sich um die Wahrnehmungsmöglichkeiten aller Sinne handelt.

Im gemeinen deutschen Beweisrecht nahm der richterliche Augenschein den ersten Rang unter den Beweismitteln ein, da sich der Inquirent dabei auf seine eigene Wahrnehmung stützen konnte. „. . . die allmäh-

---

1) Best, a. a. O., S. 338: vgl. auch Mittermaier „Gesetzgebung und Rechtsübung über Strafverfahren“, S. 100.

2) Stephen, a. a. O., S. 169.

3) Wigmore, Rule 87 Art. 5: An expert witness may be summoned by the judge in addition to the witnesses called by the parties, under the conditions provided in Rule 233. Rule 233: The procuring and presenting of evidence is ordinarily to be done by the parties to litigation (or their representatives) and there is no duty on the judge to act for that purpose, except to issue suitable orders of compulsion on request by the parties. But the judge is entitled to act of his own motion and to cause any evidence to be obtained and presented, and in particular, such evidence as appears to him to be available and desirable to supplement the evidence presented by the parties.

4) Wigmore, Rule 87 Art. 2: General experience is presumed to exist in every person offered as a witness. Special experience must be shown by the party offering the witness.

5) Manual, a. a. O., S. 153.

6) v. Hippel, a. a. O., S. 426.

liche, immer sorgfältigere Regelung des richterlichen Augenscheins (ist) wesentlich das Werk des gemeinen deutschen Inquisitionsprozesses und einer der wertvollsten Beiträge desselben zur Entwicklung des Strafprozesses"[1]).

Weder das französische noch das englische Recht haben das Beweismittel des Augenscheins einer so ausführlichen Behandlung unterzogen.

II. Augenscheinseinnahme im deutschen und französischen Verfahren.

Die sogenannte Augenscheinseinnahme kann mittelbar oder unmittelbar erfolgen. Die Ausnahme von dem Grundsatz der Unmittelbarkeit ist wegen der besonderen Natur des Beweismittels oft unerläßlich. So kann sich die Notwendigkeit einer mittelbaren Augenscheinseinnahme aus der Beschaffenheit des Objektes ergeben, wenn es zum Beispiel nicht bis zur Hauptverhandlung in dem beweiserheblichen Zustand erhalten werden kann oder die vorliegenden Fakten erst durch sachverständige Arbeit einen allgemeinverständlichen Beweiswert erhalten können.

Die Anknüpfung an Augenscheinsobjekte ist das hauptsächlichste Arbeitsfeld für den Sachverständigen im heutigen Verfahren. Die Verbindung zwischen dem Beweismittel des Sachverständigen und den Augenscheinsobjekten ist für die heutige „wissenschaftliche" (natur- und geisteswissenschaftliche!) Periode des Beweisrechtes charakteristisch, jedoch in ihren Möglichkeiten noch keineswegs ausgeschöpft.

Die Wahrnehmungsobjekte selbst können direkt beweiserheblich sein oder indirekte, indizierende Bedeutung haben.

Wird die Augenscheinseinnahme vor der Hauptverhandlung vorgenommen, §§ 162, 195 StPO, so kann das hierüber angefertigte Protokoll nur im Falle der richterlichen Augenscheinseinnahme in der Hauptverhandlung verlesen werden. Bei nichtrichterlicher Beweisaufnahme muß deren Ergebnis durch die Aussage der beteiligten Personen bzw. eines Sachverständigen vermittelt werden. Die Parteien können der Augenscheinseinnahme, bei der das Gericht überdies ordnungsmäßig besetzt sein soll, beiwohnen.

Während der Hauptverhandlung kann eine Augenscheinseinnahme dann erfolgen, wenn sie zur Erforschung der Wahrheit notwendig ist.

Der Angeklagte hat das Recht, sich zu der Beweisaufnahme zu äußern.

Die Augenscheinseinnahme am lebenden menschlichen Körper ist in §§ 81 a—b StPO geregelt. Der Beschuldigte hat sie jederzeit zu dulden, wenn es sich um die Feststellung von Umständen handelt, die beweiserheblich sein können.

Andere Personen haben die Augenscheinseinnahme an ihrem Körper insoweit zu dulden, als es sich um die Feststellung von Spuren einer strafbaren Handlung an ihrem Körper handelt, § 81 a StPO, mit den Einschränkungen der §§ 81 c und d.

---

[1]) Glaser, „Beiträge zur Lehre vom Beweise im Strafprozeß", S. 374.

§§ 87 bis 91 StPO regeln die Leichenschau und Leichenöffnung, als Fälle richterlicher Augenscheinseinnahme unter Hinzuziehung eines Arztes als Sachverständigen.

§§ 92 und 93 StPO handeln von Augenscheinseinnahmen bei Münzverbrechen und der Schriftvergleichung, die unter Hinzuziehung von Sachverständigen zu erfolgen haben.

Im französischen Verfahren können der Staatsanwalt oder seine Hilfspersonen sowie der Untersuchungsrichter gemäß Art. 32, 59, 62 code d'instruction criminelle im Vorverfahren die Augenscheinseinnahme am Tatort durchführen. Sie ist sogar im Falle des „délit flagrant" geboten, wenn sachdienliche Aufklärungen zu erwarten sind.

Das Gesetz von 1897 schreibt vor, daß — außer in Eilfällen — der Beschuldigte und sein Anwalt zu benachrichtigen sind.

Nach Art. 32 muß der Zustand des corpus delicti, der Zustand des Ortes sowie die Erklärungen der anwesenden Personen in das Protokoll aufgenommen werden. Waffen oder sonstige sachdienliche Gegenstände werden beschlagnahmt, Art. 35. Eine Haussuchung ist nach Maßgabe der Art. 86, 87, 88 vorzunehmen, wenn das Auffinden von Beweisstücken zu erwarten ist.

Für die Hauptverhandlung besteht keine gesetzliche Regelung über eine Augenscheinseinnahme am Tatort; sie wird jedoch in der Praxis in der kontradiktorischen Form der Hauptverhandlung öffentlich durchgeführt.

III. Gegenüberstellung der Begriffe.

Der englische Begriff „real or autoptical evidence" deckt sich nicht mit dem deutschen „Wahrnehmungs- (Augenscheinsbeweis) bzw. sachlichen Beweis". In der Systematik der anglo-amerikanischen Rechtswissenschaft sind die Begriffe „Augenscheinseinnahme" und „Indizienbeweis" noch nicht endgültig gegeneinander abgegrenzt, indem einige typische Wahrnehmungsobjekte nur als „circumstantial evidence" behandelt werden.

So werden die möglichen Beweisarten von Wigmore in drei Gruppen eingeteilt: Zeugen-, Indizien- und Augenscheinsbeweis[1]).

Die deutsche Rechtslehre dagegen scheidet zwischen denBeweismitteln (Zeugen, Aussage der Parteien, Sachverständige, Wahrnehmungsobjekte, Urkunden) und dem Wesen des konkreten Beweises, ob direkt oder indirekt. Die Beweismittel sind in bezug auf ein bestimmtes Beweisthema entweder direkt oder indirekt relevant. Als „Indizienbeweis" nun wird die indirekte Beziehung bezeichnet, die ein oder mehrere Beweismittel zu dem konkreten Beweisthema haben, und auf Grund derer beweiserhebliche Schlußfolgerungen gezogen werden können. Die Indizien

---

[1]) Wigmore, Rule 28: Kinds of evidence: All evidential sources, i. e. material for persuading the tribunal of some factum probandum, as defined in Rule 3, are divided into 3 classes, namely, Testimonial, Circumstantial, Autoptical.

selbst sind mit Hilfe der allgemeinen Beweismittel Gegenstand des Beweises[1]).

Während nun das deutsche Recht das Beweismittel „Wahrnehmungsobjekt" (Augenschein) in unmittelbarer sowie mittelbarer Beweisaufnahme verwendet, wobei die Unmittelbarkeit bzw. Mittelbarkeit den Begriff des Beweismittels selbst in keiner Weise verändert, ist der angloamerikanische Begriff des „Augenscheins" von vornherein mit der Art der Beweisaufnahme, nämlich der unmittelbaren, verknüpft[2]). Die in mittelbarer Beweisaufnahme verwertbaren Wahrnehmungsobjekte werden in Verkennung des Unterschiedes zwischen direktem und indirektem Beweis einerseits, und unmittelbarer und mittelbarer Beweisaufnahme andererseits, zum Indizienbeweis gerechnet[3]).

Bemerkenswert sind die diesbezüglichen Definitionen Bests, die im wesentlichen völlig mit der deutschen Lehre übereinstimmen: Realevidenz sei entweder unmittelbar oder berichtet[4]); „berichtete Realevidenz" liege da vor, wo der Gegenstand, welcher der Träger der Evidenz sei, nicht selber vor die Sinneswahrnehmung des Gerichtes gelangen könne, sondern durch die Aussage eines Zeugen vermittelt werde.

Mit Recht weist Best darauf hin, daß „berichtete Realevidenz" in gewissem Sinne dieselben Gefahren wie das Zeugnis vom Hörensagen aufweisen[5]). Das deutsche Recht hat in der Erkenntnis dieses Umstandes die Möglichkeit geschaffen, den unmittelbaren Beweiswert von Wahrnehmungsobjekten durch die richterliche Augenscheinseinnahme vor der Hauptverhandlung zu sichern. Das anglo-amerikanische Recht kennt diese Einrichtung mit Ausnahme der Tätigkeit des „Coroners" nicht.

IV. Die anglo-amerikanische Regelung.

Der „Coroners Inquest" ähnelt der Leichenschau der §§ 87 bis 91 StPO, ist jedoch zu einer eigenen Verfahrensart ausgebildet. Der „Coroner" hat auf die Kunde von einem plötzlichen Tode hin tätig zu werden, oder wenn sonst der Verdacht eines unnatürlichen Todesfalles besteht. Die Nachforschungen über die Todesursache müssen an dem Ort, wo sich die Leiche befindet, angestellt werden. Eine aus der Nachbarschaft gewählte Jury hat mit dem „Coroner" nach Verhör der Zeugen und gegebenenfalls nach Kenntnis des Sektionsbefundes zu entscheiden, ob

---

[1]) v. Hippel, a. a. O., S. 380.

[2]) Stephen, a. a. O., S. 8.

[3]) Rule 28 Art. 2: Circumstantial evidence: An evidential fact is said to be circumstantial when it: (1) is any fact other than a human assertion offered to evidence the truth of the matter asserted, and (2) is offered in evidence of any other matter to be proved; Rule 28 Art. 3: Autoptical (real) evidence. A fact is said to be evidenced autoptically when it is offered for direct perception by the senses of the tribunal without depending on any concious inference from some other testimonial or circumstantial fact.

[4]) Best, a. a. O., S. 191ff.

[5]) Best, a. a. O., S. 19.

ein natürlicher Todesfall vorliegt. Auf die Feststellung hin, daß ein unnatürlicher Todesfall vorliege, wird der Verdächtige, sofern er bekannt ist, durch das Verdikt — gleich dem Verfahren vor dem Friedensrichter — in den „Stand der Anschuldigung" versetzt.

Der Verlust an Beweiskraft, der durch eine nicht rechtzeitige Augenscheinseinnahme eintritt, kann auch nicht durch die Augenscheinseinnahme während der Hauptverhandlung ausgeglichen werden, die sich nach Wigmore lediglich auf unmittelbare Realevidenz bezieht[1]).

Die Erkenntnis, daß die (zumeist verspätete) direkte Augenscheinseinnahme außerhalb des Gerichtsgebäudes während der Hauptverhandlung im allgemeinen von schwachem Beweiswert ist, findet ihren Ausdruck in der Unsicherheit bei der Entscheidung über die Frage, ob dieser Art Augenschein überhaupt Beweiswert zukomme, ja ob sie überhaupt zuzulassen sei[2]). Es sollen die auf einer solchen „inspection" (Augenscheinseinnahme) wahrgenommenen Dinge an sich keine Evidenz sein, jedoch sei es dem erkennenden Gericht, das heißt, den Geschworenen, gestattet, die wahrgenommenen Dinge zum besseren Verständnis der übrigen Evidenz zu benutzen.

Wigmore vertritt demgegenüber die Meinung, daß auch die auf einer solchen „inspection" wahrgenommenen Objekte Evidenz sein können[3]). Er bezeichnet die von dieser Regel abweichende Meinung als einen bloßen Streit um Begriffe.

Abschließend soll noch die Form geschildert werden, in der die Überführungsstücke dem Gericht angeboten und durch den Richter zugelassen werden. Wie jedes angebotene Beweismittel ist auch das Wahrnehmungsobjekt der Prüfung durch den Richter unterworfen, ob es als Beweismittel zulässig ist, insbesondere, ob es bezüglich des Beweisthemas relevant ist. Der betreffende Gegenstand muß regelmäßig erst durch entsprechende Aussagen mit dem Beweisthema verknüpft werden; zum Beispiel muß durch Identifizierung seine Verbindung mit dem beweispflichtigen Sachverhalt aufgezeigt sein. Wird das Wahrnehmungsobjekt durch den Richter als Beweismittel zugelassen, so kann es auf Antrag als „exhibit" (Überführungsstück) zu den Akten kommen. Beanstandet die Gegenpartei die Zulässigkeit des Beweismittels, so entscheidet dar-

[1]) Wigmore, Rule 136: Wherever the existence or the external quality or condition of a person or a thing is material or relevant to the issue, the third source of evidence, namely, the inspection of the person or thing itself, by production before the tribunal, by experimentation in the court room, or by visit of the tribunal, is admissible, subject to any specific exceptions to the contrary.

[2]) Rule 136 Art. 3: When the object to be inspected cannot be conveniently produced in court, the jury may be taken to the place and there view it; subject to the following details and qualifications; Par (a): The issue may be a criminal or a civil one. Dazu die Anm.: Some courts reject this for criminal cases; which is unsound!

[3]) Rule 136, Art. 3 Par. (e): The information obtained by the jurors by their inspection is evidence, i. e. a lawful source of believe; and the impracticability of transmitting it to the Court of Appeal in the record does not prevent their use of such information.

über der Richter. Seine Entscheidung kann auch bedingt erfolgen und zwar dahingehend, daß das Objekt als Beweismittel zugelassen wird, falls im Laufe der Verhandlungen seine Verbindung zum Beweisthema bewiesen werden kann. Wird ein angebotener gegenständlicher Beweis nicht als zulässig erachtet, kann er in gewissen Fällen als „marked for identification" den Akten zugefügt werden. Damit wird die Entscheidung über die Zulässigkeit, die eine Rechtsfrage ist, der Berufungsinstanz überlassen.

§ 5. Urkunden

I. Begriff und Arten.

Als letzte Gruppe der Beweismittel sind die Urkunden zu erörtern. Hinsichtlich des Begriffes der Urkunde stimmen das deutsche, französische und anglo-amerikanische Recht überein. Nach Best sind Urkunden „alle körperlichen Gegenstände, worauf Gedanken durch irgendwelche konventionelle Zeichen oder Symbole dargestellt werden"[1]).

Soweit nur die Existenz einer solchen Urkunde zur Frage steht, bedeutet ihre Vorweisung eine Augenscheinseinnahme. Handelt es sich jedoch um den lesbaren Inhalt, so ist sie ein Beweismittel eigener Art.

Um als Beweismittel gelten zu können, muß die Urkunde zuvor auf ihre Echtheit und Unverfälschtheit geprüft werden[2]).

In materieller Hinsicht teilt von Hippel die Urkunden in Originalurkunden und berichtende Urkunden ein. Danach verkörpert die Originalurkunde selbst den rechtlich erheblichen Tatbestand und liefert unmittelbaren Beweis über die direkten oder indizierenden rechtserheblichen Tatsachen[3]). Berichtende Urkunden hingegen wiesen auf den Inhalt anderer Beweismittel hin und seien nur insoweit zulässig, als nicht jene Beweismittel selbst vorgeführt werden müssen.

Beling kennt die schlichte Beweisurkunde oder einfache Berichtsurkunde und die Konstitutivurkunde. Einfache Berichtsurkunden sieht er in solchen Urkunden, die eine Tatsachenbehauptung enthalten, welche das feststellungsbedürftige Thema sind. Als Konstitutivurkunde i. e. Sinne bezeichnet er die Urkunde, die keine Tatsachenbehauptung enthält und nur beweisen soll, daß der Betreffende eine Erklärung dieses Inhalts abgegeben hat. Weiterhin rechnet er aber auch die Urkunde mit berichtendem Text zu den Konstitutivurkunden, wenn sie nicht als Beweis für die Wahrheit des Inhalts der Aussage angeboten werden[4]).

Die Richtigkeit des Inhalts einer berichtenden Urkunde wird aber niemals durch eine Urkunde bewiesen, sondern kann nur mit Hilfe anderer Beweismittel geprüft werden. Es wird dabei zumeist auf die Glaubwürdigkeit, mithin die Person des Äußernden abgestellt werden müssen.

---

[1]) Best, a. a. O., S. 207.
[2]) v. Hippel, a. a. O., S. 435.
[3]) v. Hippel, a. a. O., S. 392ff., S. 437.
[4]) Beling, a. a. O., S. 313.

Die Urkunden sind durch Verlesen dem Gericht zur Kenntnis zu bringen, § 249 StPO. Die Benutzung des Akteninhalts an Stelle mündlicher Beweisaufnahme ist als Verstoß gegen das Prinzip der Mündlichkeit unzulässig.

Im französischen Recht können alle Urkunden unter der Bedingung, daß sie in der Hauptverhandlung vorgelegt und überprüft werden können, als Beweismittel Verwendung finden, Art. 329 code d'instruction criminelle[1]).

Vor der Zulassung muß jedoch die Echtheit der Urkunde feststehen; insbesondere ihre Verbindung zu dem angeblichen Aussteller.

Eine besondere Gruppe stellen die Urkunden dar, die von zuständigen Beamten zur Feststellung einer Gesetzesverletzung und ihrer näheren Umstände aufgenommen wurden, zum Beispiel die Protokolle der Polizei, des Staatsanwalts oder der Untersuchungsrichter. Im Prinzip sind sie nichts anderes als die Unterstützung der Anklage, jedoch sind einige von ihnen durch Gesetz zur notwendigen Voraussetzung der Anklageerhebung erklärt worden.

Was die Beweiskraft anbelangt, so lassen sich diese Urkunden in verschiedene Gruppen einteilen, und zwar in solche, die den allgemeinen Bestimmungen über Urkunden folgen, also der freien Beweiswürdigung unterliegen, und andere, deren Beweiskraft von der einfachen gesetzlichen Vermutung bis zur unwiderlegbaren Vermutung der Wahrheit ihres Inhalts gesteigert ist.

Diese bevorzugte Gruppe umfaßt also Urkunden, die bis zum Beweise des Gegenteils Beweis für die Richtigkeit der in ihnen verzeichneten Angaben liefern und Urkunden, gegen deren Richtigkeit jeder Gegenbeweis ausgeschlossen ist; der Richter ist also selbst dann gezwungen, den Inhalt jener Urkunde als wahr zu unterstellen, wenn er ihm unglaubwürdig erscheint.

Diese offensichtliche Unverträglichkeit mit der sonstigen Natur des französischen Beweisrechts hat schließlich durch Gesetz im Jahre 1903 und 1905 die Anzahl von Urkunden, die mit absoluter Beweiskraft ausgestattet sind, reduziert. Danach kommt den Protokollen der Zoll- und Steuerbeamten nur noch die gesetzliche Vermutung ihrer Richtigkeit bis zum Beweise des Gegenteils zu; während den Protokollen der Forstbeamten und Angelaufseher, der Wasser- und Seepolizei, der Schuldiener usw. nach wie vor volle Beweiskraft ihres Inhalts ohne Möglichkeit eines Gegenbeweises zukommt.

Die auf Grund strenger Errichtungsformalitäten aufgenommenen Urkunden beweisen die Tatsachen, die mit dem Delikt in Zusammenhang stehen und von dem Aussteller persönlich festgestellt wurden. Auch Geständnisse der Beschuldigten können so mit absoluter Beweiskraft aufgenommen werden.

---

[1]) Garraud, a. a. O. I, S. 139: „La procédure française n'a pas cette horreur de a preuve écrite!".

II. Prüfung der Echtheit.

Im englischen Verfahren stellt die Prüfung der Echtheit der Urkunde, die „authentication" die als „ergänzende Beweisaufnahme"[1]) auch dem diesbezüglichen deutschen Beweisverfahren vorangeht, das wichtigste Moment der Entscheidung über die Zulässigkeit der betreffenden Urkunde als Beweis dar. Die Prüfung erfolgt mit Hilfe der üblichen Beweismittel[2]).

So kann die Echtheit der Urkunde durch die Unterschriftsvollziehung des angeblichen Ausstellers der Urkunde und durch Vergleich mit der Urkunde festgestellt werden[3]); weiterhin durch eine Zeugenaussage, die die Ausstellung und den Empfang der Urkunde betreffen[4]).

Die Vergleichung von Schriftproben des angeblichen Ausstellers, die dieser nicht im Gerichtssaal vollzogen hat, ist nach deutscher Auffassung Augenscheinseinnahme; nach Wigmore ist sie Indizienbeweis, der fälschlich als Beweismittel angesehen wird, und fällt unter Rule 192 Art. 1 (3).

Das Verfahren zur Prüfung der Echtheit der Urkunde ist dann nicht notwendig, wenn nur der Inhalt oder die Existenz der Urkunde von Belang ist[5]).

Auch kann der Gegner den Errichtungsvorgang der Urkunde in zulässiger Form zugestanden haben[6]). Bereits die unterlassene Einwendung gegen die Echtheit der Urkunde wird als Zugeständnis ihrer Echtheit angesehen.

In bestimmten Fällen ist der Beweis der Echtheit erleichtert. Eine Urkunde, die älter als 30 Jahre ist, wird schon durch ihr Alter als authentisch ausgewiesen[7]). Gewisse öffentliche Urkunden werden eo ipso als echt behandelt[8]). Jedoch wird auch im anglo-amerikanischen Recht nicht allein durch die Tatsache, daß es sich um eine öffentliche Urkunde handelt, die Wahrheit des beurkundeten Inhalts als bewiesen angesehen[9]).

---

1) Beling, a. a. O., S. 312.

2) Wigmore, Rule 192: No writing alleged or purporting to have been made, sent, authorized, used or acted on by a specific person and desired to be offered as such may be read or shown to the jury unless upon some evidence of such person's connection, ... Art. 1: The evidence thus sufficient may be any admissible evidence of one of the three general sorts, namely:
(1) autoptic proference (real evidence),
(2) testimonial evidence,
(3) circumstancial evidence.

3) Gemäß Rule 192 Art. 1 (1).

4) Gemäß Rule 192 Art. 1 (2).

5) Rule 192 Art. 2 Par. (a): Evidence to authenticate is not necessary when only the documents contents or existence is material.

6) Rule 192, Art. 2 Par (b): Evidence to authenticate is not needed where by the pleadings or by stipulation or by other form of judicial admission under Rule 242 the execution of the document is conceded by the opponent.

7) Stephen, a. a. O., S. 20.

8) Stephen, a. a. O., S. 186ff.

9) Manual, a. a. O., S. 166.

Wenn die öffentliche Urkunde jedoch durch eine Person aufgenommen wurde, die durch das Gesetz oder eine Amtspflicht dazu angehalten ist, liefert die Urkunde einen prima facie Beweis für die Wahrheit der beurkundeten Umstände, ohne daß der Aussteller als Zeuge verhört zu werden braucht, z. B. Geburts-, Todes- und Heiratsregister.

Auch beurkundete Geschäftsvorgänge sind ohne Identifizierung durch den Aussteller als vereinfachter Beweis zugelassen[1]).

Als Grundsatz gilt auch hier die Regel, daß die Originalurkunde vorgelegt werden muß[2]).

Dem Original gleichgestellt sind Abschriften, soweit sie mit dem Original übereinstimmen[3]). Weiterhin kann der Nachweis, daß das Original abhanden gekommen ist, von der Vorlegung dispensieren[4]), sowie die Zurückhaltung durch den Gegner[5]) bzw. durch eine dritte Person[6]).

In diesen Fällen ist es gestattet, den Inhalt der Urkunde durch andere Beweismittel dem Gericht zur Kenntnis zu bringen[7]).

Öffentliche wie private Urkunden sind jedoch nur insoweit zulässig, als sie über eine Tatsache, ein Ereignis oder eine Handlung, berichten; soweit sie Schlußfolgerungen und Urteile enthalten, sind sie unzulässig.

Im Unterschied zum deutschen Recht braucht die Urkunde nicht verlesen zu werden[8]).

III. Affidavit, Stipulation, Deposition.

Als schriftliche Zeugenaussage, die im deutschen Recht in § 251 StPO geregelt ist, kennt das anglo-amerikanische Recht das „affidavit", die „stipulation" und die „deposition". Sie sind gleichfalls nur ausnahmsweise als Ersatz der mündlichen Aussage in der Hauptverhandlung gestattet[9]).

Das „affidavit", eine eidesstattliche schriftliche Aussage, soll nur von der Verteidigung als Charakterzeugnis für den Angeklagten oder aus sonstigen Gründen im Hinblick auf die Milderung der erwarteten Strafe zugelassen werden.

Im Falle der Vereinbarung der Parteien untereinander, der „stipuation", kann jedoch ganz allgemein die Aussage eines abwesenden Zeu-

---

1) Stephen, a. a. O., S. 202.

2) Rule 139: In proving a writing, production must be made, unless it is not feasible, of the original writing itself, whenever the purpose is to establish its terms.

3) Rule 41, Art. 6—8.

4) Rule 139, Art. 4; Stephen a. a. O., S. 194, 200ff.

5) Rule 139, Art. 5.

6) Rule 139, Art. 6.

7) Rule 141, Art. 2.

8) Rule 139, Art. 2: The rule requires that the writing be brought into court and offered to the tribunal for inspection. Par (a): the writing need not be read aloud, unless the court so requires. Stephen, a. a. O., S. 8.

9) Rule 98: Oral testimony required.

gen, selbst nur dem Sinn nach, ob beeidigt oder unbeeidigt, dem Gericht als Beweis angeboten werden[1]).

Die „deposition“ ist die Vernehmung eines Zeugen vor der Hauptverhandlung durch einen Richter oder eine andere zuständige Person, in der in der Hauptverhandlung üblichen Form[2]). Die strengen Formalitäten erfordern, daß insbesondere aus der „deposition“ hervorgehen muß, daß der Beschuldigte anwesend war und die Möglichkeit des Kreuzverhörs bestand. Die „deposition“ wird zumeist in dem Verfahren vor dem Friedensrichter oder dem „coroner“ aufgenommen.

Sie kann in Fällen, in denen die Verhängung der Todesstrafe möglich ist, nur von der Verteidigung bzw. nur mit ihrer ausdrücklichen Einwilligung als Beweis offeriert werden; in den übrigen Fällen obliegt die Entscheidung über ihre Zulässigkeit dem Richter. Sie kann aber jederzeit zum Beweis von früher abweichender Aussage derselben Person benutzt werden, nachdem der Zeuge zuvor darauf hingewiesen worden ist, und dennoch bei seiner Aussage blieb[3]).

Die in der „deposition“ niedergelegte Aussage untersteht bei ihrer Verlesung vor dem Gericht den gleichen Beweisregeln wie die persönliche, unmittelbare Aussage des Zeugen, wenn sie in dieser Form und mit diesem Inhalt vor Gericht abgegeben würde[4]).

In England ist die Verwendung der „deposition“ statt des unmittelbaren Zeugnisses allgemein dann möglich, wenn der Depositor tot, sehr krank ist oder von dem Beschuldigten aus dem Wege gehalten wird[5]).

Ist die „deposition“ wegen eines Formfehlers nicht zulässig oder nicht schriftlich niedergelegt worden, so kann der „coroner“ oder Friedensrichter über die vor ihm gemachte Aussage vernommen werden[6]). In England ermöglicht der Merchant Shipping Act von 1894 die Aufnahme einer „deposition“ mit Zustimmung des Beschuldigten für den Fall, daß ein Zeuge beabsichtigt, ins Ausland zu gehen, bevor die Hauptverhandlung stattgefunden hat.

---

[1]) Rule 98, Art. 1 Par. (d): Absent witness testimony, admitted on affidavit or stipulation, to prevent postponement, ...

[2]) Kenny, a. a. O., S. 450; Stephen, a. a. O., S. 59ff.

[3]) Stephen a. a. O., S. 163.

[4]) Rule 98 Art. 2: Rules for depositions: Whenever the hearsay rule admits a witness-testimony that has been delivered before trial out of court, before a judge or other officer, and subject to the procedure prescribed therefor by chancery rule or by code or statute, the mode of such delivery shall be as follows: the counsel to state the question, if oral, or the officer to read them, if written; the witness to answer them orderly; the answer to be written down by the officer or some person appointed by him; ... Manual, a. a. O., S. 169. Stephen, a. a. O., S. 58ff.

[5]) Stephen, a. a. O., S. 161.

[6]) Stephen, a. a. O., S. 64.

Kapitel II

Besondere Regeln des anglo-amerikanischen Beweisrechts

§ 1. Allgemeines

Die oben angeführten Beweismittel erschöpfen im wesentlichen das deutsche und französische Beweisrecht. Das anglo-amerikanische Beweisrecht jedoch kennt weitere Gruppen von Regeln, für die in dem deutschen und französischem System keine Parallelen zu finden sind.

Ein Überblick auf beschränktem Raum kann jedoch nur eine Andeutung des Wesens und der Besonderheiten des anglo-amerikanischen Beweisrechts vermitteln, wie auch oben nur eine Auswahl der reichen Kasuistik gegeben werden konnte. Das als Handbuch für die Praxis bestimmte Werk Wigmores kennt 3150 Einzelbestimmungen, die in 242 Grundregeln zusammengefaßt sind!

Ein Überblick wird zudem durch das Fehlen einer systematischen Durchdringung des anglo-amerikanischen Beweisrechts erschwert. So stellen die Regeln, in die z. B. der Professor des Beweisrechts (!) in Cambridge, C. S. Kenny, in seinen „Outlines of Criminal Law" das Beweisrecht zusammenfaßt, eine bloße Aufzählung von Richtlinien dar, die von der Beweislast zur Art der Zeugenaussage, von dem Verbot des Zeugnisses vom Hörensagen zu den Bestimmungen über die Relevanz der Beweise überspringen. Ein Überblick nach seinem Schema ist daher nicht geeignet, die Grundlagen des Beweisrechts aufzuzeigen.

Wigmore hingegen faßt die einzelnen Regeln unter Grundregeln zusammen, die er weiterhin aufteilt und schließlich in vier großen Gruppen ordnet. Wenn seine Bemühungen auch keineswegs den Anforderungen entsprechen, die wir an eine rechtswissenschaftliche Bearbeitung der Materie glauben stellen zu können, so ermöglichen sie uns doch einen vollständigeren Überblick über die Beweisregeln des Common Law.

§ 2. Relevanz

Die erste der vier Hauptgruppen betrifft die Bestimmungen über die Zulässigkeit des Beweismaterials, die wiederum in vier Gruppen eingeteilt ist, deren erste von der Relevanz der Beweise handelt.

Um überhaupt als „Evidenz" in Betracht zu kommen, muß das angebotene Beweismaterial durch die gehörigen Kanäle kommen, d. h. sich in den Formen der anerkannten Beweisarten bewegen. Wenn Wigmore allerdings die Relevanzregeln in Bestimmungen über Indizienbeweis, Zeugenbeweis und Beweis durch Wahrnehmungsobjekte aufteilt[1]), so erscheint damit auf Grund der Bedeutung, den wir diesen Beweisklassen zuzuordnen gewohnt sind, keineswegs eine erschöpfende Aufzählung der

---

[1]) „Circumstantial evidence", „Testimonial evidence" und „Autoptical evidence".

zulässigen Beweisarten gegeben zu sein. Daß eine solche aber beabsichtigt war, beweist die Definition, die in Rule 28 aufgestellt wird, wonach alle Quellen, die Evidenz zu liefern geeignet sind, in die drei oben genannten Klassen eingeteilt werden. Art. 2 Rule 28 kennzeichnet den „circumstantiellen" Beweis als jedes Faktum, das anders als durch eine menschliche Behauptung zum Beweis angeboten wird. Es ist also nicht nur der indirekte Beweis gemeint, sondern anscheinend soll hier der sachliche Beweis in Gegensatz zum persönlichen gesetzt werden; wie ja unter „testimonial evidence" auch die Parteivernehmung und der Sachverständigenbeweis fallen. Die weitere Einteilungsgruppe der „autoptical evidence" wäre dann aber unverständlich, da sie bei einer Gegenüberstellung von sachlichen und persönlichen Beweismitteln überflüssig ist.

Die Begriffsverwirrung wird noch größer, wenn man in Betracht zieht, daß „circumstantial evidence" auch ganz allgemein als Gegensatz zu Zeugen- und Urkundenbeweis gebraucht wird[1]), Wigmore aber offensichtlich die Urkunden zur „circumstantial evidence" rechnet, welche auch als indirekter Beweis schlechthin aufgefaßt wird. Dieses Beispiel macht Bests bittere Klagen über die Terminologie des englischen Beweisrechts verständlich[2]). In dem konkreten Fall liegt die Ursache der Unklarheit jedoch nicht nur auf terminologischem Gebiet, sondern ist Ausdruck mangelnder Erkenntnis über das Wesen der Beweisarten. Seit Best hat sich an dieser Feststellung auch nichts Grundsätzliches geändert; Bests[3]) Ausführungen über das Wesen des Indizienbeweises zeigen im Gegenteil eine tiefere Erfassung der Materie als aus Werken jüngeren Datums hervorgeht.

Zweifellos ergibt sich aber aus der näheren Regelung der von Wigmore aufgestellten drei Beweisarten, daß damit die Grundanforderungen an ein zum Beweise angebotenes Faktum gemeint sind. Es muß sich also zunächst in eine der üblichen Beweismittelklassen einordnen lassen.

Neben dieser allgemeinen Forderung muß im speziellen Fall jedoch noch eine klare und sichtbare Verbindung zwischen dem Beweisfaktum und den Haupttatsachen bestehen, was aus der Wigmoreschen Definition nicht klar hervorgeht, aber im allgemeinen recht eigentlich unter „Relevanz" verstanden wird[4]).

Die rechtlichen Grenzen der Relevanz sind nun viel enger gezogen, als sie das natürliche Urteil ergeben würde. Ein Beispiel möge die Künstlichkeit dieser Regeln belegen. So darf ein Zeugnis über den Charakter des

---

[1]) Best, a. a. O., S. 20, Anm. 4.

[2]) „. . . ist es doch gewiß, daß Worte wie ein Tartarbogen rückwärts auf den Verstand des Weisesten schnellen und das Urteil mächtig beirren und verwirren". Best, a. a. O., S. 118.

[3]) Best, a. a. O., S. 83.

[4]) Kenny, a. a, O.; 5. Regel: Die Evidenz muß relevant sein, d. h. sich auf die zu beweisenden Haupttatsachen beziehen; S. 352. — Vgl. hingegen die deutsche Regelung, nach der „unerhebliche" Dinge nicht schlechthin abgelehnt werden sollen. §§ 240, 241 StPO.

Angeklagten von der Gegenseite nur insoweit angeführt werden, als es unmittelbar für die Begehung des Delikts von Bedeutung ist. Dem Angeklagten steht es jedoch frei, jederzeit Zeugnis für seinen einwandfreien Charakter zu erbringen. Beim Zeugen ist es hingegen der schlechte Charakter, dessen Beweis jederzeit relevant ist.

Der Richter hat nun bei jedem angebotenen Beweis eine Prüfung vorzunehmen, ob er den Anforderungen der Relevanzregeln entspricht. Darin liegt eine vorweggenommene Abschätzung des dem angebotenen Beweismaterial innewohnenden Beweiswertes, die erst nach Abschluß der Beweisaufnahme vorgenommen werden dürfte. In einem fortgeschrittenen Stadium des Verfahrens können sich die Beziehungen des ausgeschlossenen Faktums zum thema probandum in einem ganz neuen Licht zeigen. Dieser Möglichkeit soll dadurch Rechnung getragen werden, daß der weiteren Beweisführung unter Umständen überlassen bleiben kann, die Verbindung zum Beweisthema aufzuzeigen. Der unter dieser Bedingung zugelassene Beweis wird endgültig zurückgewiesen, wenn dies nach Ansicht des Richters nicht gelungen ist. Der Richter ermahnt dabei die Jury, daß sie sich bei der Überzeugungsfindung nicht auf die zurückgewiesene Evidenz stützen darf; im Falle der Zuwiderhandlung ist das Urteil anfechtbar.

Überdies kann ein Faktum für einen Beweiszweck den Bestimmungen über die Relevanz genügen, für einen anderen aber nicht ausreichen. Das Faktum wird dann ausdrücklich nur für den einen Zweck zugelassen und die Jury angewiesen, diese Evidenz nicht im Hinblick auf den anderen Beweiszweck zu verwenden.

Bei der Entscheidung über die Relevanz ist der Richter zwar durch die allgemeinen Regeln gebunden, er entscheidet jedoch frei darüber, ob im speziellen Fall die erforderliche Verbindung zu den Haupttatsachen vorhanden ist. Den Parteien ist es gestattet — wie vor jeder richterlichen Entscheidung über prozessuale Fragen —, über die Frage der Erheblichkeit zu diskutieren; was insbesondere in Amerika zu langen Rechtsausführungen von Verteidiger und Anklagevertreter benutzt zu werden pflegt. Der Richter entscheidet jedoch endgültig nach eigenem Ermessen. Seine Entscheidung ist nur bei Ermessensmißbrauch oder Irrtum revisibel.

Die Ermessenspanne, die dem Richter in dieser Phase zusteht, berechtigt ihn sogar, die Jury zeitweilig von der Verhandlung auszuschließen, um zur Entscheidung über die Frage der Relevanz weitere Beweise aufzunehmen. Überhaupt erscheint der Umfang, der der Beachtung und Erörterung der Relevanz in dem heutigen Verfahren zugedacht wird, weniger der Klärung und Verkürzung desselben zu dienen — wie ursprünglich mit der Aufstellung der Regeln beabsichtigt war —, als das Verfahren mit Spitzfindigkeiten zu belasten, die die materielle Wahrheitsforschung gefährden und erschweren.

§ 3. Verhör und Gegenverhör

Die näheren Vorschriften über die einzelnen Beweismittel haben bereits in der obigen Gegenüberstellung Berücksichtigung gefunden. Es müssen jedoch noch einige Bestimmungen, insbesondere über die Art und Weise der Beweisführung überhaupt, erörtert werden. Die Zeugenaussagen bewegen sich im anglo-amerikanischen Recht in festen Bahnen. Dem Verhör durch die Partei, die den Zeugen zitiert, folgt das Gegenverhör durch die Gegenpartei. Damit soll der Eindruck der Aussage gemindert, gegebenenfalls ein für die Gegenpartei günstiger Eindruck hervorgerufen werden. Das Gegenverhör ist also eine Belastungsprobe für das Zeugnis. Der Kreuzverhörende wird versuchen, Tatsachen aufzudecken, die die vorherige Aussage in anderem Licht erscheinen lassen. So kann sich herausstellen, daß die Beobachtungsmöglichkeit des Zeugen inadäquat war, daß seiner Wahrheitsliebe nicht getraut werden kann bzw. daß er sich in solche Widersprüche verwickelt hat, daß auf seine Aussage kein Verlaß bleibt. Die erste Partei kann ihren Zeugen daraufhin noch einmal verhören, muß sich jedoch auf die Punkte beschränken, die im Gegenverhör neu aufgetaucht sind, und darf nicht eine im ersten Verhör versäumte Befragung auf diesem Umweg nachholen. Hat aber eine vorher verhörende Partei einen Teil eines Gesprächs oder einer Urkunde angeführt, so ist die nachfolgend verhörende Partei berechtigt, den übrigen Inhalt des Gesprächs oder des Dokuments zu erfragen. Verhör und Gegenverhör desselben Zeugen können bis zur Klärung der in der ursprünglichen Aussage aufgeworfenen Umstände fortgesetzt werden. Wird der Zeuge in einem späteren Stadium des Beweisverfahrens nochmals verhört, so folgen sich Verhör und Gegenverhör in derselben Weise wie bei der ersten Aussage.

Für das Verhör gelten nun aber andere Regeln als für das Gegenverhör; denn die Zeugen des Gegners dürfen „geleitet“ werden, die eigenen Zeugen aber nicht[1])! Diese unterschiedliche Behandlung findet ihre Erklärung in dem Sinn des Kreuzverhörs an sich. So muß der Zeuge beim Gegenverhör auch über nicht zur Sache gehörende Punkte gefragt werden können, wenn dadurch seine Glaubwürdigkeit, sein Gedächtnis, seine geistige Befähigung und die Genauigkeit seiner Erinnerung geprüft werden sollen. Da der Zweck solcher Fragen oft nur im Zusammenhang mit anderen, entfernt liegenden Umständen erkannt werden kann, läßt der Richter gewöhnlich dem Gegenverhörenden große Freiheit. Er schreitet nach seinem Ermessen erst dann ein, wenn er glaubt, die gestellten Fragen seien völlig abwegig und aus ihrer Beantwortung könnten sich auch keine Schlüsse über den Wert der Aussage ziehen lassen.

Für das Verhör eigener Zeugen besteht das Verbot, „leitende Fragen“, also Suggestivfragen, zu stellen. Über die Einhaltung dieser Regeln wird von den Parteien so eifrig gewacht, daß sie eine der auffallendsten Eigentümlichkeiten des anglo-amerikanischen Verfahrens darstellen. Nach

Best[1]) „werden in der Praxis oft die unbegründetsten Einwendungen hierbei vorgebracht. Eine Frage ist nicht schon suggestiv, wenn sie die Aufmerksamkeit des Zeugen auf den unmittelbaren Gegenstand, worüber man Auskunft wünscht, hinleitet, sie ist es nur, wenn sie die Antwort andeutet".

Ausnahmsweise sind Suggestivfragen aber gestattet, wenn der eigene Zeuge sich als feindlich oder voreingenommen erweist, oder seine Aussage eine unbestritten preliminäre Tatsache betrifft; wenn er sich nicht mehr selbst zu erinnern weiß, oder wenn er aus Gründen der geistigen Unreife oder Zurückgebliebenheit, wegen Krankheit, Sprachschwierigkeiten usw. nicht begreift, über welches Beweisthema er vernommen werden soll. Auch zum Zwecke der Widerlegung, daß eine angebliche Äußerung eines anderen Zeugen bei einer bestimmten Gelegenheit abgegeben wurde, ist die leitende Frage erlaubt[2]).

In England ist sie weiterhin bei der Identifizierung, insbesondere des Angeklagten, üblich. In Amerika hingegen ist die leitende Frage zum Zwecke der Identifizierung verboten, da dort sorgfältigste Identifizierungsmethoden ausgebildet worden sind. So werden häufig mehrere Personen auf die Anklagebank gesetzt, um eine objektive Identifizierung zu gewährleisten. Man wird nicht fehlgehen, diese Regelung aus der Rassenverschiedenheit der Bewohner der Vereinigten Staaten zu erklären, da die Erfahrung erwiesen hat, daß es schwerfällt, Menschen anderer Hautfarbe mit gewohnter Sicherheit zu identifizieren.

Eine Suggestivfrage ist die Formulierung einer Frage an einen Zeugen, die geeignet ist, diesem die erwünschte Antwort zu suggerieren oder durchblicken zu lassen. Es genügt bereits die Fragestellung: „Hat das Geräusch lange gedauert", oder „War es ein nasser Tag", um die Frage unzulässig zu machen. Auch soll eine Frage den Zeugen nicht dazu verleiten, Meinungen kundzutun oder Schlüsse zu ziehen; da dies mit dem Wesen der Zeugenaussage in Widerspruch steht, gilt diese Anweisung auch für das Gegenverhör. So darf also nicht gefragt werden: „Konnten Sie sehen, ob der Fischer im Wasser gewesen war", sondern: „Konnten Sie sehen, ob die Kleidung des Fischers tropfte"[3]).

Weiterhin ist gemäß Rule 96 Art. 1 Par (a) eine Frage unzulässig, die einen noch nicht bezeugten Umstand als Faktum annimmt, z. B. die Formulierung „Was hat A in dem Moment getan, als B nach ihm stach ?", wenn der Zeuge noch nichts darüber ausgesagt hat, ob B nach A gestochen hat, und dieser Umstand überhaupt erst zu beweisen ist. Unstatthaft ist auch die Suggerierung der einfachen Antwort ja oder nein, wenn damit indizenter eine erst festzustellende Tatsache beantwortet

---

[1]) Best, a. a. O., S. 403.

[2]) Hat A das und das gesagt?

[3]) Richtiger als die von Kenny (a. a. O., S. 351) vorgeschlagene Formulierung wäre etwa allerdings die Fragestellung: „In welchem Zustand befand sich die Kleidung des Fischers?".

wird, wie z. B.: „Hat B nach A gestochen, ohne irgend etwas zu seiner Warnung zu sagen?" Als Muster der in jedem Fall zulässigen Fragestellung wird dagegen die Alternative empfohlen: „Wollen Sie sich darüber äußern, ob A nach B gestochen oder ob er nicht nach ihm gestochen hat?" (state whether A did or did not stab B). Der zweite Halbsatz der obigen Frage ist in eine selbständige Frage zu kleiden.

Auch im Gegenverhör sind Fangfragen nicht gestattet; also Fragen, die einen Umstand als wahr voraussetzen, der noch nicht bewiesen worden ist, wie z. B. „Was hat er Ihnen gesagt, bevor Sie Ihr Messer zogen?", wenn geleugnet wird, daß eine Körperverletzung begangen wurde. Gegen diese Bestimmung zu verstoßen, gehört jedoch zur Taktik des Kreuzverhörenden, der damit die Überrumpelung eines Zeugen zu erreichen sucht. Allerdings kann unfaire Prozeßführung auch einen ungünstigen Eindruck auf die Geschworenen machen, wenn der Gegner geschickt genug darauf hinweist.

Weiterhin sollen im Gegenverhör durch Wort und Ton einschüchternde Fragen vermieden werden, weil dadurch grundlos die Glaubwürdigkeit eines Zeugen herabgemindert werden kann.

Im allgemeinen sind jedoch Suggestivfragen an die Zeugen des Gegners gestattet. Sie sind ein Mittel, das zum dramatischen Charakter des Gegenverhörs beiträgt.

§ 4. Bedeutung des Kreuzverhörs

Wenn das Kreuzverhör von englischer Seite allgemein als „das mächtigste Werkzeug zur Entdeckung der Wahrheit"[1]) gelobt wird, so stößt diese Auffassung außerhalb des anglo-amerikanischen Rechtskreises auf wenig Verständnis. Die deutsche Rechtswissenschaft und Praxis haben denn auch dem § 239 StPO, der das Kreuzverhör auf Verlangen in den deutschen Strafprozeß eingebaut hat, wenig Beachtung gezeigt, so daß der Paragraph als überflüssig schließlich abgeschafft wurde. Erst durch die Novelle vom 12. 9. 1950 wurde er wieder in die Strafprozeßordnung eingefügt. Über den Wert des Kreuzverhörs kann sich daraus aber keine weitere Folgerung ergeben, als die, daß das Kreuzverhör nach englischem Muster im deutschen Verfahren keinen Platz hat. Verfehlt wäre ein voreiliger Schluß auf den Wert des Kreuzverhörs an sich, der aber oft genug gezogen wird. Auch kann ein Urteil von anderer als polemischer Natur über Vor- und Nachteile des Kreuzverhörs erst dann gefällt werden, wenn man es im Rahmen des jeweiligen Verfahrens betrachtet.

Relativ zum Charakter des englischen Prozesses stellt denn auch das Kreuzverhör das wirksamste Mittel zur Erforschung der Wahrheit dar. Beim Gegenverhör werden die Regeln zum Teil gelockert; der Richter soll nur bei direkten Verstößen gegen diese eingreifen. Wie Stephen[2])

---

[1]) Best, a. a. O., S. 45.
[2]) a. a. O., S. 431.

ausführt, ist es zwar Aufgabe der Prozeßregeln dafür zu sorgen, daß der Kampf nicht vermeidbar Dritte verletzt, innerhalb der abgesteckten Grenzen kann jedoch gekämpft werden. Der Wechsel von Verhör durch die den Zeugen zitierende Partei und anschließendem Gegenverhör durch die Gegenpartei ist die einzige Möglichkeit, die durch die zahlreichen Regeln über die Zulässigkeit künstlich beschränkte Aussage in ein natürlicheres Licht zu rücken und Hintergründe aufzuzeigen, die sich unter schützenden Formen verbergen konnten. Ist einmal eine Aussage durch das Fegefeuer des Kreuzverhörs gegangen, so ist ein Urteil über die Glaubwürdigkeit bzw. über den Wert der Aussage überhaupt bei weitem leichter, als nach einem bloßen Verhör durch die den Zeugen zitierende Partei, die ihn nur so weit aussagen lassen kann, als es ihr nützlich erscheint.

In dem deutschen wie französischen Verfahren nun ergeben sich völlig andere Voraussetzungen, die der Verwendung des Kreuzverhörs nach englischem Muster entgegenstehen. Das Bedürfnis nach Überprüfung der Aussagen ist stark reduziert, da der Richter, der im Interesse der materiellen Wahrheitsforschung vorgeht und nicht einseitige Parteiinteressen vertreten soll, selbst interrogiert. Außerdem hat die Aussage bereits ein natürliches Gepräge, da sie nur durch wenige Regeln gehemmt wird. Im Gegensatz zum englischen Verfahren, in dem das Gegenverhör eine Lockerung der Regeln bringt, würde es im deutschen Verfahren in der englischen Ausprägung eine Versteifung bedeuten, also einen relativ völlig anderen Charakter annehmen.

Mit dieser Feststellung ist jedoch nicht entschieden, ob nicht doch ein für das deutsche Verfahren förderlicher Grundgedanke im Kreuzverhör an sich liegt. Das Schicksal des § 239 StPO hat auf diese Überlegung keinen Einfluß. Seine Unbeliebtheit erklärt sich vielmehr aus der Unbestimmtheit der Institution, deren Ausfüllung sich weder Praxis noch Theorie widmeten; meinte man doch, das Kreuzverhör müsse nach englischem Muster durchgeführt werden. Der Anwaltstand insbesondere wußte mit dem zweischneidigen Instrument nichts anzufangen, da ihm weder Erfahrung noch eine diesbezügliche Ausbildung zur Verfügung stand. Eine organische Eingliederung und Umschmelzung wurde überhaupt nicht versucht. Vergegenwärtigt man sich aber, daß die in unserem Verfahren vorherrschende Befragung durch den Richter, der ja bei aller Objektivität doch nur ein Mensch ist, nach dem heutigen Stand der psychologischen Erkenntnis nicht als befriedigende Garantie für die materielle Wahrheitsforschung aufgefaßt werden kann, so wird man vielleicht geneigter sein, den Grundgedanken des Kreuzverhörs auf seine Eignung für den deutschen Strafprozeß hin zu untersuchen, um ihn auch praktisch zu verwerten. Man begnüge sich nicht mit dem Einwurf, daß theoretisch seit jeher im deutschen Verfahren die Befragung durch die Parteien gestattet sei. Denn viele Erwägungen können eine Partei oder deren Vertreter davon abhalten, um die im Ermessen des Richters liegende Gestattung der direkten Frage an die Zeugen nachzusuchen.

Der Richter, dessen Tätigkeit zwar der Wahrheitsermittlung dienen soll, ist zudem nicht notwendig von größerer Geschicklichkeit bei der Eruierung des Sachverhalts, als es der Parteivertreter mit Hilfe der Angaben und des ungleich stärkeren Interesses der hinter ihm stehenden Partei sein kann. So ist der Einsatz der Kräfte bei den Parteien ungleich größer und bedingt eine weitaus intensivere Inangriffnahme der Materie als dies bei der innerlich unbeteiligten Tätigkeit des Richters der Fall sein wird. Das intime Wissen von den wirklichen Vorgängen wird zudem oft für die Art der Erforschung des Sachverhalts ganz andere Wege vorzeichnen.

Damit soll nun keinesfalls der Herrschaft der Parteibefragung das Wort geredet werden. Die Vorteile, die die Befragung durch den Richter verbürgen, wenn man sich entweder für Parteibefragung oder für die richterliche Befragung der Zeugen zu entscheiden hätte, sind so eindeutig, daß sie hier nicht erst hervorgehoben zu werden brauchen. Es handelt sich jedoch für uns um die Nutzbarmachung beider Methoden, die ja auch theoretisch in unserem Verfahren verankert sind. Der Gedanke, daß durch Parteibefragung die Kontrolle der Aussagen besser erfolgen kann als durch einen Inquirenten, ist allgemein anerkannt und liegt in der kontradiktorischen Form auch unserem Prozeß zugrunde. Der Umfang dieser kontradiktorischen Kontrolle muß jedoch insbesondere in dem Verfahren vor dem Einzelrichter erweitert werden. So muß die sich versteifende Gewohnheit aufgelockert werden, die die Parteibefragung lediglich als Ausfluß des richterlichen Ermessens anzusehen geneigt ist. Die Parteibefragung muß vielmehr zu einem garantierten Recht der Parteien werden[1]). Erst dadurch wäre ihr der Anwendungsbereich gesichert, der ihrer Bedeutung für die materielle Wahrheitsforschung entspricht.

§ 5. Weitere Schutzregeln

Gemäß Rule 138 muß alle Evidenz, die den Bestimmungen über den „Indizien-, Zeugen- und Wahrnehmungsbeweis" genügt, also relevant ist, der weiteren Prüfung durch Regeln unterworfen werden, die auf der Erfahrung beruhen, daß bestimmte Arten von Beweisen spezifische Gefahren und Schwächen in sich bergen. Die Beobachtung der Regeln soll einen wirksamen Schutz gegen diese Gefahren garantieren. Nach Wigmore fallen unter diese Gruppe die Regeln, die

1. einer besseren Beweisart den Vorzug vor einer minderen Art geben,
2. den Beweis vom Hörensagen betreffen,
3. durch vorbeugende prozessuale Maßnahmen unsicheren Beweis auszuschließen bemüht sind,
4. die Klarheit und Kürze des Verfahrens garantieren sollen,
5. die Anzahl der für bestimmte Fälle erforderlichen Beweise bestimmen.

[1]) Es bleibt abzuwarten, in welchem Umfange von dem neugefaßten § 240 Gebrauch gemacht wird.

Unter 1 fallen die näheren Bestimmungen über den Urkundenbeweis, der zum Teil schon in der ersten Gruppe erörtert wurde. Die Grundregel, daß immer nur die „beste Evidenz" zulässig sein soll, verlangt beim Beweis durch Urkunden die Vorlegung der Originalurkunde bzw. den Nachweis des Unvermögens, falls nur eine Abschrift vorgelegt werden kann. Die Grundregel wird jedoch durch zahlreiche Ausnahmen durchbrochen.

Die Regel zu 2, die das Verbot des Zeugnisses vom Hörensagen betreffen, sind bereits erörtert worden.

Die prophylaktischen Regeln (3) beziehen sich unter anderem auf das Erfordernis des Eides, ohne den eine Zeugenaussage nicht stattfinden bzw. berücksichtigt werden kann, es sei denn, der Angeklagte selbst entschließt sich zu einer uneidlichen Aussage.

Die vereinfachenden Regeln (4) betreffen den Ausschluß derjenigen Tatsachen, die zwar beweiserheblich sind, aber Nebenstreitpunkte und überflüssige Behauptungen betreffen. Die Entscheidung über die „Wesentlichkeit" ist besonders schwierig in den Fällen, wo es sich um den Versuch einer Erschütterung der Glaubwürdigkeit eines Zeugen handelt und deshalb die Berechtigung besteht, auch außerhalb des Beweisthemas liegende Umstände heranzuziehen. So ist es eine der schwierigsten Aufgaben des Richters, abzuwägen, ob eine Tatsache so wesentlich ist, daß eine weitschweifige Beweisführung über die Unglaubwürdigkeit eines Zeugen, der dieses Faktum geleugnet hat, zuzulassen ist, ohne daß dadurch das Verfahren ungebührlich belastet wird.

Unter 5 werden die Fälle aufgezählt, bei denen der Beweis durch einen Zeugen zur Verurteilung nicht ausreicht. Gemäß Rule 182 Art. 1 sind bei Hochverrat zwei Zeugen erforderlich; Art. 2 und 3 verlangen bei Meineid oder einem kapitalen Verbrechen zwei Zeugen bzw. einen Zeugen und die Unterstützung seiner Aussage durch ein anderes Beweismittel.

Auch das Zeugnis eines Komplizen genügt nicht, wenn es nicht durch weitere Evidenz unterstützt wird (Rule 183 Art. 1). Nach Art. 2 sind zum Beweise eines Sittlichkeitsverbrechens mindestens zwei Zeugen erforderlich.

Ein außergerichtliches Geständnis reicht zur Verurteilung nur aus, wenn das corpus delicti bewiesen ist.

Bei der Beurteilung dieser Bestimmungen muß zwar berücksichtigt werden, daß der Zeugenbegriff im englisch-amerikanischen Recht erheblich weiter gefaßt ist als im deutsch-französischen Prozeßrecht. Wird doch auch die Partei, die die Anklage vertritt, sowie unser Nebenkläger und Privatkläger, der Komplize und selbst der Angeklagte als Zeuge aufgefaßt. Trotzdem sind diese Beweisregeln ihrer Natur nach eine vorweggenommene generelle Beschränkung der Beweiskraft einzelner Beweismittel in bestimmten Fällen und somit Ausdruck einer gesetzlichen Beweistheorie.

Die vierte Hauptgruppe der Regeln über die Zulässigkeit von Evidenz umfaßt die aus Gründen des allgemeinen Wohls aufgestellten absoluten d. h. vom Gericht von Amts wegen zu beachtenden, und relativen, d. h. nur auf Antrag der privilegierten Personen auszusprechenden Beweisverbote.

Kapitel III

Beweislast und Schuldpräsumtionen

§ 1. Die Stellung der deutschen Rechtswissenschaft zu der Frage der Beweislast im Strafprozeß

Die zweite und dritte Hauptgruppe der Wigmoreschen Einteilung der Beweisregeln beziehen sich auf die Beweislast. Wie alle englischen Beweisregeln sowohl für den Zivil- wie den Strafprozeß Geltung haben, so finden auch die zivilprozessualen Beweislastbestimmungen mit geringen Abänderungen auf den Strafprozeß Anwendung.

Die grundsätzliche Übereinstimmung von zivil- und strafprozessualen Beweisregeln berechtigt zu der Schlußfolgerung, daß die englische Regelung der Beweislast im Strafprozeß nicht auf prinzipiellen Erwägungen beruht. Sie ist vielmehr Ausdruck der Unfähigkeit, die Entwicklung der Strafjury aus der Ziviljury durch eine rechtsdogmatische Besinnung zum Abschluß zu bringen, wie es die Eigengesetzlichkeit des Strafprozesses verlangt. Das Zurechtstutzen der zivilprozessualen Vorschriften für die augenfälligsten andersartigen Bedürfnisse des Strafverfahrens genügt nicht dieser Notwendigkeit, der trotz ihrer theoretischen Natur eminent praktische Bedeutung zukommt.

Die deutsche Rechtswissenschaft des 19. Jahrhunderts, die im Zuge ihrer Bemühungen um den bestmöglichen Strafprozeß auch die Frage der Beweislast grundlegend erörtert hat, kam einmütig zu der Überzeugung, daß eine dem Zivilprozeß nachgebildete formelle Beweislast im Bereich des Strafprozesses keinen Platz haben kann. Wäre es doch weder mit der Offizialmaxime noch der freien Beweiswürdigung zu vereinen, wenn das Gericht erhebliche Tatsachen deshalb unberücksichtigt ließe, weil diese von den Parteien nicht ausdrücklich behauptet oder herangezogen worden sind. Denn in diesem Falle könnte es der Richter bei einer formell nicht bewiesenen Tatsache bewenden lassen und sie zum Nachteil des Angeklagten verwerten, ohne selbst zur Erhebung des von der Partei nicht herangezogenen Beweismaterials verpflichtet zu sein[1]).

---

[1]) Glaser „Beiträge zur Lehre vom Beweise", S. 100; v. Kries „Lehrbuch des deutschen Strafprozeßrechts", S. 332; Zachariae „Handbuch des deutschen Strafprozesses", S. 413; Birkmeyer „Deutsches Strafprozeßrecht", S. 83; Küssner GA 1855, S. 34; Planck „Systematische Darstellung des deutschen Strafverfahrens", S. 342; Gerland „Der Deutsche Strafprozeß", S. 185; Beling „Deutsches Strafprozeßrecht", S. 282.

Eine Reihe von Autoren will das Institut der Beweislast völlig aus dem Strafprozeß verbannt wissen, wohl aus dem Gefühl heraus, daß die Verwendung des Begriffes „materielle Beweislast" zivilprozessuale Reminiszenzen wachzurufen geeignet sei, und weil sie befürchten, daß diese schließlich zur Aufstellung von Beweisregeln führen muß, die den Verlauf der urteilenden Tätigkeit des Richters gesetzlich regulieren[1]).

Man schlug statt „materieller Beweislast" die Termini „Beweisinteresse" und „faktische Beweislast" vor, die in der Tat die Stellung des Angeklagten zum Entlastungsbeweis besser charakterisieren[2]). Was dagegen die Stellung des Anklägers zum Belastungsbeweis anbelangt, so ist gegen die Beibehaltung des Begriffes „materielle Beweislast" nichts einzuwenden; besteht doch für den Anklagevertreter die Pflicht, die Anklage zu substantiieren, während dem Angeklagten weder eine Behauptungs- noch Tatsachenanführungslast obliegt. Da aber jede Partei das Risiko dafür trägt, daß trotz Prüfungs- und Ermittlungspflicht des Gerichts erhebliche Tatsachen übersehen werden können, muß bei dem tatsächlichen Prozeßverlauf auch der Angeklagte um die Ermittlung der entlastenden Tatsachen bemüht sein. So führt Küssner aus:

„In allen diesen Fällen ist es aber nicht die von vornherein dem Angeklagten obliegende prozessualische Beweislast oder eine Präsumtion des dolus oder der Zurechenbarkeit, welche ihn zu solchen Behauptungen und Beweisen nötigt, sondern es ist der einfache, den hinreichenden Beweis seiner Schuld in sich tragende Sachverhalt, welcher die Anklage und den Richter von dem besonderen Beweise jener Momente entbindet, und welcher eben deshalb, weil ohne jenen Gegenbeweis bereits die Verurteilung gerechtfertigt sein würde, den Angeklagten in die Stellung dessen bringt, welcher im Zivilprozesse durch eine peremptorische Einrede den bereits feststehenden Klagegrund entkräften will. Darum aber, weil sich die Sache in den überwiegend meisten Fällen so verhält, ist dies dennoch keine Beweislast im prozessualischen Sinne, sondern es ist das durch die konkrete Sachlage deutlich hervortretende Interesse des Angeklagten allein zu beweisen"[3]).

Über die nähere Abgrenzung des Belastungsbeweises vom Entlastungsbeweis besteht jedoch keine Übereinstimmung. Nach Beling[4]) und Dohna[5]) trägt der Anklagevertreter allein die „materielle Beweislast" für die gesamten erheblichen Tatsachen einschließlich der Strafausschließungs- und Strafaufhebungsgründe. Glaser[6]) hingegen konstruiert für die prozessualen Einreden, die Strafaufhebungsgründe sowie gewisse

---

[1]) Rupp „Der Beweis im Strafverfahren", S. 251.

[2]) Spohr „Das Beweisinteresse in Strafsachen"; Glaser „Beiträge zur Lehre vom Beweise im Strafprozeß", S. 90ff. Küssner, a. a. O., S. 52.

[3]) Küssner, a. a. O., S. 52.

[4]) Behling, a. a. O., S. 282ff.

[5]) Dohna „Das Strafprozeßrecht", S. 94.

[6]) a. a. O., S. 90ff.

Milderungsumstände, eine „materielle Beweislast" für den Angeklagten und schließt sogar den Grundsatz„ in dubio pro reo" für den sich auf diese Gebiete beziehenden Entlastungsbeweis aus. So behauptet auch v. Kries[1]), ohne jedoch so weit zu gehen, daß er an die Stärke des Entlastungsbeweises dieselben Anforderungen wie an den Belastungsbeweis stellt[2]). Wie Zachariae[3]) ausführt, genügt für die Darlegung von entlastenden Umständen bereits der Nachweis ihrer Wahrscheinlichkeit um die Überzeugung vom Vorliegen der belastenden Umstände zu erschüttern; dies entspricht dem gemeinrechtlichen Grundsatz vom „favor defensionis". Der Glaserschen Ansicht ist schon darum nicht zuzustimmen, weil sie gegen diesen Grundsatz verstößt und das bloß faktische Beweisinteresse des Angeklagten zu einer gesetzlichen Beweisregel werden läßt. Eine derartige Erschwerung des Entlastungsbeweises kann aber nur für die Fälle gelten, bei denen eine gesetzliche Präsumtion dem Angeklagten die Beweislast auferlegt, obwohl auch hier nur von materieller Beweislast die Rede sein kann. Der Richter darf sich also nicht mit den äußeren Voraussetzungen der Präsumtion zufrieden geben und darauf warten, ob von dem Angeklagten der Gegenbeweis angetreten werde, sondern auch hier muß das Gericht grundsätzlich zur eigenen Beweiserhebung verpflichtet bleiben. Das Risiko für das Ergebnis der Beweisaufnahme liegt jedoch bei der Partei; der Satz „in dubio pro reo" findet hier keine Anwendung.

§ 2. Die Präsumtionen

Rechtspräsumtionen sind Prozeßrechtssätze, die den Richter anweisen, eine Tatsache als feststehend anzunehmen, sobald gewisse andere Tatsachen bewiesen worden sind. Bei den Legalpräsumtionen wird also die Bewertung der Beweiskraft gewisser Indizien gesetzlich geregelt. Da die Legaldefinition dem Grundsatz der materiellen Wahrheit nicht gerecht wird, ist sie grundsätzlich aus dem Strafprozeß zu verbannen[4]).

Anders liegt es im Falle der tatsächlichen Vermutung. Sie beruht auf der Lebenserfahrung, daß nämlich im gewöhnlichen Verlauf der Ereignisse beim Vorliegen einer bestimmten Tatsachenreihe in gewissen Fällen eine bestimmte Reaktion einzutreten pflegt. Diese tatsächliche Vermutung darf aber nicht den Richter zwingen, von einem Indiz auf das Vorliegen einer zu beweisenden Tatsache zu schließen, denn die Regel mag für 100 Fälle zutreffen, kann aber im nächsten Fall bereits zu einem unrichtigen Resultat führen[5]).

---

[1]) „Lehrbuch des deutschen Strafprozeßrechts", S. 342.

[2]) Von einem „anerkannten Recht", daß der Beweis des Vorliegens von Strafaufhebungsgründen zu Lasten des Angeklagten gehe und der Satz „in dubio pro reo" für diese Fälle nicht gelte, kann also wohl keine Rede sein, wie Guski in „Neue Justiz" Nr. 8, 1947 behauptet.

[3]) a. a. O., S. 413ff.

[4]) Birkmeyer, a.a.O., S. 84; Beling, a.a.O., S. 288; Zachariae, a.a.O., S. 419.

[5]) Birkmeyer, a. a. O., S. 83.

Die Rechtsvermutung, die im gemeinen Recht ihre Blütezeit hatte und es dem Gesetzgeber ermöglichte, das Verbot des Indizienbeweises umgehen zu können, sollte einer vergangenen Phase der Rechtsentwicklung angehören.

Trotzdem sind die Legalpräsumtionen auch im heutigen Strafprozeßrecht anzutreffen; ihre Anzahl ist insbesondere in den Nebengesetzen in ständigem Zunehmen begriffen. Die Strafprozeßordnung selbst kennt nur wenige solcher Ausnahmen von der materiellen Wahrheitsforschung[1]), während viele Rechtsvermutungen in den Tatbeständen des materiellen Strafrechts verborgen liegen.

Die Mehrzahl der Rechtsvermutungen sind zwar nur sogenannte einfache Rechtsvermutungen und lassen den Gegenbeweis zu, während die praesumtio juris et de jure jeden Gegenbeweis ausschließt. Doch auch die einfache Rechtsvermutung verschlechtert die Lage des Angeklagten, da für den Gegenbeweis nicht der favor defensionis gilt und somit der Angeklagte das Beweisrisiko trägt.

§ 3. Die Beweislast im anglo-amerikanischen Verfahren

Im anglo-amerikanischen Verfahren obliegt die Sammlung und Darlegung des Beweismaterials den Parteien; für den Richter besteht keine Pflicht, in diesem Sinne tätig zu werden. Er hat lediglich den Parteien auf Verlangen die erforderlichen Zwangsmittel zur Verfügung zu stellen (Ladung der Zeugen unter Strafandrohung usw.). Es ist dem Richter jedoch unbenommen, von sich aus zur Ergänzung des von den Parteien dargebrachten Beweismaterials einzugreifen und weitere Beweisaufnahmen zu veranlassen[2]).

In dieser Bestimmung liegt nun nicht nur eine der wesentlichsten Unterschiede zum deutschen Verfahren, sondern auch ein Verstoß gegen die Natur des Strafprozesses, der die materielle Wahrheit anzustreben hat. Dies kann aber nur durch die Herrschaft der Offizialmaxime bei der Beweissammlung erreicht werden. Die Herrschaft der Dispositionsmaxime wird nun keineswegs in der Tatsache gesehen, daß die Parteien im englischen Recht mit der Beweissammlung betraut sind, sondern zeigt sich darin, daß es nur das Recht und nicht die Pflicht des Richters ist, auf ergänzende Beweisführung hinzuwirken.

Im englischen Prozeß wird die Freiheitssphäre des Einzelnen und lessen Einflußmöglichkeit auf die Gestaltung eines anhängigen Strafnspruches in einer dem Wesen des Strafprozesses widersprechenden

---

[1]) z. B. § 190, § 475 StPO.

[2]) Rule 223 (1) The procuring and presenting of evidence is ordinarily to be done the parties to litigation and there is no duty on the judge to act for that purpose ept to issue suitable orders of compulsion on request by the parties. (2) But the ge is entitled to act of his own motion and to cause any evidence to be obtained presented, and in particular such evidence as appears to him to be available and rable to supplement the evidence presented by the parties.

Art ausgedehnt. Hat doch der Staat einen Strafanspruch gegen einen Beschuldigten nur dann, wenn die strafbare Handlung wirklich begangen ist. Der Strafprozeß muß also die materielle Wahrheit der Urteilsgrundlagen anstreben. Dem Richter darf demnach nicht dadurch der Weg zur Wahrheit verlegt werden, daß den Parteien die Disposition über den Streitstoff ermöglicht wird[1]). Wie sehr das Institut der Beweislast dem Prinzip der materiellen Wahrheit widerspricht, geht wohl auch deutlich daraus hervor, daß die Beweislast nicht unbedingt als „Last" empfunden wird, sondern auch als „Recht des Anfangens" bezeichnet wird; ein irriger richterlicher Entscheid darüber kann zu einer neuen Verhandlung führen[2]).

Diese Feststellung schließt die Parteitätigkeit bei der Sammlung des Beweismaterials und dessen Vorführung in der Hauptverhandlung nicht aus. Der Richter muß jedoch verpflichtet sein, von Amts wegen auf die Erhebung aller von ihm für notwendig gehaltenen Beweise hinzuwirken und die erforderlichen Maßnahmen ex officio zu treffen. Das Recht der richterlichen Beweiserhebung liegt noch im Bereiche der Dispositionsmaxime. Erst die Pflicht, für eine Beweiserhebung Sorge zu tragen, die die Erforschung der Wahrheit gewährleistet, bedeutet die Anerkennung der Offizialmaxime, mag sich auch der Richter zur Ausführung seiner Pflicht der Parteien und ihrer Initiative bedienen.

Die beweispflichtige Partei trägt bereits das Risiko der richterlichen Beweisprüfung. Entspricht das angebotene Beweismaterial nach Ansicht des Richters nicht den Anforderungen, denen es genügen muß, um der Jury als Grundlage für ihr Verdikt unterbreitet zu werden, so wird die beweispflichtige Partei durch einen richterlichen Spruch von der weiteren Verfolgung des Beweisthemas ausgeschlossen. Das Tragen des endgültigen Risikos bei der Entscheidung durch die Jury braucht nicht mit der anfänglichen formellen Beweislastverteilung übereinzustimmen, da sich die Beweislast mehrfach verschieben kann. Dieser doppelten materiellen Beweislast, die demnach für die Parteien im anglo-amerikanischen Verfahren besteht, entspricht auch die Möglichkeit, das Verfahren ohne Verdikt durch einen richterlichen Freispruch zu beenden, wenn sich im Verlauf des Beweisverfahrens herausstellt, daß das Beweismaterial nicht ausreicht, um es der Jury als Grundlage für ihr Verdikt zu unterbreiten.

Das Beweisrisiko der richterlichen Prüfung setzt jedoch nicht, wie bei der Prüfung durch die Jury, erst zum Schluß des Beweisverfahrens ein; vielmehr prüft der Richter schon im Laufe des Verfahrens das Gelingen oder Nichtgelingen jedes einzelnen Beweisthemas, siehe Rule 235.

Spricht ein hoher Grad von Wahrscheinlichkeit für ein bestimmtes Beweisergebnis, so verschiebt sich die Beweislast auf die Gegenpartei. Kommt dem Beweisergebnis nur ein geringerer Grad von Wahrscheinlich-

[1]) Birkmeyer, a. a. O., S. 81.
[2]) Best, a. a. O., S. 402.

keit zu, so ruht die Beweislast für beide Parteien und die Entscheidung fällt der Jury zu. Genügt eine Partei der ihr obliegenden Beweislast nicht, so wird sie durch richterlichen Spruch von weiteren Ausführungen über das Beweisthema ausgeschlossen. Rule 235 Art. 4 gibt Anleitungen, nach welchem Maßstab die Beweiskraft der angebotenen Evidenz vom Richter gemessen werden soll, um als „sufficient" zur Unterbreitung an die Jury, oder als „dicisive", so daß sie die Verschiebung der Beweislast bewirkt, zu gelten.

Die Jury entscheidet über die Frage der Beweislast nur dann, wenn sie durch keine der Parteien voll überzeugt worden ist. Sie fällt ihr Verdikt sodann zuungunsten der Partei, die bei Beendigung des Beweisverfahrens das Beweisrisiko (the risk of jury-doubt) trägt.

Liegt nun das Beweisrisiko bei der Anklage, so darf, soll die Entscheidung in ihrem Sinne getroffen werden, auf Seiten der Jury kein vernünftiger Zweifel mehr an dem Beweisergebnis bestehen. Geht das Beweisrisiko jedoch zu Lasten des Angeklagten, so genügt bereits die größere Wahrscheinlichkeit seiner Darstellung, um zu seinen Gunsten entscheiden zu müssen.

Der Artikel John A. Seiffs über „The Presumption of Innocence"[1]) beleuchtet die Unsicherheit, die in bezug auf die Frage der zur Verurteilung erforderlichen Überzeugung im konkreten Falle besteht. An Hand von richterlichen Anweisungen (charges), die die Jury falsch instruierten, erläutert er die Bedeutung des „vernünftigen Zweifels" (reasonable doubt). Ein „vernünftiger Zweifel" an der Schuld wird nicht schon dadurch ausgeschlossen, daß die Evidenz ein klares Übergewicht zur Schuldseite zeigt. Andererseits ist die Überzeugung von der Schuld nicht erst dann erreicht, wenn jede Hypothese etwaiger Unschuld des Angeklagten ausgeschlossen ist. Die Überzeugung von der Schuld reicht zu einer Verurteilung vielmehr dann, wenn eine vernünftige Überprüfung des Beweismaterials keinen Anlaß zu Zweifeln an der Schuld gibt (to be morally certain beyond a reasonable doubt).

Die unterschiedlichen Anforderungen an das Maß der Beweiskraft für Be- und Entlastungsbeweis werden formell aus der Präsumtion der Unschuld abgeleitet, die dem Angeklagten bis zur Verurteilung zur Seite steht. Demgemäß liegt auch die Beweislast bezüglich der die Anklage konstituierenden Elemente bei dem Ankläger. Diese Regel wird jedoch durch eine große Anzahl von Ausnahmen durchlöchert[2]).

Die Aufstellung gesetzlicher Präsumtionen wird zweifellos in der Absicht vorgenommen, eine wirkungsvollere Verbrechensverfolgung zu erreichen. Wenn die Präsumtionen sowie die übrigen Beweislastverschie-

---

[1]) Journal of the American Institute of Criminal Law and Criminology, Volume XXV, S. 53ff.

[2]) Vgl. Rule 238, Art. 13: Zum Beweis der kriminellen Absicht genügt meist ein prima facie Beweis, um die Beweislast auf den Angeklagten zu verschieben: das Alibi muß z. T. vom Angeklagten bewiesen werden.

bungen auf den Angeklagten als fortschrittliche Entwicklung begrüßt werden, da sie den Beweis der strafbaren Handlung erleichtern, und so der Anwendung illegaler Mittel zur Erlangung von Beweisen das Handwerk legen[1]), so ist diese Einstellung ein Selbstbetrug, der groben Mißständen durch gröbere abzuhelfen sucht, ohne der Ursache der Inkompabilität des Strafprozesses mit den Anforderungen, die an eine wirkungsvolle Verbrechensverfolgung zu stellen sind, nachzuspüren. Die sich häufenden gesetzlichen Schuldpräsumtionen erscheinen uns symptomatisch für den reformbedürftigen Zustand des anglo-amerikanischen Rechts[2]). Die Scheu vor der dringenden Reform zwingt es zu Maßnahmen, die formell zwar im Rahmen des alten Rechts liegen, materiell aber den diesen zugrundeliegenden obersten Leitsätzen widersprechen. Wird doch durch die sich mehrenden Schuldpräsumtionen der Angeklagte zum Beweis seiner Unschuld verpflichtet und damit gegen den vornehmsten Satz der englischen Rechtspflege verstoßen, daß bis zum Beweise der Schuld die Unschuld präsumiert wird. Die Tendenz der Gesetzgebung sollte demnach nicht als Lösung der Aufgabe einer wirkungsvolleren Verbrechensbekämpfung begrüßt werden, sondern im Gegenteil ein beunruhigendes Anzeichen dafür sein, daß der Geist des alten Rechts durch diese Teilreformen gefährdet ist, die darüber hinaus sogar mit den konstitutionellen Garantien der Rechte des Individuums in Widerspruch stehen.

Auch die Kontrollratsgesetzgebung für Deutschland bediente sich der Schuldvermutung, die auch hier eher als Ausfluß eines Zweckmäßigkeitsdenkens als eines Gerechtigkeitsstrebens empfunden wurde.

§ 4. Beweislastverschiebung durch Verzicht

Gemäß der Grundregel 242[3]) kann auf Anforderungen, die das Gesetz an den dargebotenen Beweis stellt, Verzicht geleistet werden durch ausdrückliche Erklärung des Gegners, daß

1. die Wahrheit der betreffenden Tatsache zugestanden wird,
2. eine besondere Beweisart zugestanden wird,
3. auf die Führung eines bestimmten Beweises verzichtet wird,
4. auf ein Verweigerungsrecht oder Beschränkung des Beweises durch eine Beweisregel verzichtet wird.

Diese Bestimmung hat unzweifelhaft zivilprozessualen Charakter und birgt alle Gefahren, die einer Parteidisposition im Strafverfahren anhaften. Kann doch gemäß Art. 1 dieses gerichtliche Zugeständnis nicht durch Beweis oder Auslegung in Zweifel gezogen werden.

---

[1]) Henry J. Fox „Recent Developments in Criminal Law", P. 799.

[2]) So enthält der „New York Penal Code" mindestens 40 Beweislastverschiebungen auf den Angeklagten, meist auf Grund von Schuldpräsumtionen (Fox, a. a. O., S. 800, Art. 4). Bereits Glaser schreibt, daß keine Jurisprudenz reicher an solchen Irrtümern ist als gerade die englische (Anklage, Wahrspruch und Rechtsmittel. S. 302).

[3]) Wigmore, a. a. O.

Die englischen Autoren Kenny[1]) und Best [2]) führen zwar aus, daß die Parteien im allgemeinen nicht auf die Beweisregeln, die publici juris seien, verzichten dürften. Jedoch beweist ein bei Cohen[3]) angeführtes Beispiel, daß auch in England gerichtlich, wenn auch nicht außergerichtlich, auf die Beweisregeln verzichtet werden kann. In einem Fall, in dem die Anwälte beider Parteien vor der Hauptverhandlung übereingekommen waren, daß die formalen Erfordernisse des Beweises für den Tatbestand des Meineides keine Anwendung finden sollten — womit im konkreten Fall ein Teil der Belastung zugestanden wurde —, führte der Richter aus, daß in einem Strafverfahren ein solches Zugeständnis vom Angeklagten oder seinem Verteidiger nur gültig sei, wenn es in der Hauptverhandlung abgegeben worden wäre. Da der formelle Beweis in jenem Falle nicht gegeben war, und der Angeklagte bzw. sein Anwalt den Verzicht nicht in der Hauptverhandlung wiederholte, wurde der Angeklagte freigesprochen.

Ein Verzicht ist auch in der Unterlassung eines Einspruchs zu sehen, der auf eine Verletzung der Beweisregeln durch den Gegner hin erfolgen könnte. So wurde in einem von Cohen[4]) angeführten Fall die Revision, die auf gesetzwidrig zugelassene Evidenz gestützt war, abgelehnt. Bei Unterlassen des Einspruchs durch den Gegenanwalt sei es nicht Pflicht des Richters, den Einspruch als gegeben vorauszusetzen. Denn wenn ein Angeklagter durch einen Anwalt vertreten sei, und dieser gestatte aus bestimmten Gründen, daß die umstrittene Evidenz zugelassen werde, dann könne er sich zur Begründung der Revision nicht auf die Unzulässigkeit dieser Evidenz berufen.

So kann denn auch der Ankläger dem Beschuldigten weitgehende Begünstigungen gewähren, indem er auf den Widerspruch gegen unzulässige Beweismittel bzw. unzulässigen Gebrauch derselben verzichtet[5]).

Ein aufschlußreiches Beispiel, wie stark selbst bei dem Bestehen eines Offizialanklägers wie in Amerika die Dispositionsmaxime noch im Strafverfahren eingebettet liegt, ist der Hinweis Fox'[6]), daß die „Staatsanwälte" häufig mit den Beschuldigten vor der Verhandlung vereinbaren, wegen eines milderen Delikts, als ursprünglich zur Last gelegt wurde, anzuklagen, wenn der Beschuldigte daraufhin sofort schuldig plädiert. Dieser Kompromiß enthebt die Staatsanwälte der Durchführung des

[1]) a. a. O., S. 342.
[2]) a. a. O., S. 91.
[3]) a. a. O., S. 160.
[4]) a. a. O., S. 122.
[5]) Vgl. auch das nolle prosequi des Attorney General in England uud des Attorney in Amerika. Der private Ankläger kann dieses ihm nicht zustehende Recht des Verzichts auf die einmal erhobene Anklage praktisch dadurch verwirklichen, daß er bei der Verhandlung nicht erscheint und dadurch einen Freispruch des Angeklagten wegen Mangels an Beweisen erwirken kann. Vgl. Glaser: „Anklage, Wahrspruch, Rechtsmittel", S. 34ff.
[6]) a. a. O., S. 815.

Verfahrens, da auf das „schuldig“ des Angeklagten sofort Verurteilung erfolgt. Wenn Fox auch versucht, diese Übung aus der Arbeitsüberlastung der ungenügend besetzten Staatsanwaltschaften zu erklären, so zeigt sich darin schlagend das Verhaftetsein in zivilprozessualem Denken, von dem sich das Strafverfahren noch nicht emanzipiert hat.

Kapitel IV
Schlußfolgerungen

§ 1. Die Kritik des englischen Beweisrechts

Die Besprechung des englischen Beweisrechts hat Gelegenheit gegeben, auf die häufige Durchbrechung des Grundsatzes der materiellen Wahrheitsforschung hinzuweisen, die durch die starren Beweisregeln bewirkt werden. Die Abweichungen von der mit dem modernen Strafprozeß verknüpften materiellen Wahrheitsforschung sind so erheblich, daß wir sie auch bei weitgehender Berücksichtigung des Schutzes der Individualsphäre nicht mehr mit der Offizialmaxime vereinbar erklären konnten. Vor einer abschließenden Kritik wollen wir diese Feststellung jedoch noch weiterer Prüfung unterziehen.

Wir sind uns bewußt, daß es im Prozeß nicht nur auf das „Ergebnis der Wahrheit“, sondern auch auf den „sittlich zulässigen Weg zur Wahrheit“[1]) ankommt. Über den „sittlich zulässigen Weg“ sind aber auch innerhalb der zivilisierten Völkergemeinschaft verschiedene Ansichten denkbar. Sie ergeben sich aus der Stellungnahme, die die jeweils herrschende Staatsideologie zu dem Verhältnis des Einzelnen gegenüber dem Staat einnimmt. Solange nun die die materielle Wahrheitsforschung einschränkenden Beweisregeln von der Überzeugung getragen werden, die notwendigen Mittel zum Schutz des Individuums gegenüber der Staatsgewalt zu sein, kann nur die zugrundeliegende staatsrechtliche Ideologie, nicht aber das sich logisch daraus ergebende Beweisrecht kritisiert werden.

Die Entwicklung des englischen Beweisrechts zu seiner heutigen Form hat erst mit der Umwandlung der Beweisjury in die Urteilsjury eingesetzt: „Das eine ist Produkt des anderen“[2]). Die zahlreichen Beweisregeln sind also das Korrektiv für die Laieneigenschaft der Geschworenen.

„Indem das englische Recht in den Geschworenen ein Mittelglied erblickt, welches den Eindruck der erhobenen Beweise im Dienste des Gerichtshofs fixieren soll, und weil damit die Möglichkeit oder Wahrscheinlichkeit vor Augen tritt, daß bei dem Durchgang durch dieses Medium der Beweisstoff eigentümlichen Brechungsverhältnissen begegnen werde, mußte es geboten erscheinen, Beweise zweideutiger oder schwierig zu beurteilender Art tunlichst auszuschließen. Solchen Erwägungen ver-

---

[1]) Hellmuth Mayer, „Zum Aufbau des Strafprozesses“ in GS 104, S. 334.

[2]) Kenny, a. a. O., S. 324.

wandt ist die Rücksicht auf die mangelhafte Intelligenz der Geschworenen; die Berücksichtigung der Kapazitäten bleibt dem englischen Wahlmodus bekanntlich fremd, die Gentry, d. h. der gebildetere und urteilsfähigere Teil des Volkes wird zwar in der großen Jury überwiegend, in der Urteilsjury dagegen, für welche das law of evidence recht eigentlich geschaffen ist, fast gar nicht vertreten; der jury census für das Land und die Freiheitsbriefe für die mit eigener Gerichtsbarkeit beliehenen Städte und Flecken sind nicht dazu angetan, ein sehr ausgiebiges Maß geistiger Befähigung und Beweglichkeit zu verbürgen"[1]).

Das englische Beweisrecht ist somit aus dem Bestreben heraus entstanden, der jury nur solches Material zu unterbreiten, das von Personen durchschnittlicher Intelligenz gemeistert werden kann. Mit Hilfe der Vorsichts- und Ausschlußregeln seziert der Richter aus dem angebotenen Beweismaterial die als schwach erkannten Arten der Evidenz aus, um erst den sicheren Rest den Geschworenen zur Beweiswürdigung anzuvertrauen. Die Tatsache, daß auch heute noch in den Fällen, in denen das Gericht ohne Jury entscheidet — z. B. bei der Strafzumessung —, Umstände Berücksichtigung finden, die nach dem strengen Beweisrecht nicht zulässig sein dürften, bestätigt die Annahme, daß das Beweisrecht für die Geschworenen geschaffen wurde[2]). Wenn Heinze[3]) allerdings behauptet, das „Law of Evidence" gelte nur für die Jury und nicht für den Gerichtshof, so hat diese Feststellung für die heutige Zeit nur noch beschränkte Geltung. Das ursprünglich nicht für den Richter bestimmte Beweisrecht hat auch diesen unter seine Herrschaft gezwungen.

Hieraus können wir die Berechtigung für die Kritik des anglo-amerikanischen Beweisrechts herleiten. Die ursprünglich biegsamen Regeln, die dem Richter als Hilfsmittel für die Geschworenen an die Hand gegeben waren, haben sich im Laufe der Zeit zu einer Zwangsjacke für Richter und Geschworene ausgebildet. In eigengesetzlicher Entwicklung ist die ehemals schützende Form zu tyrannischem Selbstzweck geworden.

Wigmores einleitende Worte zu seinem Code of Evidence[4]) sind ein beredtes Zeichen dafür, daß die formalistische Handhabung der englischen

---

[1]) Heinze, „Zur Psychologie des englischen Beweisrechts", S. 472.

[2]) Kenny, a. a. O., S. 340.

[3]) a. a. O., S. 466ff.

[4]) a. a. O., S. XIII: A closing word about „technicalities", which nowadays are a subject of reformatory consideration. Evidence ought to have rules knowable before trial and those rules, like all rules für the procedure of adversary trials, ought to be fairly preeise. That much may well be conceded by all. But a rule need not be inherently a steel-clad formula. The evil nowadays is, that nevertheless we customarily treat it so, — a defect due in part to our traditional attitude towards the text of statutes, and in part to our modern American attitude towards trial judges. A formulated rule tends unwholesomely to be the judge's tyrannous master, not his ministrant tool. What the system of evidence needs, is, not so much another set of rules or fewer rules, as a judiciary flexibility in their application. The rules should be guides, not chains. This great curative feature can be obtained, and by a few simple though powerful principles.

Beweisregeln als erheblicher Übelstand empfunden wird. Die Auswüchse des Beweisrechts, die wir aufgezeigt haben, werden also auch im anglo-amerikanischen Rechtskreis nicht von der Überzeugung getragen, notwendige Einschränkungen der materiellen Wahrheitsforschung zu sein. Sie zeugen vielmehr von der Unfähigkeit, die traditionelle Regelung, deren Reformbedürftigkeit selbst empfunden wird, nach Maßgabe grundsätzlicher strafprozessualer Erwägungen umzugestalten. Die Teilreformen, die unternommen werden, um eine wirkungsvolle Verbrechensbekämpfung zu ermöglichen, wie z. B. die Vermehrung der Schuldpräsumtionen, sind eine für unser Rechtsempfinden untragbare Durchbrechung der Grundrechte des Individuums.

§ 2. Kritik des deutschen Beweisrechts

Das deutsch-französische Recht geht im Gegensatz zum anglo-amerikanischen von jedem Beweisgrund und -mittel aus, um dem Richter ein weitschichtiges Material als Urteilsgrundlage zu gewährleisten. Insoweit entspricht das deutsche Strafverfahren den Erfordernissen des modernen Strafprozesses.

Während also im anglo-amerikanischen Recht der Weg von der Beweislegung zur Urteilsfindung Schritt für Schritt in Regeln fixiert ist, liegt die Gestaltung des deutschen Beweisverfahrens weitgehend im Ermessen des Richters. Das Bestreben aber, das richterliche Ermessen einzuschränken, ist so alt wie die Rechtspflege selbst. Es fragt sich nun, ob der deutsche Strafprozeß dem Bedürfnis nach Rechtssicherheit in ausreichendem Maße Genüge tut.

Als man in dogmatischem Übereifer bei der Einführung der freien Beweiswürdigung die Beweisregeln aus dem deutschen Prozeß verbannte, unterließ man es, den Schatz an fixierter Erfahrung, der auch in den gemeinrechtlichen Beweisregeln lag, in geeigneter Weise nutzbar zu machen. Man versäumte, den juristischen Nachwuchs in einem praktischen Beweisrecht zu unterrichten, d. h. in der Kunst, die Wahrheit zu erforschen. Die jungen Juristen lernten einen fiktiven Sachverhalt unter das Gesetz zu subsumieren. Die Feststellung des konkreten Sachverhalts aber überließ man den angeborenen Fähigkeiten und der persönlichen Erfahrung des Einzelnen. Man verwechselte die „freie Beweiswürdigung", die die Wertung des Beweismaterials betrifft, mit der Eruierung desselben. Das Vakuum, das damit in der praktischen Prozeßführung entstanden war, trat in der ersten Juristengeneration nach der Einführung der freien Beweiswürdigung noch nicht in Erscheinung, da diese in der Kenntnis des alten Beweisrechts geschult war, und die alten Regeln auch weiterhin auf die Gewinnung des Sachverhalts eingewirkt haben werden. Bezeichnenderweise wurden Reformbestrebungen nach englischem Vorbild auch erst in der nächsten Generation laut, als sich bereits für die Hellsichtigen das unbefriedigende Ergebnis abzeichnete, das in dem großen Spielraum des richterlichen Ermessens begründet liegt.

Auch heute noch ist die Erforschung der Wahrheit ein Gebiet, auf dem der Jurist sich selbst überlassen bleibt, da ihm weder Gesetz noch Gerichtspraxis noch Lehre[1]) die notwendigen Anleitungen geben. Den weitgehend rechtsfreien Raum, der praktisch den entscheidenden Teil des Prozesses ausmacht, in adäquater Form auszufüllen, sollte aber eine vordringliche Aufgabe sein.

§ 3. Ergebnis

Die Gegenüberstellung des deutschen und anglo-amerikanischen Rechts hat gezeigt, daß der deutsche Prozeß trotz seines Vorsprungs in theoretischer Hinsicht aus dem Vergleich mit dem englischen Recht Nutzen ziehen kann. Das deutsche Recht hat in seinem Bestreben, der Gerechtigkeitspflege dogmatisch optimale Möglichkeiten zu erschließen, die praktische Rechtspflege vernachlässigt.

In erster Linie ist das deutsche Beweisrecht ergänzungsbedürftig. Es handelt sich dabei weniger um eine Reform, als um eine Ausfüllung mit Anhaltspunkten, die den Richter auf seinen Weg, den historischen Tatverlauf zu rekonstruieren, leiten könnten. Eine Angleichung an die englischen Beweisregeln, selbst wenn diese ihres bindenden Charakters entledigt wären, würde jedoch einen Rückschritt gegenüber der erreichten Stufe wissenschaftlicher Erkenntnisse bedeuten. Das kommende Beweisrecht wird vielmehr aus der Fülle der wissenschaftlichen Spezialgebiete eine praktisch verwertbare Auswahl unter juristischen Gesichtspunkten zu treffen haben. Der Richter muß weiterhin durch eine vertiefte Ausbildung in den einschlägigen Gebieten, die schon auf der Universität zu beginnen hätte, befähigt werden, die immer subtiler werdenden Beweismittel entsprechend anzuwenden, ohne in Abhängigkeit von Sachverständigen zu geraten. Der Sachverständige hat Hilfsperson des Richters zu bleiben[2]).

Die Forderung nach einem Beweisrecht, das sich an den Wissenschaften auszurichten hat, scheint mit der Ansicht Ferris und Vidals[3]) übereinzustimmen, nach denen das Beweisrecht, das von der primitiven über die religiöse und die gesetzliche Phase zu der Überzeugungsfindung durch das Gemüt, der „intime conviction", gelangt sei, nun am Beginn der

---

[1]) Damit wird die Spezialforschung in allen einschlägigen Gebieten, die zur Strafrechtspflege im weiteren Sinne gehören, keineswegs übergangen. Es bleibt jedoch eine Tatsache, daß diese Ergebnisse für ein praktisches Beweisrecht noch nicht allgemein nutzbar gemacht worden sind.

[2]) Vgl. dagegen Garraud IV a. a. O., S. 500: „La phase scientifique dans laquelle la preuve par excellence sera fournie par l'expertise et aura pour but la recherche et l'appréciation méthodiques des données expérimentales de nature à établir l'existence des faits délictueux et des divers facteurs individuells et sociaux qui l'ont produit. L'expert deviendrait le successeur du juré et la direction scientifique de la preuve consisterait à étendre, régulariser, perfectionner et consacrer les fonctions judiciares de l'expertise".

[3]) Vidal, „Cours de Droit Criminel", p. 866.

wissenschaftlichen Periode stünde. Im Gegensatz zu Ferri und Vidal verstehen wir jedoch unter „wissenschaftlicher" Periode nicht nur die Naturwissenschaften, sondern beziehen die geisteswissenschaftliche bzw. „verstehende" Methode[1]) ein. Die Kausalitätsbetrachtung allein kommt im Bereich des Geistig-Seelischen und Normativen nicht zum Ziel. Die Naturwissenschaften haben die kausalen Tatsachen zu erstellen, die Verknüpfung mit dem Beweisthema bedeutet jedoch immer eine Wertung. Die Wege der Wahrheitsforschung werden in stärkerem Maße als bisher in die objektiven Bahnen der Wissenschaften geleitet werden. Die freie Beweiswürdigung bleibt davon jedoch unberührt, sie wird lediglich erleichtert; in gewissen Grenzfällen erübrigt sie sich vielleicht ganz, d. h. ein Beweis kann so eklatant sein, „daß er für sich selbst spricht". Jedoch wird auch in diesen Grenzfällen das Augenscheinliche nur durch das Übereinstimmen mit anderen Gliedern der Beweiskette gegeben sein, deren Würdigung dem Richter oblag. Selbst bei exaktester Anwendung der naturwissenschaftlichen Methode könnte also die freie richterliche Überzeugungsfindung nicht entbehrt werden.

Geht man von der überragenden Bedeutung aus, die dem Beweis durch Zeugenaussage noch immer zukommt, so wird es sich bei dem Beweisrecht zunächst um eine Auswertung der Psychologie, als der Wissenschaft von der menschlichen Psyche, handeln. Die Psychologie wird jedoch nicht nur auf der objektiven Seite der Beweiswürdigung zu Worte kommen müssen, sondern wird auch an einem Punkt anzusetzen haben, der nur zu sehr in Vergessenheit geraten ist. Schwarzenberg aber hatte bereits erkannt, daß der Persönlichkeit des Richters selbst entscheidender Wert für die Wahrheitsforschung zugemessen werden muß. Die Tugenden, deren sich der Richter befleißigen soll, sind die „mâze" und die „bescheidenheit". „Mâze ist die sittliche Mäßigung, d. h. die aus gewissenhafter Selbstbeobachtung und verständiger Skepsis sich selbst gegenüber gewonnene Kraft, alle Leidenschaften zu beherrschen, die das Zustandekommen eines kühl und besonnen wägenden Urteils und damit das Finden der Wahrheit und Gerechtigkeit im Einzelfall immer wieder stören wollen. Jeder Richter ist diesen Gefahren, die von seinen eigenen Leidenschaften und Charakterschwächen drohen, ausgesetzt"[2]). Die „bescheidenheit" ist die Fähigkeit zu sachgemäßen Unterscheidungen, die nur durch wohlverstandenes wissenschaftliches Studium erreicht werden kann. „Die Fälle des Lebens, die der Richter beurteilen muß, haben „gar subtile vnderscheid, darnach herjnne annders und anders, schwerlicher oder linder geurtheilt werden soll, welliche vnnderscheid dem gemeinen Mann verstendlich nit zu erclerenn seindt"[3]).

---

[1]) Edmund Mezger, Kriminologie, S. 8, Anm. 2.

[2]) Eberhard Schmidt „Einführung in die Geschichte der deutschen Strafrechtspflege", S. 116.

[3]) Zitiert nach E. Schmidt, a. a. O., S. 117.

Bei der Beweiswürdigung sollen die äußeren Gegebenheiten zu einem Gesamteindruck im Inneren des Richters verarbeitet werden. Maßgebender Faktor ist somit auch die Beschaffenheit der richterlichen Persönlichkeit. Selbst in der Physik wird die Eigenschaft des Meßinstruments bei der Gewinnung des Ergebnisses berücksichtigt, um so weniger darf diese Seite bei der Beweiswürdigung als geistig-seelischem Vorgang vernachlässigt werden.

Hier ließe sich auch der Hebel ansetzen, der die „Überzeugungsbildung" aus dem geheimnisvollen Dunkel hebt, in dem man sie bislang bereitwilligst belassen hat. Die juristische Annäherungsweise, die sich um die theoretische Formulierung der Frage bemüht, wann der „Zweifel" noch zu berücksichtigen sei, ob er „vernünftig" oder welchen Grad hypothetischer Wahrscheinlichkeit er erreichen müsse, um die Überzeugung von der Schuld auszuschließen, ist eine unzulässige Simplifizierung des entscheidensten Vorganges des gesamten Prozesses. Auch die allgemeine Ansicht, daß es nur der Anwendung der allgemeinen Denkgesetze bedürfe, die eine verläßliche Überzeugungsfindung verbürgen könne, trifft den Kern der Problematik nicht. Man wird sich vielmehr mit den nun schon nicht mehr neuen Erkenntnissen der analytischen oder Tiefenpsychologie auseinanderzusetzen haben. Denn die Tatsache, daß sich die menschliche Psyche nicht nur aus bewußten Elementen konstituiert, sondern auch beim normalen Menschen das Unbewußte bzw. die Tiefenschichten eine überragende Rolle spielt, dürfte auch von Bedeutung für das praktische Beweisrecht sein. Allein die Kenntnis des Umstandes, daß die meisten unserer gewohnten Handlungen unter weitgehender Ausschaltung des Wachbewußtseins[1]) vollzogen werden, wird ein anderes Licht auf Wert und Bedeutung mancher Zeugenaussagen werfen.

Vor allem ist aber die „Überzeugungsbildung" ein Vorgang, der sich mehr oder weniger unterhalb der bewußten und rationalen „Ich-Kontrolle" im Sinne Rothackers[2]) bzw. in der „Sphäre" im Sinne Kretschmers[3]) abspielt. Die rationalen Erklärungen, mit denen das Ergebnis versehen wird, sind zumeist Rechtfertigungen ex post. Der eigentliche Vorgang aber findet in Schichten statt, die ihren eigenen Gesetzmäßigkeiten folgen, die zwar sinnvoll, aber nicht rational logisch sein können. Es ist jedoch möglich, die Kontrolle über gemeinhin unbewußt verlaufende psychische Prozesse zu verstärken und somit bewußter zu machen.

Um die Fehlerquellen bei diesem z. T. unkontrollierbaren psychischen Vorgang von vornherein zu reduzieren, wird sich der Richter auch aus diesem Gesichtspunkt vor allem einer gewissenhaften Selbstkritik zu befleißigen haben. Er wird sich die eigenen Vorstellungskomplexe und Reaktionsweisen bewußt zu machen und sich über Neigungen zu be-

---

[1]) Vgl. über die „Automatismen" Ernst Kretschmer „Medizinische Psychologie", S. 43ff.

[2]) Erich Rothacker „Die Schichten der Persönlichkeit". S. 14, 75f.

[3]) a. a. O., S. 111.

stimmten Vorurteilen, sowie emotionale Eigenheiten Rechnung abzulegen haben.

Aus den strengen Anforderungen, die an den Richter gestellt werden müssen, ergibt sich bereits die Stellungnahme zu der jetzigen Form der Laienbeteiligung in der Justiz. An der verantwortungsvollen letzten Entscheidung wird der Laie also nicht mit beschließender Stimme teilhaben dürfen. Die Laienbeteiligung könnte aber in anderer Form der Rechtspflege von Wert sein. Es besteht die Gefahr, daß der Richter, der den „unbewußten" Vorgängen zu mißtrauen beginnt, dadurch an Instinktsicherheit und Intuition, die für die Wahrheitserforschung ihrerseits unerläßlich sind, Einbußen erleiden kann. Denn ein Lebensvorgang kann nur dann adäquat bewertet werden, wenn die gesamte Persönlichkeit des Richters im Spiele ist. Die „intime conviction", die sich die Geschworenen von dem Ergebnis der Beweisaufnahme bildeten, könnte nun im Sinne eines zusätzlichen Beweismittels für die Überzeugungsfindung des Richters von Bedeutung sein. Die Geschworenen dürften nur beratende Stimme haben und somit praktisch der alten englischen Beweisjury ähneln, bevor sich diese in die Urteilsjury verwandelte.

Weiterhin ergibt sich aus den grundsätzlichen Erwägungen über die menschliche Psyche die Notwendigkeit, den deutschen Strafprozeß in einem entscheidenden Punkt umzugestalten. Die Erkenntnis, daß die Stellung des Richters in dem deutschen Beweisverfahren eine psychologische Monstruosität ist, liegt auch den stetigen Reformbestrebungen[1]) zugrunde. Es ist auch bei der größten Objektivität nicht möglich, zu gleicher Zeit die Rolle des Anklägers, Verteidigers und unparteiischen Beobachters zu spielen. Je nach dem Annäherungswinkel an einem Sachverhalt wird derselbe Mensch auch „überzeugungsmäßig" unterschiedlich reagieren. Um dem Richter überhaupt eine unparteiische Einstellung zu ermöglichen, müßte die Beweislegung, insbesondere die Vernehmungen, von Staatsanwalt und Verteidiger vorgenommen werden. Dies würde nicht bedeuten, daß damit die Offizialmaxime aufgegeben würde, da sie nicht mit der richterlichen Untersuchungsform gleichgesetzt werden darf. Der Richter würde weiterhin die Pflicht haben, auf die Ermittlung der Wahrheit bedacht zu sein und gegebenenfalls die Beweislegung der Parteien zu ergänzen.

Aus dieser Struktur des Prozesses würde sich ein Beweisrecht in unserem Sinne organisch ergeben. Sobald der Richter von der Belastung mit den eigentlich staatsanwaltlichen Aufgaben befreit wäre, würde er die Überwachung der Verhandlungsführung nach bestimmten Regeln handhaben. Ihm dabei im Sinne der größtmöglichen Wahrheitsermittlung auf sittlich zulässige Weise behilflich zu sein, muß die Aufgabe einer neuen Lehre vom Beweise sein.

---

[1]) Fritz Hartung in Rosenfeld-Festschrift „Einführung anglo-amerikanischer Strafverfahrensrechtes in Deutschland?", S. 231ff.

Kolibri 360 GmbH
Ferdinand-Jühlke-Straße 7
99095 Erfurt, Deutschland
produktsicherheit@kolibri360.de